金融瞭望译丛 “十一五”国家重点图书出版规划项目
世界财经管理经典译库子项目

# GLOBAL GOVERNANCE OF FINANCIAL SYSTEMS

## The International Regulation of Systemic Risk

Kern Alexander Rahul Dhumale John Eatwell

# 金融体系的全球治理

## 系统性风险的国际监管

（英）克恩·亚历山大 拉胡尔·都莫 约翰·伊特威尔 著
赵彦志 译

东北财经大学出版社
Dongbei University of Finance & Economics Press
大连

**图书在版编目（CIP）数据**

金融体系的全球治理 /（英）亚历山大（Alexander，K.），（英）都莫（Dhumale，R.），（英）伊特威尔（Eatwell，J.）著；赵彦志译. —大连：东北财经大学出版社，2010. 6
（金融瞭望译丛）
书名原文：Global Governance of Financial Systems：The International Regulation of Systemic Risk
ISBN 978 -7 -5654 -0018 -6

Ⅰ. 金… Ⅱ. ①亚… ②都… ③伊… ④赵… Ⅲ. 国际金融 - 金融体系 - 监督管理 - 研究 Ⅳ. F831

中国版本图书馆 CIP 数据核字（2010）第 108498 号

**辽宁省版权局著作权合同登记号：图字 06 -2010 -07 号**



东北财经大学出版社出版
（大连市黑石礁尖山街 217 号 邮政编码 116025）
教学支持：（0411）84710309
营 销 部：（0411）84710711
总 编 室：（0411）84710523
网 址：http：//www. dufep. cn
读者信箱：dufep @ dufe. edu. cn
大连图腾彩色印刷有限公司印刷 东北财经大学出版社发行

幅面尺寸：170mm ×240mm 字数：288 千字 印张：20 3/4 插页：1
2010 年 6 月第 1 版 2010 年 6 月第 1 次印刷

责任编辑：李季 刘贤恩 孙平 责任校对：那 欣
封面设计：冀贵收 版式设计：钟福建

ISBN 978 -7 -5654 -0018 -6

定价：38. 00 元

# 前　言

本书的写作完成于我们三位作者在剑桥大学任职期间（都莫离开剑桥供职于纽约联邦储备银行之前）。我们的合作源于一项题为“世界金融机构”的研究课题。该课题由剑桥大学皇后学院的约翰·伊特威尔以及纽约新社会研究学院的兰斯·泰勒（Lance Taylor）共同主持。我们很感谢福特基金会对此课题的资助。同时，我们也向剑桥商业研究中心以及剑桥金融研究基金的同仁们深表谢意，他们的意见和建议激发了我们很多的写作思路。尽管很多章节最初起草时是分别进行的，但是我们进行了后期整理，因此共同承担文责。

在过去的三十年中，一些金融危机的爆发导致了就业的严重减少和生活标准的明显降低，危机的这些后续影响引发了国际金融监管的不断创新。金融风暴在所难免，这是由国际金融市场的本质决定的。我们希望本书的观点能够未雨绸缪，有助于形成一个更加坚固的金融体系。

本书发表的观点仅属于作者的个人观点，在任何情况下都不代表纽约联邦储备银行或联邦储备系统。

克恩·亚历山大
拉胡尔·都莫
约翰·伊特威尔

# 目　　录

# 导 言

20 世纪末期，随着金融危机不断由东南亚、俄罗斯、土耳其以及拉美国家向美国及其他经济合作与发展组织（OECD）国家蔓延，国际上关于改革“国际金融体系”，即要求变革国际金融市场运行机制，完善国际金融市场监管法规的呼声四起。自 20 世纪 70 年代初期布雷顿森林体系崩溃以来，全球发生过 100 余次金融危机，国际货币基金组织大部分成员国的金融业都遭受过一定程度的打击。许多专家认为，各国国内以及国际层面上的监管，并没有跟上金融自由化特别是短期资本流动的步伐。国际金融监管体制的发展，尤其是针对银行业和支付体系的监管体制的发展，主要是为了应对 20 世纪 70 年代中期以来爆发的一系列金融危机，没有系统性，属于头疼治头，脚疼治脚，这是当前体制的一个严重缺陷。其他很多书籍大多将金融危机的成因归结为各国国内银行体系的脆弱、监管不充分以及公司治理结构不完善。本书提出了不同的观点，认为若要实现整个金融体系的彻底变革，必须使各国国内改革与国际层面上的金融体制及法律变革紧密相连。本书将着重探讨微观层面上所承担的风险与金融危机在宏观层面的蔓延两者之间的关系。

自20世纪70年代中期开始实行国际金融市场自由化以来，国际金融危机多产生于私人部门，这与20世纪30年代以来（译者注：指第二次世界大战之后）金融危机的形式大不相同。在二战后的许多年里，经济危机都与政府在宏观经济政策方面的失误相关。实际上，战争之间的世界（译者注：是指第一次世界大战和第二次世界大战之间的那段间隔期）则不同。在20世纪20、30年代，典型的金融危机都发端于私人部门：某个机构的破产传导到金融体系，进而导致整个经济的崩溃，1931年的Credit Anstalt（译者注：奥地利当时最大的商业银行）事件就是其中的典型例子。二战之后到1971年之前，在国内和国际上都设置了大量的金融控制手段与货币控制体系。然而，取消这些控制手段使得二战前危机的根源得以重生，不管在微观层面上还是在宏观层面都是如此。

即使引发危机的根源是微观经济因素，宏观经济因素也同样不可小视。由个人和公司承担的金融风险能够带来负外部性，通过微观经济中的交易网络而传递（例如，环境外部性也是这样的一个典型例子）不是负外部性传递的唯一渠道。金融外部性的一个重要组成部分是宏观经济。因为商品市场（包括那些黑烟（dirty smoke）的“市场”）涉及的是对商品流和服务流的定价，而金融市场涉及的是对金融资产存量的定价。而且，金融资产的价格取决于对未来价格、流动性以及收益率的预期。因此，预期在金融资产定价中发挥着重要的作用，预期的相互影响在宏观经济的相互传染中发挥着惊人的作用。一丝悲观的波动都有可能由于流动性需求的增加而导致金融资产价格普遍下跌，或者导致利率总体上涨，或者导致汇率崩盘。

当然，微观经济层面上承担的风险与在宏观经济层面上的相互传染之间存在着关联的现象，并非国际金融市场所独有，国内金融市场也同样如此。国际金融市场只是简单地加入了一些额外的因素。随着国内监管制度的解除，新的开放的国际市场的领域已经超越了国家监管者的监管区域，席卷20世纪70、80年代的金融市场自由化浪潮却开始向各国提出了体制和政策方面的新的问题。我们可以看出，放松管制包含了两个部分：废除以前的监管制度和控制措施；国内的控制措施不能发挥作用了，因为金融市场的扩大已经超出了国家管辖的边界。但是接下来在国际范围内恢复一些监管和控制措施的努力却收效甚微。

成功的金融监管，特别是针对“系统性风险”的管理，首先必须清晰理解微观经济风险、宏观经济传染、宏观经济结果这三者之间的关系。

微观经济监管能够影响宏观经济政策，这是经济政策的另一个重要方面。监管规定可以在很大程度上确定金融资产存量与总体流动性之间的关系，也就是说决定了货币传导机制。监管的顺经济周期影响最近备受关注。但是尽管有这种潜在的影响，监管规定仍未能包括在货币政策的广义范畴中，当然也未能包括在任何的反周期政策中。

因此，为了理解监管的必要性、作用及局限性，需要对微观经济活动和宏观经济行为之间的关系进行分析。然而当前有关国际金融监管的讨论中却忽视了这种分析，也未能在未来国际金融“架构”的设计中起到多大的作用。有一部分原因是因为需要集中研究监督和管理的微观经济基础和细节。但是，更深层次的原因应该是我们目前缺乏普遍公认的、更谈不上满意的、宏观经济学理论或者宏观经济学的微观基础。

在许多金融理论中都假定实体经济的特征是趋向或反映瓦尔拉斯均衡。这一均衡是指所有市场，包括劳动力市场都会达到一个完全均衡的价格。金融市场在这一均衡的决定中不发挥任何作用，而只能由于金融僵化（financial rigidity）或者不稳定而暂时干扰这一均衡，如导致对均衡价格的超调。

然而，从更为现实的角度考虑金融市场与实际产出和就业之间的关系，则会得出完全不同的结论。金融因素决定了个人的消费能力、企业及政府的支出能力，并进而决定了总需求、总产出和就业。金融因素是“不完善的”，可能导致经济失衡或超调，但同时金融因素又是决定总体经济运行状况的核心因素。这一观点对理解各金融变量与总体经济行为之间的关系至关重要。金融并不是一个蹩脚的不完善因素，被拖进了决定产出和就业的一般均衡公式中。相反，是金融市场决定了经济的流动性，消费支出决策才可能得到执行。而恰恰是合适的消费支出决策决定了总产出水平。

消费支出决策主要包括企业支出、政府的财政支出以及家庭的通过债务融资而进行的支出。所有情况下，金融都不是简单的选择支出或不支出。一旦有发生金融混乱或严重的金融失衡的可能性，就会导致流动性的缩减（甚至丧失），进而引起支出中断或支出停止。

在这一方面，金融资产定价是提供流动性的关键，也是影响支出能力的关键。存量金融资产的市场是由供给（几乎是固定的）和需求（深受对未来市场状况预期的影响）所驱动的。

经济表现的关键因素是流动性的充裕度以及支出的欲望。

这两个因素都可能会受到“真实因素”的影响。例如，科技进步创造了互联网，也促使人们形成了这样的预期：投资网络公司必然会获得丰厚的回报，因此极大地增加了对网络公司投资的流动性。网络公司实际的收益很少，与之相对比涌入网络市场（典型的金融泡沫）的流动性显然过剩，随着这些流动性的消失，反过来促成了股票价格大跌。

同时，金融创新也极大影响了流动性的充裕度。信息技术的发展以及金融工具的创新都使流动性极为宽松。流动性供给的增加会导致贷款量的增加，因为金融机构会竭力从增加的贷款能力中获益（从而增加贷款量）。贷款增加随之带来的就是潜在风险的增加。

那个风险渗透到金融市场的其他基本特征中——金融资产的价值会在一瞬间消失，因为资产价格会随着新信息的发布而调整，或随着公众想法的变化而调整。这里说的公众的想法是指他们对多数人认为的大众观点是什么的信念。金融资产价值的消失会导致实体资产价值的消失，因为支出下降对实体资产的收益率产生了影响。

凯恩斯描述的选美比赛（凯恩斯，1936，第 12 章）很好地诠释了这一点。他不是指 20 世纪 30 年代的世界小姐大赛，这种大赛的赢家是由“专家”决定的。凯恩斯所说的选美主要是指当时英国非常流行的在英国低档的星期天报纸上进行的评选，要求读者按照他们心目中的顺序对那些年轻女郎的照片进行评比，最终的选择结果要与报纸的读者对照片的平均喜好程度接近。因此，为了胜出，参与者不应当表达自己的喜好，也不要尝试着去估计所有评选者的真正喜好。相反，一个成功的评选者应该预测

“参与大众期望的大众的共同观点是什么”。同样的道理，在金融市场中获胜的关键不是单个投资者对某一个金融资产好坏的评价，甚至也不是大众投资者对某一金融资产好坏的评价。一个成功的投资者应关注市场所有其他参与者对公众预期的信念。

在大部分时间里，市场都会按固有的信念保持稳定：每个人都相信其他人都相信经济状况是健康的，金融市场基本是稳定的。但是如果这种固有的信念被质疑，或者更糟的是，投资者的这种固有信念被市场信念的重大变化所打破，那么金融资产的价值就可能会膨胀到高点或跌落到一文不值。如果这些颠覆常态的信念被贴上“基本原则”的标签，公众的观点就会被强化，似乎它们反映了真相。

多年以来，英国的收支平衡都被公认为是一种“基本原则”。任何经常账户的赤字都会导致英镑的卖压，随之市场就会按照这一预期做出调整。在过去的十年里，观点变了，认为经常账户平衡不再是一个“基本原则”，经常账户的赤字不再能像以前一样引发市场的联动。“基本原则”其实是那些大众相信的基本原则。当然，这并不是说实体经济的一些特征不会最终压倒那些甚至是最顽固的信念。相信一个根本不存在的银矿会带来盈利的信念最终会被没有一锭银子的事实所击垮。相信一个不断发生巨额赤字的经常账户仍然能够维持的信念最终一定会被累积的债务和利息所击垮。公众观点的转变通常突然得令人恐惧。

只要市场按照参与大众期望的大众的共同观点是什么而进行运作，任何违背这种趋势的操作都会遭受损失。任何人进行长期投资，而与大众共同持有的短期投资智慧不一致，那么就需要他对自己的预期非常自信，因为短期的损失会不断累积。

公众观点的形成有其历史根源。它主要受到流行理论和政府实施金融权力的具体行为，特别是那些经济上比较有权势的人或部门的行为的影响。最近的资本市场自由化的发展历程与理论界观点的转变历程相一致，即从二战后的要求政府限制国际资本流动的经济政策理论转变为当今的鼓励资本自由流动以及放弃国家监管权力的理论。金融稳定在很大程度上是一种固有信念问题。这种固有信念可能会保持长期稳定，也可能会被打破。当股票市场迅速上涨时，在股市中就会很快形成股市会永远上涨的市场信念，一旦这种固有信念被打破，金融市场就会变得极度不稳定。在风险的平衡发生变化时，这种固有信念通常表现得特别脆弱。这种变化在20世纪70年代初期就发生了，当时的汇率风险发生变化，风险转嫁到了私人机构身上了。

如果高风险的金融投资同时具有高流动性，那么这些投资的风险性就会明显降低。金融市场的运作正如选美比赛一样，当所有观点都转向同一个方向时，金融市场就可能变得非常不稳定并且很容易出现突然的流动性丧失，每个投资者都想在同一时间卖出股票，没有人想要购买。选美大赛式的市场运作会摧毁流动性，而流动性恰恰是投资者敢于承担风险的根源。决策者会变得更加厌恶风险，在不断增加的不稳定性面前最终使得公共及私人部门的行为发生系统性的改变。尽管这些改变最终会降低市场的不确定性，但代价是能够承担的风险小了，投资量少了，而且发生经济中期衰退。

金融市场潜在的不稳定性是基于把资金转入或转出投资的可能性。当市场固有信念的改变演变成资产价格的剧烈波动时，就会转而动摇市场信心。在这种情况下，限制投资者进行转入和转出的能力可能是理想的方法。如果把投资者锁定在长期投资，那么市场就不会受到买卖旺盛或低迷这种波动的影响。但是这存在一个困境。如果没有流动性，不能卖出股票收回资金，许多投资者根本不会愿意承担任何风险。尽管实际上当整个市场的观点都转向一个方向时，流动性就会消失，但是个体投资者仍然会倾向于相信他的股票是有流动性的，并且在将来一定能及时卖出。同时，这种以卖出金融资产来结束投资的能力是市场经济条件下进行投资的必要基础，也是经济不稳定的来源，这种不稳定会破坏投资，影响产出和就业。

因此，对金融市场的微观经济分析是掌握宏观经济总体运行状况的起点。而且必须通过金融变量对总体支出行为的影响，来将微观经济分析与宏观经济模型联系起来。

这也就提供了一个框架，在这一框架中可以检验各种监管方案的影响，特别是可以检验金融机构、金融创新和系统性风险之间的关系。在这一框架下分析监管的影响可以确保将监管视为能够造成宏观经济后果的措施。的确，许多监管目标更容易在宏观层面实现，而不是在微观层面。例如，众所周知，韩国的监管机构自 1998 年以来就极力想要降低韩国公司的外汇敞口，并且主要通过对资产负债表风险分析的监管要求实现的。其实要更好地达到这一目标，更为简单的方法是对金融流量进行宏观管制。

当然，关键的一点是系统性风险主要产生于各国宏观经济之间的相互传染。因此，解读金融市场行为以及各国金融市场与宏观经济运行状况之间的相互关系必然成为国内和国际上一系列相关监管改革方案的核心。监管改革方案的实施必须基于对国际法律框架的全面把握和对监管事宜的相关经济分析。本书将试图完成这两项任务。

本书的第一部分（第 1 至 6 章）分析了监管全球金融市场系统性风险的制度和法律框架。近期爆发的金融危机表明当前国际金融体系的监管措施缺乏连贯性和合法性，未能实现对系统性风险的有效管理。第 1 章的内容包括国际金融体系中系统性风险的本质，以及各国监管者所面临的困境，一方面试图保护本国经济免遭金融传染的恶果，另一方面还要防止支付体系的崩溃。本书提出了全球治理的概念，同时介绍了布雷顿森林体系瓦解的历史，并指出瓦解的后果就是大多数国家经济增长率低、波动性加大以及全球金融体系的风险不断增加。

第 2 章通过分析在国际准则制定中发挥重要作用的各种国际机构的特征，阐述了金融市场准则制定的历程。这些国际机构主要包括巴塞尔银行监管委员会、国际证券委员会组织等，应当把他们从事的工作与国际货币基金组织（IMF）和世界贸易组织（WTO）放在一起来考虑。这些机构和组织的决策权几乎总是由十国集团（G10）所掌控。由于大多数国家都被排斥在 G10 之外，在国际金融规则的制定过程中基本不发挥任何作用，因此上述国际机构和组织所制定的决策在国际社会中缺少政治合法性和问责性。

第 3 章和第 4 章概括了金融监管的国际法律框架。由于多边条约组织对国际金融体系的许多重要领域进行管治，因而第 3 章主要探讨国际组织和条约在金融市场监管中的作用。举例而言，IMF 的协定条款授予 IMF 具有监管国际货币体系并确保其有效运行的权力。为了完成这一使命，协定条款批准 IMF 对其成员国的汇率政策拥有实施监管的权力，并且近年来，IMF 开始运用这些权力来评估成员国是否遵守了国际标准。同时，IMF 还经常与世界银行合作，对经济重组项目的制定和实施、金融体系的法律和监管框架的构建和运行进行监督。与金融业相关的第三大主要国际组织就是 WTO。WTO 的服务贸易总协定（GATS）在推动金融自由化方面发挥着日益重要的作用。基于最惠国待遇、国民待遇以及市场准入原则，GATS 规定其成员国负有开放跨境金融服务贸易的责任。尽管 WTO 在建立国内监管标准方面不发挥任何作用，但是 GATS 的自由贸易原则可能会影响各国监管者对国际金融监管标准的执行。本章探讨了这些国际组织在国际金融准则制定过程中发挥的作用，并探讨了他们对系统性风险及其相关问题的影响。

与此同时，区域性协定对国际金融监管的发展也发挥着重要的作用。欧盟（EU）金融监管体系的建立本质上是基于母国控制原则以及对最低标准的相互认可原则。这使得欧盟某一成员国的公司拥有了一本护照，能够使他们在其他成员国开展经营活动时可以遵循其母国的相关规定。欧盟的指令和规定中涵盖了许多领域的最低协调标准，包括银行和金融公司的最低资本充足率、首次公开发行（IPO）的招股说明书、市场操纵和内幕交易以及洗钱等。尽管欧盟的许多金融立法都日趋规范性，但按照辅助性原则（译者注：又称辅从原则，共同体条约第五条规定的原则，即在欧盟没有专有权限的领域内，只有在证明成员国不能有效实现特定目标，而由欧盟行动能更好实现目标的情况下，欧盟才能采取行动），允许成员国可以按照其国内法律和监管框架自主地决定如何实施监管标准。一些专家将欧盟的监管框架视为一个样板，这一样板能够作为监管金融市场的全球化模式，即各国必须遵守一些必要的准则，但在具体执行过程中可以拥有一些自行处理的空间。而且，虽然关于欧洲央行（ECB）为了保护支付体系进行审慎监管的范围到底应该多大尚未达成一致，但是欧洲央行在对欧元支付体系的监督中所发挥的作用仍然被看做是对支付体系监管的一个重大发展。

这些国际组织及其制定的正式的条约框架与非正式的国际机构形成了鲜明的对比。这些非正式的国际机构，如巴塞尔银行监管委员会等，没有作为国际组织的法律地位，也没有“硬”立法权。这些非正式的国际机构相当于一个论坛，主要发达国家的金融管理者和监督者按照自愿原则在这个论坛上发表看法和交流信息，以期建立不具法律约束力的国际标准、规则和行为规范，降低国际金融体系的系统性风险。

第4章主要探讨国际软法在国际银行业监督和金融监管的国际规则的发展中所发挥的重要作用。国际软法被定义为不具法律约束力的标准、原则和规则，其能够影响并规范国家行为，但其不属于国际公法的传统分类。国际法通常指那些具有法律效力的国家一般惯例、双边或多边条约。长期以来，国际法学家都遵循着国际公法中陈旧过时的观念，这些观念已经不能对国家的一些政策和实践给出充分的法律解释。本章指出，在理解与法律相关的国际金融标准的发展上，以及它们是如何治理国家的监管实践上，国际软法能够提供很多帮助。

尽管国际软法被视为一种更为灵活的法律机制，通过这种机制可以监管国家间关系中核心的和技术上的很多领域，但是其致命的弱点是其在国家司法中的执行和实施问题。因此，在第5章中，主要探讨一种特别的规制方法，以确保在一国体系中能够执行和实施有效的国际监管机制。为了实现这一目标，注意力应该主要集中在各种正式的和市场的激励机制的构建上，以引导国家监管者在本国司法程序和法规的框架下，采纳并执行国际准则。如果只依赖国家监管措施，容易导致国际准则在不同国家产生不同的影响，进而很难达到制定协调一致的国际准则的目标。如果各国对国际准则的解释和使用存在差别，就能导致各个国家法律体系间的重大差异，进而阻碍全球金融市场交易的有效运行。这就是激励机制在全球金融市场中减少各国监管分歧应该发挥作用的地方。在自由化的资本市场中，允许资本流向最有效率和盈利最多的投资领域，这种资本流动就很有可能发生在那些拥有最有效监管体制的国家和地区内，发生在那些更加注重金融透明度、健全的银行监管以及强有力的公司治理标准的监管体制内。

本书对各种改进国际金融监管的规制框架的建议也进行了一些考虑。如考虑以条约为基础建立一个全球治理委员会，这一委员会由所有能够参与审查金融监管国际标准的各种建议的国家代表（直接或间接代表）组成，并同时考虑授予非正式国际金融机构，如巴塞尔银行监管委员会，拟定监管标准的可行性。本书建议这些非正式国际机构应在他们的专业领域（如国际保险监督官协会（IAIS）针对保险）承担多项监管责任，同时不断扩展其会员范围，将新兴经济体的监管者囊括在内，以期最终达到成员的全球化。而且，这些非正式的国际机构还应广泛参与咨询过程，与其他正式的国际机构或组织（如 IMF 和 WTO）交换建议、探讨提案等，这些不同的标准和规则将被提交到全球治理委员会，这一委员会具有最终决定权，以决定是否将这些方案采纳为有法律约束力的原则，并且这些原则应该具有充足的例外和附加条款，以使各国可以结合本国特定的经济和法律环境来实施这些原则。

本书第二部分的出发点是金融监管者关注的问题以及他们负责监管的机构的利益。许多政府活动都涉及激励私人投资者，使其有兴趣来进一步完善公共品。当政府试图在金融环境中控制系统性风险水平时，许多政府行为都会对私人金融机构的利益造成影响。这一问题在国际金融监管的诸多方面都已经体现得十分明显，本书将在第 6 至 10 章详述。

在第 6 章我们提出这样的问题，基于激励机制的监管是否对降低系统性风险起作用。在第 7 至 10 章我们将通过研究不同案例中系统性风险的本质来分析这些问题。贯穿本书，而且在之后的章节还将重点强调的一个主题是：为使基于激励机制的金融监管措施取得最大成效，制定合适的标准是非常重要的。第 7 章开篇就探讨了当前争论的一个问题，即为了能够在国际层面上更加协调一致，应该有怎样的结算体系，以及是否应该在国内支付体系中建立最低标准。下一章探讨的核心内容则是资本充足率要求在近期亚洲金融危机中发挥的效力。显然，这一危机带给我们的重要教训之一就是要在对微观经济的风险承担主体与宏观经济结果之间的联系上展开清晰的分析。然后转向探讨由巴塞尔银行监管委员会和其他国际机构推荐的一些金融危机化解方案，即在最近发布的巴塞尔协议 II 提案中提到的使用内部评级和私人信用评级机构，以及将次级债作为强化市场约束的工具等。最后，分析这样一个观点，即各国金融市场会因为本国立法系统、体制结构、商业惯例以及实践等方面的差别而各有不同。在这种情况下，统一的国际金融监管标准可能会对不同金融体系造成不同影响，进而导致不同形式的系统性风险。尽管各金融市场是紧密联系的，但各金融市场的结构却是不同质的。因此，在第 10 章我们列出不同国际机构提出的一系列具体的公司治理标准，并且介绍了它们与金融机构的相关关系。

第 11 章最后总结了前面各章的主要内容，并对为了构建“新型国际金融体系”而在目前阶段设想的主要措施进行了评价。伴随国际金融危机而产生的“恐惧因素”，这些主要措施在过去的三十年中都曾多次采用过。当今，一个突出的主题是依靠市场力量来补充各种监管措施。但是，如果想要依靠市场力量去克服由外部性造成的市场低效，则不仅要求监管措施必须兼具激励性，而且要求其必须具备在市场失效时使市场迅速“恢复”的效力。同时要求这些措施不仅要在平时达到这样的效力，在面对与国际金融危机相关的极端事件时也要达到同样的效力。

当今时代的主题就是全球化与相互依存。对金融全球化进行管理所产生的挑战要求国际金融监管体制结构必须是有效率的、问责的并且是有法律基础的。在墨西哥的坎昆，WTO 谈判的失败凸显了发展中国家对目前全球化步伐加快的担心，以及其对经济发展和金融市场所造成影响的忧虑。由于国际金融监管体制完善的步伐滞后于金融市场的发展步伐，因此全球治理体系必然存在功能上的缺陷。政策制定者进退两难，跨国银行要求金融市场自由化，而许多国家则面临其经济暴露于国际资本主义风口浪尖的危险，从而经常导致经济混乱，并且对很多国家而言，导致其经济增长和发展在低水平徘徊。对于金融体系中系统性风险监管的主要问题进行分析，在坚持问责制和有效性的基础上，构建一个能够有效监管金融市场的全球治理结构，是一个艰巨的任务，本书试图给出答案。

# 第 *1* 章

## 管理系统性风险
### ——国际金融监管的合理性

国内金融市场的自由化以及管制的放松，与技术进步的力量结合在一起，使金融服务跨境贸易、投资组合流动迅速发展起来。全球金融市场结构的变化不仅创造出更多的获利机会，也使金融交易的风险程度更高，而且影响到了系统稳定（Crockett，2000）。在后布雷顿森林时代，银行和金融机构一方面已经使用了很多创新性的金融工具来规避信用和市场风险，另一方面也使盈利分散化。这导致了国际银行业活动的增加和多功能综合性银行的兴起。银行业的发展不仅能更有效配置存款和投资，也加深了金融市场中的流动性，对经济增长和经济发展产生了良好的效果。但是，这一发展也加大了金融机构的相互依存程度，因此更易于暴露在由银行倒闭而导致的系统性风险面前，对国际投资组合流的大幅波动也更加敏感。发生于20世纪90年代的金融危机表明，这些因素已经动摇了金融体系的稳定性，从而破坏了国家的经济发展和社会稳定。也正是这些金融全球化的推动力量，使得我们必须抓紧时间，努力加强国际金融监管制度框架的建设。[①] 本书讨论了在建立银行业和支付体系的国际金融监管标准时要注意的几个主要问题，主张最优的国际监管结构就是能够满足全球治理需要的规制框架，并在该框架内制订标准和设立规则。我们认为金融体系的全球治理必须包括三个主要的原则：效力原则，制定有效的监管标准和规定；问责原则，建立决策的权力框架和命令链中的问责制；合法原则，意味着那些受国际监管标准约束的国家已经以某种有意义的方式加入到这些标准的制订过程中。

管治是一个含义丰富的术语，在各个学科，含义各有不同。我们是在国家间关系的背景下使用这一术语，而国家间的复杂关系使得政策制定者在确定更有效、更负责和更合法的国际银行业监管规则时任务更加艰巨。尤其是这涉及控制系统性风险及其对金融稳定性的威胁。对金融风险定价时，银行总是愿意低估，从而导致整个金融体系制造的风险过大，并引发系统性风险。严重的金融风险能够导致银行倒闭，而且这种风险可以通过银行间支付系统迅速传播至其他金融体系的银行中，由此导致国际性银行业或者金融危机。因此，国际银行业监管的主要作用就是在所有的金融体系中都能够对金融风险有效定价，以及确保监管当局不仅关注由单个金融机构制造的风险量，而且也关注全球金融市场中由所有金融机构制造的风险总量。为了达到这一目标，必须重新设计目前的国际金融监管规制框架，使标准制订更有效、监管水平更高、各国监管当局的合作更紧密。这需要各国的管理当局和监督机构通过国际组织和标准制定机构来制定更有效果、更有效率的审慎监管标准，协调各国在落实和执行这些标准时出现的各种问题。目前的国际金融监管的规制框架缺乏连贯性，在如何解决国际银行业金融脆弱性上目标不明确，因此无法完成上述任务。本书认为未来应该在国际层面上加强体制和法律建设，但是每个国家在标准的选择和执行上保留最终的决定权，因为采用的这些标准必须符合本国的经济体系。

本书的第1章分析了国际金融监管的制度结构，讨论了其是否符合制

---

① 在强化国际金融架构的背景下这一问题已经有很多讨论了：Goodhart（2001）；Giovanoli（2000）；以及金融稳定论坛的各种报告。见 www. fsform. org。

定国际金融政策与全球治理的相关原则，论述了国际社会对全球金融市场中的系统性风险问题的应对措施。在 Eatwell 和 Taylor（2000）已经开展的工作的基础上，我们认为规制设计和国际金融监管的范围，应该和全球金融市场的一体化水平联系起来。也就是说，监管者的监管领域应该和全球金融市场的范围相一致。特别是全球银行业市场的一体化程度，应该在影响国际银行监管的规制设计及其监管范围方面发挥重要的作用。尽管在全球银行和资本市场中已经出现了很多一体化的情况，但是仍有相当大的分隔存在。因此最优的规制结构应该是分层级的，将国际间的、地区间的以及国家内部的权力机构的责任划分开来。然而事实上，国际银行业监管的规制结构控制在世界上最富有的国家手里（十国集团，G10），因此它们所制定的标准往往反映了发达国家金融体系的需求和利益。十国集团以外的国家越来越发现，它们所受规制的那些国际标准，是由它们并未参与的国际标准制定机构颁布的，并通过国际货币基金组织和世界银行援助项目得以执行。这种全球体制不适应许多非 G10 国家金融体系的经济需求。所以我们认为国际金融监管改革必须坚持全球治理的原则。

本书的第 1 章还讨论了正在出现的金融监管国际法律框架，它越来越强调并要求各个国家采取监管措施以提高管理系统性风险的能力。我们认为在全球金融市场中，需要一个多边框架条约来有效地监管系统性风险，条约应该建立有助于良好监管实践的宽泛的标准，并由各国遵守。详细的监管规定和程序，则应该授权给专业的国际机构来决定，这些国际机构的成员将由各国监管机构组成，并且代表了世界上大多数的经济和金融系统。

## 1.1 制度的作用

作为理解国际金融中监管作用的理论支撑，了解制度在经济增长和发展中的作用是十分必要的（North，1990）。制度一般被定义为被所有社会成员所认可的社会行为规范（Axelrod，1984）。制度规定了在不断重复的环境下具体明确的行为，而且这种行为可以被外部的权力机构或者是自我管理机构所强制执行（Allegret 和 Dulbecco，2002）。制度实践来自于规定、规范和例行程序，而它们则是由法律或自愿性惯例所要求的。经济制度的出现是为了解决市场失灵问题和协调市场参与者之间出现的问题。为了减少经济的不确定性，需要在决策制定和相互沟通中有一些共同遵守的规则。确实，私人机构运用制度来收集信息和获得知识，并协调与其他私人机构之间的行动。在国际层面上，各个国家和地区通过建立制度来指导信息交换，解决协调上的问题。国际制度的定义是，通过规定可接受的和不可接受的国家行为和实践，来管理国家之间合作和竞争方式的一系列规则（Kehler，1995：3～10页）。

过去的30年来，金融自由化和放松管制在为经济发展创造机会的同时，也使全球经济遭受了多次金融危机。国际上应对越来越多的金融危机的做法，是由国际公共部门机构以及私人部门机构采取一系列行动，具体地讲就是制定监管国际金融市场的标准和规定。国际金融机构（International Financial Institutions，IFIs）签订了各种国际协定，从非正式协商、金融监管者间签订的非强制性协议一直到规定了详细的争端解决程序和执行程序的主权国家间的国际条约。其他的协议是由私人部门的机构协商而成，包括金融合同的范本和行为规范（ISDA，2002）（译者注：ISDA为国际互换和衍生产品协会的英文缩写。关于其标准金融合同和行为规范的描述，可详见第11章）。很多专家将不断增加的国际协议和制度安排视为国际社会应对日益脆弱的全球金融体系的措施。而且，解决金融稳定性问题的国际制度数目过多，又不禁令人担忧国际标准的制定过程并没有充分体现全球治理的原则。①

## 1.2 全球治理的理念

术语“治理（governance）”源自古拉丁语术语“gubernator”，意为航海的舵手。按照现代国际关系的说法，大多数学者把治理理解为建立和运行一系列的行为规则，并通过明确行动、分配角色以及引导互动来解决共同的问题（Young，2000）。其他学者把治理定义为“指导或限制团队

① Allegret和Dulbecco（2003）在国际货币基金的案例中特别提出了这一问题。

共同活动的、正式或非正式的程序和制度”（Keohane 和 Nye，2000：12 页）。这些程序和行为规则创造了非正式的制度框架，并塑造和约束了国家行为。它们在更正式的国际机构中互相作用，就会影响到各个国家的行为。国际机构可以是国际经济组织的形式，也可以是非正式制定规则的国际机构。两种情况都可以采用委托代理框架，来分析国际经济组织中国家与地区等参与各方的相互关系与影响（Drazen，2002）。

委托代理框架为评价国际体制内的国家活动是否符合全球治理原则提供了基础。[①] 该框架可用来分析决策制定过程，以及分析从作为委托人的国家到作为代理人的国际机构的权力线。通过分析机构的决策制定过程，可以确定各方（国家和地区）是否有义务受制于这些标准。不仅包括对全球经济而且包括对各国经济建立有效的经济治理标准时，也要考虑决策制定过程中的效力。很多的专业研究都提到了“普遍代理人”模型，这一模型没有把各个国家当做是单一的整体，而是看作由各个国家组成的不同种类的团体的集合，这些团体对国际组织和其他国家的影响力是不同的（Tirole，2002）。

国际关系学者把国际治理体系看作是一种机制，一般定义为“为了管理某一个领域而达成一致的规范、规定和程序”（Haas，1980）。根据国际机制理论，国家以谨慎的态度来保卫国家主权免受其他国家侵害，并通过采取增强政治和经济安全的措施来满足国家利益。国际机制经常涉及那些持有一些共同行为准则（经常是正式化的行为准则）的国家，这些准则有时候由单个国家来执行，有时候需要与其他国家采取统一的行动。传统上，这个方法在研究治理的概念时，是通过各个参与国的视角，聚焦在国家间关系准则的产生和运行上。

相反，“全球监管”这一术语不仅包含以上现象而且包含某些状态，在这些状态中，规则的建立者和执行者并非为国家主体，这些非国家主体跨越了国家界限在不同层次的国际系统中进行工作。全球治理的理念同狭义的在机制分析中隐含的国际治理观点形成了鲜明对照，这是因为狭义的国际治理主要集中在国家间关系的分析上。而全球治理具有更广泛的含

① 委托代理问题的主要难点是寻求如何将委托人和代理人之间的利益结合起来。见第 10 章的讨论。

义，包括了在诸如超越国家的和国家内的其他层次上建立和执行规则，同时仍然承认在国际系统中国家所起的重要作用（Rosenau，1995）。其他学者将全球治理看作是对传统的国际公法的威胁，因为国际公法把法律仅仅作为达成政策目标的工具，而这些目标是由富有和强大的国家所确定的（Koskenniemi，2004）。尽管金融体系的全球治理中包括了私人部门的机构和非政府组织，但由于它涉及的金融稳定和系统风险等方面是公共监管所要考虑的问题，因此最好的解决方式离不开国家。这一点是千真万确的，因为金融稳定性是一项全球公共品（Wyplosz，1999）。而正是公共品的定义意味着如果没有监管的干预，市场提供的公共品是永远不够的。因此，我们对全球治理和金融监管的分析主要包括公共部门参与者的作用，其次是一些私人部门机构的贡献，也就是国际金融机构通过建立各种规则和标准来提高金融稳定性。

## 金融体系

在进一步论述前，我们先来阐明我们所认为的“金融体系”的含义。有关金融体系本质和特征的研究已如汗牛充栋。Allen 和 Gale（2000）提供了最为综合性的研究，他们把金融体系大致分为银行为主导的金融体系、以股票市场为基础的金融体系和或多或少同等依赖于银行和资本市场融资的混合金融体系，并对不同种类的金融体系分别进行了评价。在他们的分析中，也按照国家为各种各样的金融体系做了分类。例如，美国被归类为在很大程度上依赖资本市场融资的金融体系，而德国则被归类为大量依赖于银行主导融资的金融体系。尽管在比较国家金融体系的各种金融结构时作这样的分类是有利的，但是我们更愿意对金融体系给出更加灵活的定义，这个定义不仅应该关注国家的管辖边界，而且应融合不断增长的国际金融的全球性特征。在某种程度上，我们对金融体系的界定是以国家管辖区之间和国家管辖区内部的一体化程度为基础。事实上，如果一个特定的国家管辖区在其主要的金融领域中的一体化程度很高，那么这个国家管辖区就是一个合格的金融体系。另外，如果一个国家在经济上是一体化的，而且同另外的一组国家的金融一体化程度也很高，那么这一组国家，而不是一个国家，可界定为一个金融体系。

根据这一方法，金融体系的定义关键取决于判断金融一体化程度的具体衡量指标。一些研究强调量化的衡量指标，例如：可利用 IMF 关于金融服务跨境贸易的总量数据，这一方法符合跨境贸易的不断增加的观点（经济合作和发展组织，1999）。另外的一些量化数据包括外国银行的数量和在国内市场中的外国银行资产的数量，还有一些研究应用了投资基金的资产组合数据，也就是，外国资产在总资产中所占的份额，或者外国机构所拥有资产的份额。也有研究应用了价格为基础的衡量指标，比如跨国信贷流动的银行费用的费差（Adam 等，2002）。其他学者采用一个资本流动性指数来衡量资金流的规模，或者采用一价定律或者抛补利率平价的价格方法（Adam 等，2002）。尽管评估各种金融一体性的衡量指标并不是本书的任务，但我们要说明的是，只有在理解金融市场的特征以及它们的一体化程度的基础上，才能充分理解国际金融监管的范围和局限性。

有一点我们必须补充，那就是金融体系的定义也应该取决于立法和监管的现有体制结构。监管某一特定金融市场的立法可以是超越国家的、国家的以及国家内的。在美国，大部分的保险监管是由各州独立进行，监管标准也是大相径庭。在加拿大，证券市场是由省级监管机构负责监管工作。在欧盟，欧盟的立法和监管条例越来越多，欧洲监管机构的体制结构不断增长，已经逐渐控制了欧洲的金融监管框架。因此，金融体系的定义还应该包括现有的体制设计和金融监管的范围。由此，这里特别要指出金融体系的两个重要因素：（1）相关金融部门的一体化程度；（2）金融监管和立法的范围及设计。

## 1.3 国际金融监管的合理性

### 布雷顿森林时代

第二次世界大战后期，战后经济的规划者们齐聚新罕布什尔州的布雷顿森林，达成了重建全球经济秩序的几项协议。这些协议就是众所周知的布雷顿森林协议，在此基础上成立了国际货币基金组织（IFM，或者是 Fund）和国际复兴开发银行（世界银行）。这些国际组织的主要目标就是防止两次世界大战之间所犯的经济错误，包括20世纪20年代汇率大幅波动以及20世纪30年代竞争性贬值带来的教训。为了解决这些问题，国际货币基金组织的协定条款明确要求各成员国保持其货币的官方面值。只有当某个国家的国际收支出现“根本性不平衡”时，经国际货币基金组织批准，这个国家的货币面值以及汇率才可以更改。① 而且，成员国一致同意本国的货币具有可兑换性，也就是允许非本国居民将余钱按照货币面值确定的汇率兑换成某一国的货币来进口以另一国货币标价的商品。国际贸易通过这种方式得以迅速复苏。

国际货币基金组织通过提供以储备货币计价的贷款来帮助那些正在经历短期国际收支不平衡的国家渡过困境。基金组织以该成员国认购的基金组织份额为基础，通过一个复杂的公式来计算得出贷款的数额。一般来说，除非获得国际货币基金组织的批准，成员国所借的储备货币的数额不能超过认购份额。在决定是否批准该项请求时，IMF行使自由决定权，而且通常根据成员国遵守IMF经济政策的情况来做出决定（Kenen，2002）。

根据IMF汇率管理体系的要求，当出现贸易不平衡时，各成员国必须从它们在基金组织的认缴额中提取资金来为贸易不平衡融资，直至重新建立收支平衡。一个成员国允许其国民购买外汇，来支付进口货物和服务，或者对国外直接投资或通过投资组合对外投资。持续经历贸易和资本账户不平衡的国家，如果最终消耗掉它认缴的储备货币额的25%，它就必须向国际货币基金组织寻求资金援助，或者要求对其国际收支进行大幅修正。IMF成员国希望限制外汇投机行为，因为这会使该国的货币价值与面值不符。这导致很多国家采取或者保持资本控制，进而增强管理金融体系中外汇风险的能力。

布雷顿森林的汇率管理机制降低了货币市场的波动，由此促进了宏观经济的发展，使大多数经济合作与发展组织（OECD）成员国经历了一个金融相对稳定的时期。这种稳定是相对于20世纪30年代主要经济体的“热钱”流动和竞争性贬值而言的。尽管这段时期发生了几次金融危机，但主因来自于宏观经济，并进而影响微观经济：高通货膨胀率降低了对货

① 英国曾经试图为个别国家争取更大的自由权，以便在未经国际货币基金组织许可的情况下调整汇率，但是美国反对这一提议（Skidelsky，2000）。

币政策的信心，或者是经常项目持续性的赤字击垮了对汇率的信心。当微观经济的不稳定性通过金融部门蔓延开来并使宏观经济不稳定时，布雷顿森林框架就必须采取措施以避免两次大战期间经济灾难的再次发生。① 这些措施包含在了政策和规制中，其中最重要的是为了降低系统风险而采取的强有力监管框架和中央银行干涉主义。

尽管布雷顿森林体系的汇率管理机制在 1947—1959 年的过渡时期基本上没有实行（主要是为了美国战后重建项目的实施），但是到了 20 世纪 60 年代早期，十国集团国家广泛采纳了货币可兑换性的政策。在那段时期，国际货币基金组织起到了很重要的作用，它对成员国提出建议：如何使其国家的货币可兑换并以此来促进国际贸易，而同时又能采取恰当的监管框架来管理外汇风险。到了 20 世纪 60 年代早期，储备国和国际货币基金组织的大多数成员国家都采用了强有力的国家监管机制来管理汇率政策，并降低系统不稳定性。例如，为了减少美国投资者投资欧洲美元工具的投机行为，美国政府通过实行利息平衡税对国际货币市场施行严格的监管。发达西方国家的国家货币管理机构都致力于采取保持固定汇率体系的政策。然而，在 1971 年，布雷顿森林体系的瓦解导致了外汇风险由私人机构承担了（即外汇风险私人化），而国际和国内金融监管体系的解体也接踵而至，金融环境面临重陷类似于两次大战间的那种不稳定的危险中（Eatwell 和 Taylor，2000）。

随着限制金融流动的国际壁垒的逐渐消失，国家监管当局和中央银行逐步发现，他们要面对完全不相干的（其他国家的）影响。银行、投资公司、保险公司和养老基金所运行的空间日益国际化。战前的标准迅速恢复，而正是一个微观经济上的失败（1974 年德国赫斯塔特银行倒闭案）先是严重地威胁了美国结算系统，继而使美国宏观经济陷于险境。同样，近些年来，亚洲金融危机也是由私人部门的破产并经过宏观经济的传播而

① 微观经济引起的危机和由宏观经济导致的危机两者之间的区分值得进一步的思考。尽管奥地利银行 Credit Anstalt 的破产是大萧条第二阶段的标志，但不恰当的宏观经济政策——特别是坚持金本位以及与金本位相关的国内货币政策才是萧条的主要原因（Temin，1989）。同样，最近的韩国金融危机则是由韩国政府加入 OECD 以及接受开放金融市场的要求而造成的。这导致私人企业增持外汇达到一个过高的水平（Chang，Park 和 Yoo，1998）。在 20 世纪 30 年代和 90 年代，不恰当的宏观经济环境导致私有企业承担了过多的风险。在 20 世纪 50 和 60 年代，宏观经济危机与私营部门过度承担风险无关，而是与宏观经济不平衡相关。

导致的。

## 1.4 布雷顿森林体系的终结和外汇风险的私人化

1971年8月，当美国总统尼克松关闭了“黄金窗口”时，布雷顿森林体系中黄金平价的政策就取消了。这引发了一系列的事件，导致主要的储备货币与美元之间开始了实质上的波动，这就是外汇风险私人化的诱因。外汇风险私人化使得银行必须采取对冲策略，包括资产分散为多种货币，在外国或离岸金融中心持有投资组合。外汇风险向私人部门的转移，反过来又给了政府压力，促使政府放松跨境资本流动的控制手段和放松对银行活动的管制，这样银行就可以将风险分散到外国资产，并使自身业务多样化。20世纪末，当越来越多的国家放松金融管制并开放金融部门时，国家金融体系越来越难以应对日益增加的系统性风险和金融危机。

1974年，外汇风险的私人化导致了第一宗大银行倒闭案，这涉及了包括英国、联邦德国和美国等国家的主要银行，从而使得国际金融界关注的重点集中到对国际银行业活动的监管上。1974年6月，外汇交易损失使得联邦德国当局关闭了赫斯塔特银行，这使美国结算系统濒临危险境地，雪上加霜的是英国的主管机构也因破产问题而关闭了伦敦大不列颠—以色列银行（Kapstein，1989）。赫斯塔特银行和伦敦大不列颠—以色列银行的倒闭暴露了国际银行业系统的弱点。之后不久美国的富兰克林国民银行也倒闭了，这是因为其对国内批发存款业务基础波动管理不善，加上国际外汇市场上的过度投机和盲目扩张（Dell，1992）。为防止危机扩散，美联储介入，对银行违约的短期外汇债务提供了担保。这些银行倒闭案的发生，在很多人看来，是因为缺乏足够的监管标准来防范外汇风险（Eatwell和Taylor，2000）。

在20世纪80年代至90年代期间，出现了以市场为导向的全球金融体系。在这个体系中，金融资产的数量、国际金融交易的复杂程度以及计算机和远程通讯技术都有了迅速的发展。相反，在国际层面上，体制框架和金融监管都没有做出适当的回应，不能为已经全球化了的金融市场提供有效率和有效力的监管。同布雷顿森林时代不同，现行的国际金融秩序导致金融危机重复出现，整体经济增长速度和OECD国家投资下滑（Eatwell和Taylor，2002）。作为应对措施，政府尝试恢复某些在布雷顿森林时代实施的监管控制措施。例如，主要发达国家已经建立各种各样的国际机构，来加强对包括银行业、证券业和保险业在内的金融机构的监管。这些机构已经在一系列的原则和规则上达成了共识，建立了现在广为接受的谨慎监管的国际标准。尽管有这些努力，发生在20世纪90年代的金融和货币危机还是表明了现行的国际金融监管机制是不充分的。这促使了主要发达工业国家在1999年创建了金融稳定论坛。金融稳定论坛每两年举办一次，对国际金融体系的潜在威胁进行分析。

以松散的方式组合在一起的监管和体制框架，在监管国际金融市场上缺乏一致性和政治合法性，因此在管理系统性风险上需要更加协调一致的努力。时任英国财政大臣的Gordon Brown意识到金融市场的国际监管需要协调一致的努力，他谈道："现今的金融市场日趋国际化，因此我们不仅需要恰当的国家监管，还需要对全球金融监管做根本性的改革。"（Brown，1999）为了建立一个高效、稳定和透明的国际金融市场，主要的工业化国家已经提出了一系列的政策倡议（十国集团，1996；二十二国集团，1998）。尽管这些关于建立一个崭新的国际金融架构的建议仍然模糊不清、争论不断，但是国际社会逐步形成共识，那就是必须建立一个具有一致性的体制框架来管理和促进国际标准的执行。在我们描述和分析现行国际金融监管体制框架之前，有必要讨论一下建立"国际金融监管"的主要支持论点。

## 1.5 系统性风险的问题

特别是在1998年亚洲金融危机以及20世纪90年代后期俄罗斯和拉丁美洲危机爆发之后，对于公共政策制定者、银行监管当局和中央银行来说，系统性风险已经成为至关重要的问题。尽管没有一个广为接受的系统风险的定义，但是可以从支付和结算系统出现的问题，或者从那些金融破产而导致了宏观经济危机的例子中得出这个定义（Dow，2000）。一些研究指出国际银行业所固有的系统风险应该包括：（1）全球系统风险——

由一个主要银行破产而导致的全球银行系统的崩溃；（2）由不谨慎的借贷和交易活动引发的安全和偿付能力风险；（3）因缺乏足够的银行保险而引发的对存款人的风险（Cranston，1996）。这项研究将系统性风险定义为由于对金融市场的风险错误定价而引发的风险。错误定价经常是对风险的定价低于成本价格，而且风险定价偏低会导致金融市场中产生的风险过多。通常，形成金融风险的私人部门不会将全部成本内化，这些过量风险会以银行和衍生品交易商们累积的大量敞口形式存在于外汇交易市场上和金融工具的投机活动中，这些金融工具的价值根据不同市场的利率变动来确定。风险暴露过大促使经济危机爆发，表现为银行挤兑和/或货币暴跌。这些就是过量风险的成本，并基本上都以负外部性转移给了整个社会。这就像是污染的成本（以破坏个人健康和自然环境的形式）绝大程度都转嫁给了社会，因为产生污染的成本被低估了。因此，系统性风险就是将成本强加给整个社会的负外部性，因为金融公司进行投机活动时，没有将与它们的投机活动相关的全部成本都内化在价格中（Eatwell 和 Taylor，2000）。

程度较高的系统性风险会导致银行倒闭，这一结果能够对整个金融体系甚至整个经济环境造成威胁。这是基于以下原因：（1）很多银行在支付和结算系统中扮演重要角色；（2）一般来说，像银行这样的信用机构，其持有的资产流动性差而债务的流动性很强，流动性债务经常是现金存款，能够随时提走，因此可能会发生银行挤兑；（3）在批发业务中各银行相互联系在一起，使它们极易相互传染，也就是一个银行的倒闭能对其他银行产生多米诺骨牌效应。为了管理系统性风险，各国的监管当局采取了各种各样的事前和事后措施。一些事前措施包括资本金充足要求、敞口限制以及贷款限制等。事后措施包括存款保险和最后贷款人功能。这些监管措施形成了银行谨慎监管的主框架。

银行的谨慎监管致力于遏制下列风险：信用风险、集中度风险、市场风险、结算风险、流动性风险和操作风险。信用风险被定义为“银行借款人或相应方不能按照已确定的条件来履行其义务的潜在可能性”（巴塞尔银行监督委员会，2000a）。集中度风险主要考虑的是所谓的热钱集中流入到银行或者是金融体系和从银行或者是金融体系集中流出而造成的对稳定性和流动性的破坏，特别是那些不成熟的或者规模较小的金融体系。市场风险代表的是市场中的广泛联系，即在金融市场中金融工具的价格波动能够影响利率、股票价格或者是其他交易工具价格的走势。结算风险适用于所有形式的衍生金融工具，但是由于外汇市场的相对规模大，因此结算风险多发于外汇市场的参与者中（巴塞尔银行监督委员会，2000b）。巴塞尔银行监督委员会已经承认两种类型的流动性风险：（1）市场流动性风险；（2）资金流动性风险（巴塞尔银行监督委员会，2000a）。市场流动性风险涉及的是当事人清算头寸的能力。这由几个因素决定，包括交易该产品的市场、头寸的规模和对手方信誉。资金流动性风险与市场流动性风险不同，这种风险集中在为交易头寸提供资金的能力。操作风险也称作“其他风险”，涵盖的风险领域比较广泛，包括（但不限于）欺诈、法律疏忽、不当行为和技术故障。

尽管承担风险主要是金融机构的事，但是金融市场中的价格仅仅反映出了私人机构对风险的计算，所以往往会使整个社会面对的投资风险的定价过低（或者成本考虑不足）。在金融市场中对风险定价过低会产生负外部性，也就是过度承担风险而导致金融危机。监管当局的任务就是将风险的负外部性内化，使得投资者将他们的行为造成的社会风险考虑在内。以下两种方法均可以完成内部化：（1）例如，通过要求企业遵守资本充足标准或者是特定的风险管理实践，来使企业将风险内化；（2）通过直接监管公司活动的方式来内化风险。这样，金融监管当局就能够使企业在进行业务活动时把系统风险考虑在内，从而减少金融市场发生系统性崩溃的情况。尽管有效监管在降低一般性的系统风险上表现卓著，但是不会保护银行和企业远离异常的市场风险。即便是最完美的监管标准和风险管理实践有时也会对特殊的市场动荡束手无策。不管怎样，在一般性情况下，通过树立维持市场稳定性的信心，就能够有效地降低异常市场风险的发生机会。

而且，银行业逐渐认识到，传统的风险管理方法已经不合时宜，需要新的措施来对新出现的金融工具进行风险评估。为了能够降低复杂多变的金融市场中的风险，银行业采用了创新的金融工具使其从多个国家取得收益，因此在任何一个年份，如果从一个国家取得的投资回报不足，就可以被另一个国家的投资回报所弥补。这就需要通过拓展跨境金融服务来降低风险，其结果是建立了被称为金融集团的各类复杂组织（Adam，1999；Walker，2001）。国际金融集团是一个可提供广泛金融服务的各类公司的一体化集团。可是，金融集团在提供多样化的资产、风险和收益来源的同时也给监管当局提出了一些难题。对金融集团的综合监管要求监管者设立的标准能够考虑到其组织内部的透明度水平，① 而且需要有一个特定的监管者来承担总的监管责任。更加复杂的是，多国金融集团组织内部的各部门间关系错综复杂，一个国家或地区内的一个子公司的破产或清算，就更有可能传播给在其他国家和地区的子公司或者其控制的实体。为了防止在国际层面上出现系统性风险，各国监管当局应该建立有效的公司治理标准，以解决委托—代理问题和在多国金融集团内部运作的银行的透明度问题。

目前没有一个统一的国际机制为金融机构的风险活动提供标准，这已经使金融体系爆发系统性危机的可能性增加。确实如此，世界金融市场之间联系的不断加强，使得多国金融机构数量增加、规模扩大、经营活动越来越多样、组织机构越来越复杂。尽管这些跨国合作使世界资本市场提高了效率，但是国际银行业的业务范围扩大却使有效监管的难度增加，在一些情况下也增加了系统性风险。这种系统性风险体现在不同国家和地区的银行之间或者是多国集团中分公司和子公司之间的损失就能够影响到整个金融体系。因此很多国家政策制定者的主要目标，就是通过确保对系统性风险的管理来加强银行业和金融业的安全和稳定。

## 1.6 域外监管和系统性风险

在缺乏有效国际金融监管的情况下，国家就可能采取带有域外（译者注：指国家管辖区域之外）影响的监管措施来控制系统性风险。在有些情况下，这侵犯了其他法律系统的管辖原则。在G10的一般性监管实践中，如果在外国发生的某些行为已经对监管国所管辖的地区或其经济造

① 在多国金融集团的背景下，透明度要求完整披露盈利和全部国际业务中的风险，包括集团中的金融组织、母公司和其子公司。

成了影响，那么已经逐渐允许进行域外的经济监管。这种“影响”原则使各国管辖区连接了起来，允许监管当局对系统性风险的境外源头实施监管或者采取措施，以对其加以控制。[①] 举例来说，作为在东道国管辖区内开展经营活动的条件，东道国监管当局可以根据其法律规定要求一个外国银行证明其全球经营活动是资本金充足而且管理优良的。然而，东道国的监管要求也许同这个外国银行的母国的要求不同，甚至完全背道而驰。这导致了监管要求的相互冲突，使监管银行跨境活动的效率低下，或者对金融市场的准入产生不必要的障碍和负担。

美国 1999 年的金融服务现代化法案要求所有想要登记为金融控股公司（FHC）的外国银行，必须按照美国法律要求向美国监管当局证明其全球经营活动是资本金充足而且管理优良的。[②] 资本金充足的要求，就是规定 FHC 的银行子公司必须满足以风险和杠杆为基础的量化的资本金要求。[③] 外国银行若想获得 FHC 许可证必须在全球基础上满足基于风险的资本要求。美联储拥有对外国银行全球运行中资本金是否充足的最后决定权，其决议不会顾及到外国银行母国的不同监管意见。同样，美国法律要求外国银行必须要有完善的管理，因此美联储拥有域外监管的权力。基于这一点，美国的监管当局有权力评估外国银行在美国境内的管理以及在全球的经营活动的管理。美联储对外国银行在管理其全球经营活动时是否令人满意有最后的决定权。做出决定时，美联储会考虑外国银行母国的评定和评估，但并不要求必须接受其母国监管机构的结论。

一旦外国银行获得了 FHC 许可证，如果其不再满足资本金充足而且管理优良的要求，那么在通知并听证后，美联储有权立刻撤销许可。美国监管当局拥有广泛的自主权来确定外国银行是否资本金充足而且管理优良，这会导致美联储仅仅根据该银行在世界其他地区经营情况的捕风捉影

---

① 哈特福德非尔火灾保险公司诉加利福尼亚 509 美国 764（1993）；木纸浆案例，（1988）欧洲法院报告 5193（尽管没有接受“影响原则”）。

② 《金融服务现代化法案》（或者是名为 Gramm，Leach，Bliley 法案）允许美国及外国银行同保险公司合作，消除了仍保留的《格拉斯—斯蒂格尔法案》对银行和证券公司合作的限制，进而扩大了金融活动的可允许范围。要从事这些广泛的金融活动，要求银行必须申请并获得金融控股公司的地位。1999 年的《金融服务现代化法案》，Pub. L. 106 – 102，113Stat. 1338（2000）。对于境外美国银行监管，见 Regulation Y，12C. F. R. Part 225（2000）。

③ 第 103 段（要求对外国银行在美国开设分行、代理机构和商业借贷公司使用“可比较的”资本和管理标准，并充分考虑到国民待遇和竞争机会均等）

的谣言，也不考虑外资银行母国监管者的意见，而取消其 FHC 地位。这一做法有可能导致银行挤兑，或者是国外的其他银行撤回其银行授信额度。在这种情况下，美国监管者行使单方面的域外治权会威胁到系统稳定，为经济危机埋下隐患。

美国 2001 年《爱国者法案》包括很多条款，规定如果外国银行及其客户在美国代理银行开立并使用美元账户，那么这些域外主体就会受到其管辖。《爱国者法案》的目的是解决由于国际洗钱和恐怖分子融资而引起的金融危机。美国金融机构如果是外资银行的代理行，或者通过外资银行开立的账户开展银行间支付活动，那么该美国银行就必须确保外国银行（即便这家银行在美国本土并无实体存在）根据美国法律采取适当的客户审慎调查措施来确定和验证外国银行客户的身份。① 而且，外国银行将美国银行作为代理行，或者通过美国银行进行支付，则必须确保这些账户没有被监管不严的国家和地区的非美国的壳银行所使用。

法案的 327 段规定美联储在决定是否允许外国银行收购或者合并美国金融机构之前，必须先考察外国银行的反洗钱实践，包括外国银行的海外业务，其母国监管是否充分等。外国银行若首次提出建立或者增设美国分行、代理处、办事处或者子银行时，这一规定也同样适用。美国的监管当局也许会“联络外国银行的母国监管机构来获取申请者在海外分行或者是银行子公司的反洗钱活动的信息，这是合适的”，但是确定外国监管体系和实践是否充足，美联储拥有最后决定权（美联储，2002）。

这些美国单方面的域外银行业监管的例子的确表明域外监管问题的实质，以及需要建立一个全球规则来确定金融监管者的管辖区域。对跨国银行业务的有效监管确实需要一个关于辖区冲突的规定，以便根据母国—东道国控制的原则在不同国家的金融监管者之间分配管辖权力。第 2 章讨论了巴塞尔银行监督委员会对此采取的方法，第 5 章提出了应该如何将其应用到改革后的国际监管机制中去。重要的是，不管采取什么样的规定，必须能够填补监管空白（例如，离岸金融中心）和解决相互冲突的监管当局的管辖区域的重合问题。其基本要求是，所有的国家须遵守统一的辖区

① 美国《爱国者法案》，第 312 段。

分配规定和原则来监管跨境银行业或金融活动。

### 1.6.1 20世纪90年代的金融危机

近些年来，金融市场特别容易受到跨境以及跨资产的资金流动和转账的影响，这使得一些市场，特别是新兴市场在经济冲击下产生短期的剧烈波动。的确，跨境资本流动可以传播经济震荡，通常被称为传染。一般来说，传染有以下两种形式：（1）经济传染，是通过贸易和投资流动而发生的；（2）金融传染，是投资者改变风险偏好导致资本避开新兴市场而转入到发达国家更安全的投资中（美国国库券）。有时，传染的经济冲击非常强烈，甚至会破坏发达国家流动性很好的金融市场，1997年的东亚金融危机和1999年的俄罗斯违约、货币贬值都是这种情况（国际清算银行，2001b）。

大多数的经济学家都赞成这些金融危机的主要原因是急速增加的投资组合流。从20世纪90年代开始，资金主要通过主权债务和公司债务的形式流入发展中国家和新兴市场，小部分则是以外国投资者的股权投资形式流入。G10认为那些国家得到的大量流入的资本为未来的经济发展打下了坚实的基础，但它们却没有看到开放资本账户对发展中经济体和新兴经济体的影响，更没有考虑到如果外国投资者拒绝延展他们的短期投资并且收回资本，那么会引起的银行和货币危机的可能性。确实，所谓的华盛顿共识（得到当时的美国财政部部长罗伯特·鲁宾和国际货币基金组织的大力支持）支持这样的观点，即开放资本账户导致资本流增加，促进了金融稳定，从而改善了经济增长和发展的条件。当金融危机真正发生的时候，像1994年12月墨西哥爆发比索危机时，美国和国际货币基金组织的做法就是提供救助，它的效果相当于给纽约和伦敦的银行投资进行了担保，否则这些银行将损失大量的债权。

很多经济学家批评美国和国际货币基金组织在1995年初救助墨西哥的举措是不恰当的，因为这一做法会增加道德风险，也就是外国银行和其他的投资者会认为一旦金融危机发生，他们在新兴市场中的风险投资最终会受到美国和/或国际货币基金组织救助的有效担保。在20世纪90年代后期，非常多的文献资料分析了发生在90年代后期东亚经济衰退和金融动荡的原因及其政治意义（Eatwell 和 Taylor，2000）。在同一时期，俄罗斯政府在绝大部分以美元计价的债务上违约。这些都触发了国际金融市场的巨大波动，因为在 1998 年 8 月，投资者对他们的投资组合进行了调整，绝大部分投资撤离了新兴市场。这些事件和几乎破产的长期资本管理公司（LTCM）显示出无管制的对冲基金和离岸金融中心会对金融稳定的巨大威胁。①

银行业已经变得越来越国际化，而且管制也越来越宽松，但国家监管当局仍然是跨境银行活动的首要监管部门。国际银行业经营的范围越来越广泛而且变得更加分散化，这就需要遵守具有一个共同核心的监督和监管标准，并且得到世界上主要金融监管部门的认可。这些核心标准的有效落实需要国际监管，从而减低系统性风险。而且，国际金融监管的体制框架还没有和全球化的金融市场保持一致的步调。要有效地控制系统性风险，就必须有一个全球监管机制，来履行特定的事前或者事后的基本监管职能。事前监管职能包括建立谨慎监管的规范和规定，监督金融机构和市场，以及协调各国执行国际监管原则。主要的事后监管功能包括某种类型的最后贷款人职能和存款保险的全球机制。

### 1.6.2 事后监管措施和“大到不能倒”定律

基本上，银行从存款人手中借到短期资金然后向公司和其他经营企业发放长期贷款，银行扮演着中介的角色，是经济运作中不可或缺的一环。由于银行间贷款使银行获得流动资金，并可以为其他银行提供抵押，向其他银行贷款，因此银行也在支付体系中起到至关重要的作用。这就是为什么大多数国家都有某种类型的最后贷款人政策（LOLR）和/或者存款保险计划（Freixas 等，1999）。在 LOLR 的情况下，大型银行经常能获得中央银行的流动性支持，以防止银行倒闭的影响传播到其他银行。在存款保险的情况下，政府为银行对存款者和其他债权人所负的短期债务提供担保。由于存款者和银行间，以及监管机构和银行间的信息不对等，这些方

① 根据这些经验，G7 在 1997 年建立了金融稳定论坛。这个论坛是用来讨论金融稳定性问题和思考监管政策的选择，包括提高国际监管标准水平以便对离岸金融中心和对冲基金进行监管。

案经常会产生代理成本。例如，存款保险和有限责任也许会促使银行管理者从事风险过大的活动，因为风险真正出现时，绝大多数的情况下管理者都能受到保护，因此管理者有足够的动力通过风险投资策略为成功放手一搏。这种道德风险会导致承担的风险过多，进而产生系统性风险。①

"大到不能倒"定律常常在中央银行实施 LOLR 职能时发挥作用。这能够引起金融机构和其对手方的道德风险，因为它们认为中央银行会保护它们免遭破产，因此激励它们承担更多的风险。这样一来，最后贷款人政策就像是某种类型的保险，促使银行管理者和拥有者在管理银行信用和市场风险时没有尽到审慎的责任。

历史上"大到不能倒"定律的一个著名案例发生在 1890 年。当时，巴林银行对阿根廷政府的高杠杆组合贷款出现了违约，最终英格兰银行实施了对巴林银行的救助。最近，在 20 世纪 80 年代拉丁美洲主权债务危机时期，包括花旗银行和大通曼哈顿在内的美国主要银行由于向拉丁美洲政府过度放贷而导致自身面临大量资金损失的危险，那时，美国的银行监管机构面临着"大到不能倒"带来的难题。由于美国银行系统面临巨大损失，美国当局在国际货币基金组织和世界银行的支持下主导了一项主要救助计划，也就是对违约的政府提供附加贷款，使得这些政府能够重新开始向银行债权人付款。高杠杆对冲基金 LTCM 在俄罗斯政府债券违约后遭受到巨大的损失，美国的银行监管机构再次插手来保护主要的美国银行避免遭受大量损失。在 1998 年 9 月，美联储与几个美国银行一起对高杠杆对冲基金 LTCM 实施了救助。

这些例子中，监管机构运用自主的判断，认为当一个银行遭受损失的时候必须实施某种类型的救助来维持整个金融体系的稳定。而在另外一些情况下，监管机构也会运用自主的判断，认为一个银行的倒闭不会威胁到金融体系的稳定，那么就让这个银行倒闭。这样的一个例子发生在 1995 年，一个有欺诈行为的交易员对日经 225 指数赌期货合约进行交易而招致

---

① 这种情况在美国 20 世纪 80 年代储蓄和借贷危机中出现了。那时，因为有限责任和过度宽松的存款保险，S&L 公司的经理人基本上没有从他们的风险投资导致的损失中受到影响。危机导致了美国银行业历史上最大的救助计划，包括成立重组信托公司，通过出售美国政府支持债券来融资，将获得的资金为 S&L 行业提供了 8 000 亿美元的救助并付清存款人的所有损失。

了5.8亿美元的损失，这个交易员的欺诈性交易使得巴林银行遭受了巨大的损失，英格兰银行最终让巴林银行破产了。监管机构和中央银行判断救助哪个银行或者让哪个银行倒闭的标准并不清楚，会视具体的危机而定。对标准恰如其分的拿捏可以降低道德风险，但是就大型的金融机构来说，它们也许会理所应当地认为一旦出现金融危机，它们肯定会被救助。这样一来，大型的金融机构会低估风险的威胁性，继而动摇了金融体系的稳定性。而且，大多数大型银行的跨境经营使中央银行之间很难协调，因为无论是在行政上还是金融上，各中央银行都很难决定谁应该带头解决银行危机。

## 1.7 金融犯罪：对金融稳定的一项系统威胁

洗钱是金融犯罪的一种，它能够威胁银行系统的稳定。为合法活动而开展的经济决策，在洗钱和金融犯罪的影响下却转向了违法的活动。当其涉及银行系统和证券市场时，与违法活动有关的银行和投资公司就会被认为风险太高，这样它们就很难得到贷款，从而产生流动性风险。洗钱活动同时还影响货币市场，并使那些在高风险的国家和地区开展业务的金融机构的资产大打折扣，这也都破坏了一个国家的金融系统稳定。

由洗钱构成的金融风险的主要类型有声誉风险、集中度风险和操作风险。声誉风险能破坏一个银行募集资本的能力。集中度风险则涉及大量的犯罪所得资金集中流进和流出一个金融体系，进而破坏金融体系稳定。这样的集中度风险对新兴市场和发展中国家的经济更具杀伤力。再有，金融欺诈会导致操作风险。必须建立有效的管理控制手段和内部风险管理程序来降低操作风险。在金融企业中，高层管理人员必须对那些发挥关键作用的员工直线控制，并对这些人的行为负责。1995年巴林银行的倒闭，以及2002年联合爱尔兰银行美国分行行为不端的交易员的欺诈行为导致联合爱尔兰银行的巨大损失，都是由于对关键人员疏于控制而导致金融欺诈的教训。

在9·11事件之后的国际环境下，以美国为主导的许多国家先后立法，重新界定了洗钱活动，包括为恐怖主义组织提供任何形式的金融支持

(Alexander, 2002)。现在很多国家也将为腐败官员提供任何形式的便利或者帮助的行为包含在洗钱活动的范围中，包括对腐败所得款项进行金融上的处理或者对如何使用提供建议。第3章讨论了金融行动特别工作组怎样解决由金融犯罪导致的风险。

## 1.8 结论

金融市场对风险的错误定价已经开始破坏全球金融体系的健康状况，并产生了系统性风险的外部性，并且由于金融体系之间复杂的技术联系以及很多主要金融机构的全球业务拓展，都使系统性风险迅速传播至不同的金融体系之中。本章已经谈到，要有效管理金融市场中的系统性风险，就需要有一个有效力的国际金融监管标准，它能够促进风险的有效定价和银行业国际业务的有效监管。尽管开放和放松管制创造出很多经济利益，但是也增加了金融体系的脆弱性。金融服务的跨境贸易和相关的支付活动、跨境投资组合资本流动，以及综合性金融机构和金融集团日益扩大的业务范围都是系统性风险产生的温床，也使得系统性风险具有超越国境的属性。现行的国家机制不适合监管系统风险的跨境属性，因此，需要一个更加高效的国际机制来制定国际标准，监督它们的实施和执行情况。

国际金融组织的建立以及它们在建立国际标准和提高各国监管机制上的努力，是对如何监管金融市场中的风险这一日益严峻问题的回应。金融市场的全球化导致了金融市场，特别是银行部门的日益融合，金融集团在这里起到了举足轻重的作用，它们促进了跨境资本流动和跨境风险传播。尽管很多经营活动是为了进行风险对冲，以降低能够预料到的损失进而提高系统稳定性，但是对风险进行定价而采用的公式和方法是不准确的，而且经常会导致对风险定价过低。与金融市场风险的最优状态相比，这可能会诱发更多的风险。自从布雷顿森林体系瓦解之后，国际监管的努力缺乏系统性，都是为了解决威胁全球金融体系稳定的具体危机而建立起来的。这些国际组织的标准制定过程经常是非正式的，监管的标准经常是由世界上最富裕的国家（十国集团）所控制，发展中国家和新兴市场没有或者是很少参与到规则的制定过程。而且，决策制定过程既非正式又非公开，这就提出了谁应该对其负责任的问题。确实，灵活进行自主决策曾经被看做是十国集团成员国决策制定的最大优点，但是那时候，这些决策仅仅应用于十国集团成员国，而现在，十国集团成员国制定的标准已经被国际货币基金组织和世界银行所承认，并应用于各种各样的条件性贷款和项目监管中，而且国际资本市场经常把这些标准看做是市场信号，以决定是否可以投资某一国家。十国集团确定标准却在全球范围内引起影响，就提出了一个问题，即这些标准是否具有合法性，特别是当受制于这些标准的国家却不能以任何有意义的形式参与到标准的制定过程中的时候。本书贯穿始终的一个观点，就是金融体系的全球治理要求决策制定的有效性，特别是就专业金融技术和资金流运筹而言；决策制定的问责性要求决策制定具有透明度，并在制定决策者和服从决策者之间有明确的权力关系；决策制定的合法性涉及国家在标准制定中的影响和控制程度。本书第2章将对这些国际机构的体制框架及国际金融监管政策和标准进行详细的分析。

# 第2章

# 全球治理及国际标准的制定

随着全球金融市场的一体化，监管部门必须考虑跨境经济行为及资本流动是如何影响金融风险定价的。由于交易成本过高，国家自身很难对系统性风险进行有效的管理，从而可能导致市场失灵。为了克服这一弊端，有效地管理全球市场的系统性风险和其他金融风险，一些国家成立了国际金融机构（IFIs）。在利用国际金融机构来解决集体行动问题时，国家是作为一个理性主体而存在的。国际金融机构已经成为一个主要的工具，各国可以通过其来降低金融危机发生的几率。要发挥这样的作用，国际金融机构就需要成为集中交流的平台，各国之间互相交流其他国家的偏好、意愿和动机等信息，促使各国监管部门在制定国际标准和规范上加强协调与合作，促进金融风险的有效定价。

国际金融机构的有效决策需要国家间建立强有力的联系和信任，而这种联系和相互信任需要一套共同的指导性原则来实现，这套共同的原则就是监管实务的国际标准和规定。金融监管国际标准和规定的实施会对一个国家的经济增长乃至政治主权产生重大影响，因此，其决策机制和决策过程必须符合全球治理核心原则。这就意味着，无论程序上还是实质上，国际金融机构的决策制定都应该是能够被问责的。这也意味着，遵守这些标准的国家和经济体均在某种程度上参与了该标准的制定过程，所以该标准制定过程是合法的。

国际金融机构的标准制定涉及很多公共部门组织以及私人部门组织，这些组织都签订了一些国际协定来支配金融监管部门及市场参与者的活动。它们大致可以分为三类（White，2000）：（1）促进跨境金融交易的示范性合约或协定，通常从安全性（如 ISDA 国际掉期及衍生工具协会主协议）或技术标准方面为银行间的支付行为提供便利；（2）推动银行业及金融服务业跨境竞争的国家间协定（如 WTO 服务贸易总协定及 OECD 自由化法典）；（3）通过对系统性风险的有效管理，加强及保持金融稳定的协定。最后一类协定涉及国际金融机构标准制定和全球治理核心原则，因此，本章特予以详细阐述。

## 2.1 国际金融机构概述

十国集团（以下称 G10）发达国家[①]已经在国际上进行了很多努力，以控制和管理全球化金融市场中的系统性风险问题。具体来说，几个中央银行行长委员会和主要金融监管部门在位于瑞士巴塞尔的国际清算银行（BIS）会晤，制定了自愿遵守的、具有法律约束力的国际标准及规范，

① 十国集团成员均为发达国家，包括比利时、加拿大、法国、德国、意大利、日本、卢森堡、荷兰、瑞典、西班牙、瑞士、英国及美国。

在审慎监管的原则下管理金融机构、支付系统和外汇市场[1]。最著名的（组织）是成立于1974年的巴塞尔银行法规与监管事务委员会（即巴塞尔委员会），它由G10成员国的中央银行行长和银行监管部门所组成。巴塞尔委员会试图通过建立审慎监管的国际标准，包括诸如资本充足、对银行跨境业务的并表监管等，最终建立起银行监管的共同标准。例如，支付与清算系统委员会制定了支持支付及清算系统持续运行的标准。成立于1962年的全球金融体系委员会（前身为欧洲货币常设委员会），是国际清算银行（BIS）中历史最为悠久的委员会。该委员会建立之初旨在监测和评估当时新建立的欧洲货币市场。如今，它则致力于处理更为广泛的金融稳定问题。然而，这些委员会没有正式的权力，它们只能就货币和金融事务监管的最佳实践上采用什么样的国际标准，达成非正式的共识。

巴塞尔委员会制定的资本充足性标准和并表监管规则，最初只计划适用于G10成员国中开展国际业务的信贷机构。这一计划到1998年有所改变，巴塞尔委员会表示打算修改资本协定，使其适用于所有从事跨境业务的银行。国际清算银行的各委员会都采取秘密会晤和磋商的方式，这一直被认为是其治理结构有效性上的一个优点，因为这样可以对金融市场的快速发展做出灵活迅速的反应。然而近几年来，基于其程序上的问责以及更广泛的政治合法性问题，这一决策制定的架构已经受到很多批评，对此本书将在后文中予以讨论。

在制定金融市场监管的国际标准和规范方面，其他国际监管机构也发挥了关键作用。国际证券委员会组织（IOSCO），由世界主要证券委员会所组成，其制定并通过了有关披露、内幕交易和证券公司资本充足性的标准，促进了世界主要证券市场中标准制定的趋同化。同样，于1994年举

---

① BIS是由成员国和少数私人股东于1930年组建的一个国际组织，其最初目的是根据凡尔赛和约，督促德国政府向协约国支付战争赔偿；另一个主要功能则是持有世界主要经济体的黄金储备并充当一个各国中央银行行长讨论的场所。在第二次世界大战期间，它成为纳粹德国政权的国际支付代理人，并且关系非常紧密，因此二战后有很多提议要废除它。然而，BIS在方便二战后欧洲的跨国货币支付方面开始起到了一个新的作用。在布雷顿森林时代它作为会议场所的重要性也逐渐增加了，很多中央银行业务方面的技术讨论都在此进行。这一重要性在20世纪70年代达到顶点，在此举行的一系列高级政策会议讨论了许多平价固定汇率制度崩溃后导致的金融危机。今天，它仍在为中央银行行长和金融监管者提供讨论场所和行政支持，以便于其对有关银行、支付系统、保险监管的关键问题进行讨论。2004年，BIS的成员国达到50个。详见www. bis. org。

行第一次会议的国际保险监督官协会（IAIS），由来自160多个国家的保险监管官组成，希望在披露、保险准备金管理以及消费者保护等问题上建立国际保险监管标准。[①] 金融行动特别工作组（FATF）制定的国际标准（即其所称的“建议”）旨在打击金融犯罪，对银行及其他金融服务机构的披露和透明度的要求做出规定。该标准在反洗钱和反恐怖主义融资方面，均起到了重要作用。比较而言，IOSCO和IAIS在制定金融监管国际标准方面并没有巴塞尔委员会或FATF表现突出，但其制定的监督程序标准得到了IMF和世界银行的认同，乃至全世界的支持。随着其成员的不断增加，其影响力必将越来越大。

这些国际标准尽管被认为是“君子协定”，并无法律约束力，但却越来越被视为促进国家间金融法律法规融合与协同的重要机制。此外，IMF和世界银行通过条件性贷款和监督计划，使得这些国际标准深入到许多没有机会参与标准制定的国家和地区。BIS委员会和FATF制定标准而引起的最主要的担心，莫过于决策过程的问责制和标准通过的合法性。与此相反，IOSCO和IAIS则致力于扩大成员范围、改善决策过程、加强各国参与度，并在这些方面取得了长足进展。

## 2.2 巴塞尔银行法规与监管事务委员会

巴塞尔委员会也许是最具影响力的国际金融标准制定机构，它对大多数国家银行法律法规的发展都有着直接或间接的影响。由于巴塞尔委员会在建立国际标准上所具有的影响力和重要性，它的治理结构值得我们仔细研究，尤其是其决策程序以及它所设立的监管标准对全球金融市场及经济增长的影响。委员会制定了一些重要的国际协定，监督银行必须达到以其风险资产为基数而确定的资本数量，以及在监督银行全球开展业务时各个监管部门之间是如何分配管辖权的。委员会的活动往往远离大张旗鼓的政治高层，但由于委员会修订了1988年资本协定，并将其应用范围扩大到所有开展国际银行业务的国家，因此引发了众多批评意见，也使主要决策

① 详见国际保险监督官协会（1999b）。

制定者和监管部门对其所做的工作进行了仔细研究。修订资本协定的建议即巴塞尔协议 II，已经受到了批评，因为它对大型跨国银行有利，而以牺牲中小型银行利益为代价，对发展中国家和新兴市场经济国家的监管制度也并不适宜（Ward，2002）。此外，该协议下的资本测算对金融风险定价仅限定在银行个体风险暴露的基础之上，而非金融体系内所有银行产生的总风险。这项研究的一个主要观点认为，巴塞尔协议 II 的一些缺陷从某种程度上可归因于两点：一是委员会决策框架的不完善；二是推行标准的做法不当，不应该对那些并未参与协议制定的非 G10 成员国强制要求采用其标准。

### 2.2.1 体制结构

巴塞尔委员会由 G10 的中央银行官员和国家银行监管当局组成，他们定期在位于巴塞尔的国际清算银行进行协商，就国际银行业的规范达成一致①。巴塞尔委员会非正式开展工作，并在协商一致的基础上发挥作用。它的决策过程不对外公开，主要依靠个人接触。从国际法的层面来看，委员会的决策不具有法律效力。同时，它非常强调决策的分散执行，在监督成员是否遵守决策上也是非正式的。委员会的这种非正式决策过程，正是因为缺乏正式程序而被视为对其成员国有效（Jackson，2000b）。委员会通过各种协商小组，已经试图将 G10 外的银行监管当局扩大到其非正式网络中②。最近，作为协商修订资本协定过程的一部分，巴塞尔委员会进行了多次的研讨和磋商，期间共有来自 100 多个国家的银行监管当局参加。

如上所述，委员会决策的实施过程是分散的，由各成员国自愿执行、自我监督，而不是由其他国际机构组织，如 BIS，来承担监督责任（Norton，1995）。尽管如此，委员会仍对巴塞尔框架进行监测和审查，希望在执行过程中能够统一而在重要标准上逐渐趋同。此外，委员会在

---

① 1974 年，十国集团包括比利时、加拿大、法国、意大利、日本、卢森堡、荷兰、联邦德国、英国和美国。如今，它还包括了瑞典、瑞士和西班牙。

② 核心原则联络小组仍然是委员会与极具影响的非十国集团成员国之间最重要的对话平台。此外，BIS 成立了金融稳定研究所，通过举办关于实施国际银行和金融标准的研讨会和会议，与非十国集团的银行监管者展开联系。

1997 年宣布已经从七国集团国家首脑签发的公报中得到授权，鼓励新兴经济体采取“强有力的审慎标准”和“有效的监管体制”。委员会表明，根据七国集团公报，将为境内具有国际银行业务的所有国家制定全球资本标准及其他有效监管核心原则。委员会希望 IMF 和世界银行发挥监督作用，确保其成员国无论面临何种制约及经济结构调整，均能坚持标准的实施。巴塞尔委员会将其标准推行到 G10 以外的做法引发了两个问题：一是决策结构的问责制问题；二是对于发展中国家和新兴市场经济体而言，该标准是否适用的问题。此外，在 G10 成员中，大部分是欧盟成员，欧盟法律要求它们必须将资本协定纳入本国法律；G10 中只有加拿大、日本和美国的本国法律没有要求执行资本协定①。

## 2.2.2 资本协定

20 世纪 80 年代，世界主要银行对市场份额展开激烈的争夺，1988 年资本协定②制定的最初目的是防止由此造成的对银行资本比率的侵蚀。协定同时还试图协调 G10 内部各成员国资本计量的不同方法以及不同要求。在实施 1988 年资本协议的过程中，银行监管当局想要建立一个最低国际标准，为在 G10 成员国开展业务的银行创造一个公平竞争的环境；银行监管当局希望对资本的要求能够准确反映出在放松管制以及国际市场竞争中银行所面临的真实风险。1988 年资本协议要求积极从事国际交易的银行，所持资本至少达到其风险加权资产的 8%。设定此项资本充足率标准的目的是防止银行轻率增加杠杆水平而扩大信用风险敞口。

## 2.2.3 内部风险管理模式

20 世纪 90 年代初，国家监管部门开始发现问题，银行计算资本金水平时，作为分母的风险加权资产只考虑了狭义的信用风险计量，而没有考

① 事实上，新巴塞尔协议谈判中的一个主要障碍是美国国会拒绝将新巴塞尔协议应用到大多数美国银行中。支持新巴塞尔协议并有权将其运用于金融控股公司的美国联邦储备委员会已表示，根据旧巴塞尔协议（1988 年资本协议），它即将使美国排名前十位的金融控股公司应用该协议，而其他所有美国的信贷机构将继续遵守现有的美国法律。见 Roger Ferguson，联邦储备理事会副主席的声明（2003 年 12 月 13 日），具体可见 www. frbny. org。

② 1988 年资本协定的全称是“统一资本计量和资本标准的国际协定”。它基于母国控制的原则，适用于在十国集团成员国内开展国际业务的银行（巴塞尔委员会，1988）。

虑到金融风险的其他来源，如市场、流动性和操作风险这些随着银行交易和衍生产品的增加而增长的部分。作为对此的回应，1996 年巴塞尔委员会修订了资本协议，扩展了银行计算资本充足率的资产类别，使其不仅包括信用风险，还包括市场风险（BCBS，1995）①。这种做法使银行首次利用其内部风险管理模式来确定对于市场风险的监管资本要求。在特定情况下银行可以使用其自己的模型—— 他们在内部日常交易及风险管理中所使用的模型——来确定其监管资本要求中的一个重要部分，而不再需要按照一个详细框架来计算风险敞口（以报告为目的）和资本要求。巴塞尔委员会特别建议选择使用内部模型来评估市场风险的银行，应该以在险价值作为标准的风险衡量指标。在险价值依赖于历史数据，它提供了在一段特定时期内、按照某一置信水平、由多家公司组成的一个或多个资产组合的价值的最大预期损失的估算数值。这个置信水平体现了某一个资本账户在一段时间内的实际价值不会低于特定的最低值的概率。在险价值还要求与监管控制下的银行加强联系，要求其应该利用恰当的评估因素进行正式的风险评估。巴塞尔委员会在 1997 年采纳了在险价值模型，G10 成员国监管当局也将其纳入相关法律。

### 2.2.4 巴塞尔协议的实施

G10 以外的许多国家也将巴塞尔标准纳入到金融监管框架中来。其中原因有很多，包括：强化商业银行的稳健性，提高商业银行在国际金融市场上的信用等级，达到广泛认可的国际标准。这些国家需要向 IMF 和世界银行表明，其已经履行了巴塞尔协议或正在为此做着实际努力，以便有资格获得金融援助，并成为 IMF 金融部门评估规划及世界银行金融部门调整贷款项目中的一部分。此外，所有 G10 国家均要求，外资银行只有证明其母国监管部门已经采纳了资本协议以及其他国际协定，才能获得银行牌照。另外，如第 4 章中所讨论的，国际声誉和市场信号在促使非 G10 国家采纳资本协议的问题上，也同样起着重要作用。很多非 G10 国家（包括发展中国家）认为有必要要求它们的银行采用同样的资本充足标准

① 修订后的协定定义了一系列的定量和定性标准，银行如果想要使用自己的系统来衡量市场风险，就必须首先满足这些标准。

来吸引外国投资，并在全球金融市场中与国际银行处于平等地位。

## 2.3 巴塞尔协议 II

巴塞尔协议 II 的目的是增加银行所持监管资本对银行所面临的经济风险的敏感度。巴塞尔协议 II 中相辅相成的三大支柱，重新构建了资本充足性的评估框架。

第一支柱是最低监管资本要求，其中包括标准法（在 1988 年资本协定及随后的修订案中通过）和修订后的内部评级法。修订后的标准法提高了对各种风险类别的敏感度，但这种提高很有限。内部评级法则允许大型银行利用先进的内部信用风险模型（确定风险权重），适当减少其最低资本，从根本上改变了委员会对监管资本的观点。

第一支柱建立在 1988 年资本协议基础之上，保持原规定中 8% 的资本充足率要求。但是确定资本比率的风险加权方法有所改变，将原来依赖于公共监管机构评估的信用风险加权系统更换为使用外部信用评价来计算风险权数，从而实现目标①。这些外部信用评价很大一部分将由私人机构或企业来完成，对私人或主权国借款人的信用风险予以评估。采用私人评级机构存在一个重要的问题：私人评估和监测机构是否具有恰当的激励措施？（这个问题将在第 6 章中详细讨论）

第二支柱是监督检查，“旨在不仅确保银行具备足够的资本来应对业务中的所有风险，还鼓励银行在监测和管理风险方面开发并使用更好的管理技术”（BCBS，2001a）。这一支柱鼓励监管部门评估银行的内部资本配置办法和资本充足率的内部评估方式。在国家监管部门的自主权范围内，该支柱为主管部门提供了一个机会以表明这些方法在哪些方面还存在不完善的地方，同时提供了一个主动与银行管理层沟通的机会，以改进风险计算方法。该支柱还要求监管部门协助各银行设计其内部控制框架和公司治理结构，以促进银行内部的风险评估。

① 委员会在 1999 年的报告中指出：“委员会提议修订信用风险（评估）的现行办法，采用标准化的办法来计算大多数银行的资本支出。按照修订的方法，对外部信用评估机构的使用提供了识别一部分信用风险的手段。”

第三支柱承认市场约束在增强资本监管和其他监督工作以确保银行体系安全并良好运行方面具有很大潜力。该支柱提倡广泛的披露标准，以增强银行风险及资本状况的透明度。①

第一支柱将允许一些先进的银行使用自己的贷款内部评级法计算资本充足率②。第 8 章中将详细讨论一些关于内部评级法的重要问题，如银行资产估价的会计方法、大型银行使用其自身数据计算资本充足率的能力，以及大、小型银行之间的竞争可能产生的影响等。

第二支柱增加了监管部门行使自主权的自由程度，但很容易造成监管失灵（Ward，2002）。若该自主权没有用在公共利益上，监管将是无效的。在许多国家，由于限制寻租的机构自身薄弱，银行和监管部门很容易以公共成本为代价获取利益。这一担忧在发展中国家尤为突出，因为在这些国家，监管的独立性和问责性缺乏制度和法律上的支持。

第三支柱陈述了市场约束标准，许多经济学家则批评其具有顺周期性。实际上，巴塞尔协议 II 应增加逆周期性的要求，例如，在市场繁荣时期采用较高的资本要求，在市场低迷期间采用较低的资本要求。

最后，由于巴塞尔委员会指出巴塞尔协议 II 将应用于“国际银行开展业务活动的全部国家”，因此并没有考虑到发展中国家经济和金融结构的差异。发展中国家经历着更大的宏观经济波动和资金流动的不稳定性，因此更容易遭受外部冲击。巴塞尔协议 II 的顺周期性效应将给发展中国家造成更大的影响，甚至阻滞其经济发展（Ward，2002）。最后，巴塞尔协议 II 提高了对风险的敏感程度，但并没有因此而提供一个与激励相匹配的框架来激励银行家为其自身造成的风险承担更多的成本。比如，提高银行所有者个人应负担的责任，从而遏制其风险行为，并减少社会成本。

---

① 十国集团的银行监管者最近针对巴塞尔协议 II 对十国集团银行体系的影响进行了第三次定量影响研究（QIS－3），该研究于 2003 年 5 月完成。2002 年 10 月到 12 月底，共有来自 50 个国家的 250 多个银行参加了新规则测试。许多国家的监管者所报告的实施该标准所造成的缺陷与本书中的许多意见相似。委员会打算在 2003 年 12 月 31 日前完成新的协定，它将鼓励各国政府从 2005 年 1 月开始，到 2008 年底为止，通过必要的立法以贯彻执行标准（译者注：执行情况并没有按照预期的计划，而我国目前拟在 2010 年底实施巴塞尔协议）。

② 1999 年的咨询报告指出：“委员会还认为，内部评级法能够成为建立资本支出的基础。”

## 有缺陷的决策程序和体制结构

巴塞尔委员会由G10国家的中央银行首脑及国家银行监管当局组成，它们是按照人均收入标准统计的全球最富有的13个国家。由于赫斯塔特和富兰克林国民银行（Herstatt and Franklin National Bank）在20世纪70年代的破产，委员会最初关注的是G10国家的银行和支付系统中产生的系统性风险所带来的威胁。20世纪80年代，随着越来越多的国家开始放宽外汇管制、撤销对金融部门的限制，委员会变得更加关注非G10国家的管理和监督实务。随着20世纪90年代末金融危机的爆发，委员会开始与庞大且非常重要的发展中国家进行更多的联系，并在G22和G24（译者注：指22国集团和24国集团）等论坛中征求其意见。同样，IMF和世界银行在此期间也通过监督和技术援助等方式鼓励其成员国采纳资本协定和其他审慎监管原则。此外，迫于资本账户日益开放的影响，以及外国直接投资者或组合投资者的压力，许多国家的监管当局纷纷实施巴塞尔及其他国际金融机构的标准以防止国外资本的流失。截至1998年，已经有超过120个国家宣布实施了资本协定，或正处于实施的进程当中。

对于实施了这些标准的国家和经济体来说，由于问责性和立法性的严重缺失，巴塞尔委员会的决策程序遭到非议。现有决策过程存在的问题是，委员会的内部运行和审议过程并不对公众披露，越来越多的国家遵循这些标准但是却不能对其设立和修订起到显著的影响作用。前些年，委员会寻求解决的问题只是G10的监管部门所关注的，保密和非正式性被视为有效决策的要求。如今，委员会制定的标准在全球范围内形成影响，从而引发了对其决策结构的合法性的质疑。尽管委员会积极鼓励非G10国家的政策制定者和监管者多方位参与到标准制定过程中来，但实际决策权仍控制在G10成员国手中。委员会的决策如今对世界各国都采用的国际银行规范的发展影响重大，因此，新协议（译者注：即指巴塞尔新资本协议。下同，不再另行注释）应当引起所有国家以及其银行监管部门的充分关切。事实上，委员会将其国际标准和原则推广到所有开设国际银行的国家，是变相地扩大其权力范围的表现。然而，委员会试图创立整个全球金融体系普适、统一标准的努力却遭到许多发展中大国及新兴经济体的反对和阻挠。这些国家和经济体宣称，不会采用这些对发展毫无作用的标准。①

委员会历来代表世界最具有全局影响的重要金融市场。但最近几年内，由于亚洲金融危机和拉美金融市场所面临的问题，人们越来越认识到，一些不属于G10但却代表了能够影响全球的金融体系的国家，应派代表参与到委员会中来（Griffith – Jones 和 Persaud，2003）。巴塞尔委员会已意识到这个问题，并成立了一个由13个非G10国家（包括巴西、中国、印度和俄罗斯等在内）组成的核心原则联络小组，就银行业务监管的核心原则及资本充足标准进行磋商。然而，尽管委员会经常向这13个非G10国家咨询资本协定可能对其经济产生的影响，但是它们在委员会仍然没有席位，亦无法对标准制定过程产生直接影响。委员会的职责之一便是制定国际标准，但是如果要求巴塞尔委员会，这个G10专属委员会来为G10以外的国家制定标准，那么这种职责的合法性就会遭到质疑。

1. 问责制。由于缺乏清晰的问责链，以及无法确保成员国确实执行了其批准的标准，委员会的决策程序受到指责。在金融监管领域中从技术上定义问责制，就是如果一方向另一方行使权力，那么就要强调一方对被行使权力的另一方应该负有的责任。这通常要求行使权力者应就其行为或决定向这些行为和决定的承受者提供一些理由或解释（Lastra 和 Shams，2001）。对于银行监管部门而言，审慎监管下的问责制要求监管部门就其作为向有关政府当局，以及更广泛地，向公众成员加以说明和解释②。公众还应包括被监管的公司，应当咨询被监管公司的意见并告之各种被建议修改的监管政策。必须有明确的授权链条，说明监管部门在何处获得权力，并对哪些利益相关者的利益承担责任。

此外，应当按照一些评估标准，来衡量其行使权力的效果（Lastra，1996），这些标准可以包含在法规或条例中。银行业务和金融监管的复杂

① 例如，俄罗斯、南非和沙特阿拉伯在2001年提出了另一种资本协议修正案，该修正案将提供一个针对所有信用风险和市场风险资产的资本对资产比率标准，该比率为9%。

② 正如Lastra所观察的，银行监管部门的问责制可以被“改善”，例如，当监管者因对银行监管的不足而造成储户损失从而承担赔偿责任时，就可能会发生。这个问题在Three Rivers District Council 诉 Governor and Company of the Bank of England（No. 3）［2000］2 WLR 1220；HL这一案例中表现得非常明显（储户对英格兰银行对国际商业信贷银行（BCCI）监管不力的渎职罪责提出损失索赔）。

性表明，建立相应的标准来衡量监管部门绩效是很困难的。银行业监管中已经开始使用“绩效问责制”这一术语，表明监管的有效性和问责制是可以衡量的，但衡量标准只是在立法中已经明确提到的目标，而且应该集中在狭义的、单一目标。如果有多重目标，则应界定明确而且有优先次序（Lastra 和 Shams，2001）。

在国际经济组织和标准制定组织中，透明度已经成为问责性的一个重要方面。披露标准不足和报告要求不充分所造成的信息不对称会导致市场失灵。但是应当强调的是，监管透明度是否能达到效果取决于信息是否容易得到以及是否相关。信息的相关性取决于信息提供的方式，即必须准确、全面，而且不能误导。举例来说，监管部门在制定有意义的、能够促使银行采用更有效的方式控制金融风险的标准或规范时，信息太多可能并无益处。监管部门更不应该只注重信息的数量，而是应该注重信息与向投资者传达的金融风险的相关性。另外，监管部门应该能够自主平衡信息的发布量，同时注意在某些情况下对公众保密其专有信息，因为这时发布这些信息在一定情况下可能引发金融恐慌、银行挤兑或为部分银行提供不公平的竞争优势等。

巴塞尔委员会的分散执行的办法造成了实施和执行标准时不一致。举例来说，整个20世纪90年代，日本遭受了重大的银行业危机，这一危机部分源于其资本市场的崩溃。危机造成日本银行资产价值骤然下降，导致日本监管部门放宽资本充足率和贷款评级标准。监管上的这种宽容一般被认为是在银行或金融危机情况下做出的必要的反周期性回应。然而，在IMF和世界银行的条件性贷款和结构调整项目下，许多发展中国家和新兴市场经济体往往没有自主权来推行这样的宽松政策。相反，作为金融和技术援助的条件之一，这些国家必须按照巴塞尔委员会及其他IFI制定的标准实行严格的银行业改革。目前的国际监管制度缺乏问责性和合法性，因为它允许G10成员国只要认为可行，在任何时间都可以不遵守在国际上（诸如巴塞尔委员会等）曾表态遵守的标准；但同时又要求非G10国家在IMF和世界银行的监控下坚持并实施这些标准。

巴塞尔委员会缺乏清晰、透明的决策程序，因此无法建立问责制度。事实上，决策过程本身并不公开，也没有可供公众查阅的会议记录。但是从另一个角度来看，我们应该承认，标准制定过程往往涉及敏感信息的交流，监管部门需要灵活性和自由裁量权以在没有对外公布这些信息的前提下，诚实、坦率地评估国家监管政策。完全披露所有的谈判可能会妨碍监管部门对改革建议做出公正评估，从而破坏标准制定程序的效能。此外，当发生危机时，有效的决策可能需要监管当局和政府官员在公众视线之外短暂会晤，以便做出应急决策，避免危机的全面爆发。因此，在监管谈判进行中，为了阻止金融市场中不必要的信息外泄，应该采取安全保障措施。有效的标准制定需要一定程度的保密性和自主权，尤其是在危机发生的时候，以便监管当局做出艰难的决策。然而，问责制要求此类决策程序应当事先明确化，决策制定中的权力链条也应该清晰化，明确国家应该如何参与标准的制定过程。同时还要理解，紧急情况下它的作用可能会受到限制。

2. 合法性。资本协定和其他 BIS 委员会的标准无疑被认为是当今世界上大多数国家所广泛遵守的最优国际标准。然而，巴塞尔协议 II 的实际缺陷表明，国际金融标准有可能是不佳的经济政策，这一点不仅仅针对执行该标准的富裕的 G10 国家而言，绝大多数迫于国际经济组织及国外投资者压力的国家也包括在内。这就提出了国际标准制定过程中政治合法性的问题，以及在这些需要遵守的标准的制定过程中，国家应该发挥什么样的作用。“合法性”的文学含义广泛，我们采用这个词汇主要是强调其政策发展的所有权的概念。也就是说，在国际经济关系中，特别是在金融监管领域，那些规范国家行为的国际标准和规则的合法性取决于（或部分取决于）所有国家在多大程度上参与制定了其所遵守的标准。由于各国处理国际关系时的地位和影响力不同，所以我们认为其参与制定标准的机会也不等同。但是我们认为应当允许政治和经济弱国——尤其是发展中国家——对国际经济规则的制定发表意见，来共同构建国际经济政策。在国际经济规则的制定中，没有严格的公式来计算各国应有的参与或影响程度。这种情况可能会随着监管对象的不同而有所变化，同时，在某些情况下还会涉及授权给其他国家或国际组织。

国际政策制定合法性的基本原则应当包括这样的共识，即遵守国际经济监管规范的国家应当有机会参与并影响这些标准的制定和修改。通过对这些标准的制定施加影响，各国将有机会对自身的经济和法律结构进行修改或调整。这种参与扩大了标准所有权的程度，有可能培养起一种真诚地贯彻和实施这些标准的政治意愿。在巴塞尔协议 II 下，如果 G10 以外的更多国家能够在资本协定的修订中发挥有益作用，将有助于减少发展中国家的宏观经济波动，同时也有助于减少发达国家大型银行与发展中国家小规模金融机构之间的扭曲竞争。

的确，在国际决策中应用合法性原则，能够显著改善 IFI 推行的金融监管核心标准，这表现为这些标准不仅增强了单个国家的金融稳定，同时也增强了全球金融体系的稳定。这就要求巴塞尔委员会扩大成员范围，容纳更多的非 G10 国家，尤其是像巴西、印度、中国以及南非这样的具有全球影响力的发展中大国。如今，资本协定作为 G10 的决策结果，其作用只对 G10 境内的大型银行有利，而对于非 G10 国家的监管部门、金融机构和借款人利益却有所损害。合法性原则已成为设计高效、公平的全球治理结构的核心要素之一。

就巴塞尔协议 II 而言，资本协定修订案中的一些缺点部分源于委员会将资本协定推行到所有国际银行开展业务的国家的做法。第一支柱允许大型、复杂的跨国银行通过历史数据及监管部门设定的一般参数来计算自身资本要求，这对于缺乏完善的内部控制及数据收集能力的中小型银行来说，无疑造成了一种竞争的扭曲。同时，由于高风险借款人要求更高的资本要求，必将阻碍许多发展中国家的宏观经济增长。协议注重程序，忽视信贷造成的结果，因此呈现顺周期性，而非凯恩斯主义中的逆周期性。这将加剧经济和金融循环的震荡，引发了发展中国家更大的波动。

第二支柱为监管部门提供了很高的自主权，可以审批各种风险管理程序和银行实务，这是基于监管者具有高水平的专业知识和政治独立性的假设。然而这一假设在很多发展中国家，乃至一些发达国家中并不成立。换言之，第二支柱防范监管捕获（译者注：捕获论是金融监管理论的一种，该理论认为监管是适应产业部门的供给，而不是公共部门的供给，监管部门常常被产业部门捕获，为其控制和利用，监管提高的不是社会公众的利益，而是被监管产业的利益）或政府失灵。第三支柱过分强调出口信用评级机构在评估主权国家和私人债务人的信用度方面的作用，这对于

OECD 以外的国家的政府及公司贷款造成了恶性影响。此外，它未能对信贷提供的其他方法给予优惠处理，如小额贷款，而这对发展中国家是非常有益的一种金融形式。同时，多样化已被证实有很多益处，但却被忽视了(Persaud，2002 年)。

总而言之，许多缺陷可部分归咎于委员会的成员组成、决策过程和决策结构。作为对银行业监管发展具有重大影响力的国际机构，其决策程序不符合公认的问责制原则和合法性原则，决策过程过于保密和缺乏透明度。此外，委员会成员国境内的私人部门银行会有非常大的影响。缺乏问责制和合法性的决策过程会给大多数国家造成银行监管标准质量的降低。迄今为止，尽管越来越多的人接受了这个观点，但是仍然没有出台任何改革建议。事实上，从促进金融业长期发展的角度看，委员会通过扩大参与标准制定过程的国家数量，可能会最大限度地提高监管标准的质量。另一方面，扩大参与标准制定过程的国家数量可能造成协商运筹问题，进而破坏委员会效能。然而，通过仔细协商的多边框架来建立一个更加有效和合法的决策过程仍然是可以实际操作的。

## 2.4 跨境监管权力的分配

### 并表监管

管理银行跨境活动的管辖权的分配是巴塞尔委员会关注的主要问题之一。事实上，委员会成立的初衷是为母国及东道国的监管当局制定其监督银行国际业务活动的合作原则（BCBS，1975)。1975 年的巴塞尔协议确定的若干重要原则中就包括，母国和东道国的监管当局应分担所有东道国境内银行业务的监管责任。根据这一办法，东道国一方主要负责监督外资银行流动资金的充足性，母国则承担主要责任，负责监管本国银行国际业务偿付能力。最后，委员会鼓励母国和东道国的监管当局积极合作，加强信息交流，同时，在一定情况下根据有效监管及监督的需要，适当放开金融机密信息转让的法律限制。这些有关母国与东道国的管理原则当时只在 G10 监管机构之间被采用和推行。

出于应对拉美国家债务危机和意大利 Banco Ambrosiano 银行破产及清算，1983 年修订了 1975 年的协议。Banco Ambrosiano 银行经营和管理着几个国外子公司，这些子公司被用来从事与意大利黑手党之间的腐败行动和金融犯罪。对该银行的国外子公司监控失败，意大利的银行监管部门给出的理由是：尽管这些子公司由意大利的控股公司有效管理和控制，但因为涉嫌违法的经营活动发生在子公司所在地，即卢森堡及几个离岸管辖区，所以并不在其管辖范围之内。巴塞尔委员会试图通过修订协议来修补这些管辖权空白，确保跨境并表监管。该协议于 1983 年获得批准，被称为“银行境外机构的监管原则”（BCBS，1983）（译者注：以下翻译中均简称修订协定）。

修订协定为母国和东道国当局之间银行监管职责分配建立了新的原则。其主要目标是确保所有 G10 国家境内银行的国外业务都不得逃避“并表监管”原则。并表监管要求母国监管部门充分注意银行集团所有全球业务的信用风险、资产质量以及资本充足性。值得注意的是，修订协定还载有“双重关键监督原则”，它要求 G10 监管当局应评估其他国家当局的监督和执行其相应职责的能力。例如，如果某个东道国确定某个母国监督不足，修订协定提供了两种解决途径：（1）东道国可以拒绝批准监管不足地区的机构入境，或（2）东道国可以强制母国监管不足的外资银行接受其特定条件。尽管修订协定仅计划适用于 G10 国家之间，然而 G10 监管当局仍可以对所有在 G10 国家申请经营许可的外资银行进行母国监管制度的评估。这样以来的结果是，对于非 G10 国家而言，根本没有对 G10 的银行业监管标准和执行标准进行任何评估和分析，这些标准就已经强加于它们头上了。协定的另一个疏忽是，不能准确判定一个国际银行只是为了母国控制的目的而在某一个国家注册。在 BCCI（国际商业信贷银行）的案例中，这已表现为一个严重的监管空白。

## 2.5 BCCI 案例和监管的挑战

### 金融集团

为了解决 G10 银行全球业务监管中的一些缺陷，1990 年在（1983 年）修订协定中补充了一些标准。然而，执行中存在的严重问题仍继续困扰着 G10 监管当局。其中一个比较明显的问题是，对于那些在其管辖区内开展经营活动，但却是在其他管辖区组建成立的主要金融机构，该管辖区的监管部门未能提供足够的监管。这在英格兰银行监督国际商业信贷银行（BCCI）伦敦分行业务的案例中表现突出。BCCI 已运营多年，其主要业务地点位于伦敦。通过伦敦分行，BCCI 管理着复杂的全球分支网络以及在卢森堡和开曼群岛注册的控股公司，期间，该银行涉嫌欺诈、洗钱，以及大规模的公共部门腐败等犯罪。美国监管当局和执法机构发现了 BCCI 的欺诈阴谋，并于 1990 年将其认定为多项法人犯罪。

此后不久，英格兰银行于 1991 年关闭了 BCCI 在英国的子公司。英格兰银行官员对其没能早些关闭 BCCI 的失职辩称道，根据英国法律，英格兰银行不属于其母国监管部门。因为 BCCI 完全由卢森堡控股公司所有，伦敦分行只负责管理事务，因此英格兰银行没有监督 BCCI 全球业务的职责[①]。英国官员还认为，尽管 BCCI 在卢森堡几乎没有业务，但是卢森堡作为母国监管当局应当有责任监督其全球活动。结果，英格兰银行表现出来的监管放任，卢森堡当局没有任何像样的监管，再加上其他管辖区（包括美国）的监督失败，使得 BCCI 既逃避母国当局的监督，又逃避了东道国监管部门的监督（Bingham Report，1993）。

BCCI 的丑闻促使巴塞尔委员会重新审视其并表监管原则，使其于

① 具体来说，英格兰银行认为，根据 1979 年银行法第 3.5 段规定，监督责任应在于 BCCI 的注册地卢森堡。

1992年做出关于国际银行集团及其跨境机构监管最低标准的报告①（以下简称最低标准报告）。在许多方面，最低标准报告再次表述了修订协定中已有的标准。例如，它重申了并表监管的一般原则：所有的国际银行集团应当由其母国监管部门充分监督。它还再次强调了修订协定中东道国可以采取限制外资银行入境措施的权力，其中包括如果东道国确定外资银行的母国不符合包括最低标准在内的国际审慎标准，将禁止或吊销该外资银行的执照。

最低标准报告为修订协定增加了新的要求，即鼓励母国和东道国监管部门提前就跨境银行机构（在东道国）的创立达成一致。它还提倡（东道国）各国家当局确保作为跨境银行机构或银行集团的母国监管者有相应的权力，可以从这些银行、机构收集信息。基本上不应该限制关于银行集团内部敏感信息的跨境交流和共享。

最低标准反映了银行及金融集团跨境活动并表监管的国际规范，将其作为解决管辖权冲突的规定已被普遍接受。实际上，这些标准不仅强调并表监管的必要性，还建议东道国监管部门应确保母国收到其银行全球业务的合并财务报表。最低标准报告进一步要求母国监管部门采取各种措施实现所有财务报告的完整性和有效性。此外，东道国监管部门必须能够说服自己相信（母国监管部门），即母国监管部门有权力防止银行为了达到规避监管的目的而在该国成立组织机构。

## 2.6 金融集团的监管结构

BCCI案例使那些由金融集团的跨境业务所引发的监管挑战变得更加

---

① 该报告的结论包括：• 所有国际银行集团和国际银行应由母国当局监管，该当局应能够执行并表监管；

• 跨国银行机构的建立应在事前得到东道国监管当局以及该银行或银行集团的母国监管当局双方同意；

• 监管当局作为银行或银行集团的母国监管部门，应具备相应权力，以便从该银行或银行集团的（在东道国的）跨国银行业务部门收集信息；

• 一旦东道国当局确定有任何一条最低标准不能被满足，当局可采取必要的限制措施以满足当局对符合最低标准的审慎关注，如禁止其设立银行机构（BCBS，1992）。

突出了①。如今，国际金融集团提供一系列的产品和服务，不仅包括贷款和存款这类传统产品，还包括保险、投资服务以及税务和资产规划服务等。这些现代化的金融机构为了追求利润的增加和收入的多样化，经营多种跨境业务。取消资本在国家间流动的限制，会增加国际信贷及存储活动。②

1996 年，巴塞尔委员会、IOSCO 以及 IAIS 共同设立了金融集团联合论坛③，制定有效监管标准，对不同领域、不同金融服务部门的金融集团实施监管。联合论坛发表了若干建议，力求增强监管部门之间的协调性。具体地说，它提议应该根据总体业务的需要，确定每个集团的主要监管部门。对于包括金融以及其他业务活动的混合型集团，它建议集团金融部门应具有独立法人和独立的管理结构，以防止集团金融风险的“传染”或扩散。1999 年 2 月，该论坛发表了一份最终文件，该文件是以集团作为一个整体为基础，对集团的资本充足性的评估提供测量方法和原则（BCBS 联合论坛，1999）。随着金融集团业务的不断拓展，很容易将高风险活动转移到监管不善的区域内，造成对金融稳定的威胁，同时引发了两个重要问题：一是国际监管的作用；二是需要什么样的体制结构来进行监管。巴塞尔委员会在巴塞尔协议 II 的框架下提出了这些问题的解决途径：采用高等级原则来划分母国和东道国监管部门的管辖职责，确保金融集团无法利用将业务转移到监管宽松地区内的做法来躲避巴塞尔协议 II 的要求。

## 巴塞尔协议 II 实施的高级原则

巴塞尔协议 II 的有效实施需要增进母国和东道国监管部门之间的合作与协调，尤其是对于复杂的金融集团或组织来说，更是如此。新协议积极鼓励母国和东道国监管当局进行合作，确保新的资本规则适用于每一级别的银行集团。这意味着它们必须承担第一支柱中的资本充足性评估的职

---

① 我们用“金融集团”这一术语来形容多功能的金融公司，它们往往作为控股公司，控制着许多提供广泛金融服务活动的子公司和附属公司（Blumberg，1993：6－10）。

② 1996 年，发展中国家的净国际资本流入超过 2 350 亿美元，这相当于世界 GDP 的 0.8%，超过发展中国家 GDP 的 2%（Fischer，1997）。

③ 联合论坛的任务是继续开展由三方小组开始的、关于统一金融集团标准的工作。

责，以及第二支柱中对银行集团内各分公司和子公司的内部控制和风险管理实践进行评估的职责①。为实现这一目标，并表监管原则要求银行必须获得母国和东道国监管当局双方的批准才可将业务扩展到东道国管辖区内。这样的批准必须以银行每一级别的全球业务都必须遵循巴塞尔协议II为基础，包括服从第一、二支柱中提出的东道国对在其境内开设银行子公司或分行的要求。这一框架类似于资本协定1996年市场风险修订案下的母国和东道国原则，要求银行在东道国开展业务时使用自己的计算方法评估市场风险之前，应先获得母国和东道国监管部门的批准。巴塞尔协议II也采用了这个办法，即要求银行在扩展其跨境业务前，必须取得母国和东道国监管部门的批准，该批准是基于其是否符合巴塞尔协议的各项要求。同时，希望能通过这个办法使东道国监管部门确保当地的外资银行分公司或分行能够在个别或者统一的基础上实施巴塞尔协议II。

巴塞尔协议II期望通过东道国的管辖将该协议原则实施到跨国银行集团的当地业务中，这意味着巴塞尔协议II适用于多个管辖地区，而且许多东道国尽管在巴塞尔协议II的订立过程中很少或根本没有起到任何作用，也必须服从其监管要求。此外，根据第一支柱原则，银行和监管部门可以就资本测算方法达成一致。但是根据第二支柱原则，监管部门具有自主权，这就可能造成在不同的管辖区，新协议的具体实施存在差异。因此，会导致在不同辖区内对银行的要求不同或者重复。例如，国家监管部门可自行决定个别银行或银行集团计算资本充足率的方法——标准法、基础法或高级法，因此，母国和东道国监管当局对某些银行的跨境业务所采用的监管办法可能相互冲突。为解决这些问题，委员会于2003年8月公布一系列并表监管的“高级原则”，并要求在巴塞尔协议II下实施。

高级原则重新确认了修订协定强调的管辖权冲突规定和1992年的最低标准原则，即在并表监管基础上在母国和东道国之间分配监管职责，同时承认监管部门管理本国境内金融机构的现存合法职权（原则1）。原则1认为，巴塞尔协议II应建立在现有并表监管的框架基础之上，以便在所有金融集团开展业务的国家均能有效执行。为了实现这一目标，监管部门

① 关于执行第三支柱市场约束，需要进一步协调。

之间应在保障机密信息安全的同时拓宽信息交流渠道，并对监管标准互相认可。委员会期望，通过这样的办法来达到标准的趋同，最终实现“监管和监督制度等同”（BCBS 联合论坛，1999）。

在履行其职责时，母国监管部门可争取东道国监管部门的协助（特别是银行主要业务在东道国内的情况下）来收集数据，对银行的资本充足性以及其遵守巴塞尔协议 II 的情况进行评估。另外一点尤为重要，即鼓励母国监管部门履行第二支柱的一些监督责任，在金融集团在东道国内大量开展业务活动的情况下，对东道国监管部门进行监督（原则 2）。在实施巴塞尔协议 II 过程中，如果母国和东道国的监管部门采用的并表监管办法存在差异，则默认母国监管部门的办法有效。然而在履行这项职责时，如果母国银行或金融集团在东道国管辖区内大量开展业务，母国监管当局应当积极寻求东道国监管部门的协助，尤其是在履行数据收集和分析的职责时。母国监管部门为了能在全球范围内实施第二支柱原则，亟需东道国在对金融集团当地业务进行监管时所使用的各项程序以及内部控制的信息。因此，监管部门应该遵循修订协定中现有的信息交流框架及合作协调框架，对银行在东道国管辖区内的各种内部控制办法及所开展的各项业务进行监督。

母国监管部门的主要职责在于监督银行全球业务的综合经营活动，原则 3 重申了针对在东道国管辖区内以开设子公司形式出现的外商独资银行，东道国拥有国家主权，可以对其提出法律和规章等的各项要求①。这可能导致东道国运用不同的方法来计算第一支柱要求下的资本充足性，还可能导致第二支柱要求下的监督审查程序有所差异。原则 3 强调，应鼓励东道国监管部门接受母国监管当局批准的银行综合型国际业务的监管办法和审批程序。尽管如此，如果母国监管当局在集团级别上批准所采用的方法，在应用到东道国子公司的批准过程时可能会违反当地的法律法规，或者东道国监管部门认定母国监管当局没有能力在全球范围内提供有效的并表监管，那么东道国监管当局仍保留自主权以拒绝这些监管办法和程序。

原则 4 认为，母国监管部门应当发挥主导作用，确立与东道国监管部

① 在一些东道国管辖区域内，关于资本充足性和其他监管问题的法律和监管要求也将适用于外资银行的分支机构。见 Scott and Wellons（2002）的讨论。

门合作的实际措施，因为东道国监管部门负有监督金融集团主要业务的职责。监管部门在交流信息和协调监管措施方面，历来依靠非正式形式[①]。近来发生的金融危机，使人们意识到有必要采用更正式的形式，其中采用最多的是双边谅解备忘录（MOU）和法律互助条约（MLAT）。备忘录通常是不具有法律约束力的双边协定，强调信息交流合作与协调的一般原则，同时提出调查与强制执行的建议性程序。正因为它们不具有法律约束力，所以没有对监管者披露信息或协助调查的正式要求。相比之下，法律互助条约则具有法律约束力。它明确了监管部门在关于银行、企业及个人的信息上互相交流的义务，甚至在其他部门发起的调查和强制执行活动中提供帮助的义务[②]。巴塞尔协议II的实施，要求进行更多共同的活动，建立有效的、双边或多边机制，用来开展信息交流和在调查及执行上提供协助。这为增强监管、监督部门在管理银行国际业务方面的彼此配合提供了机会。加强管理部门之间的协调一致有助于银行避免重复的服从成本，并在国际层面上实现更高的运营效率。

此外，只要金融集团在一个东道国开展“实质业务”，那么母国监管部门应该发挥作用，与该国的监管部门协调实际的合作措施（原则4）。这将要求母国监管部门与金融集团的高级管理层就银行集团多样化执行战略进行沟通，同时相应地告知东道国监管部门。这就需要在母国与东道国监管部门之间建立更为正式的沟通渠道，加强协作，以便对备忘录或法律互助条约中现有协定起到补充的作用。因此，有必要修订现有的双边协定以提高监管部门间共享信息的质量，以及对银行的跨境活动提供足够的监督。双边协定确实应该向监管部门提供有关信息，这些信息应根据银行在东道国内所从事业务级别和类型的不同而有所不同。

此外，新协议增加了母国监管部门的职责，即对大银行为其全球业务设定资本水平时采用的复杂方法进行最初的审批与验证。例如，母国监管部门必须就银行根据信用、市场和操作风险来计算资本充足的特定方法给

① 这方面的最佳范例当属“联络小组”。它是由西欧国家银行监管部门构成的非正式组织，成员不定期地会晤，进行信息交流，但是不发表任何正式或书面声明。见英国剑桥大学基督学院讨论会，关于联络小组问题中，Keith Pooley 的评论（2003 年 9 月 9 日）。

② 这些是法律互助条约，在第 3 章和第 5 章中将对此详细讨论。

予审批[①]。通过建议监管部门不再执行“冗余且不一致的审批和验证工作”，原则5设法为银行和监管部门减少监管费用。因此，有必要由母国和东道国监管部门共同协商其审定和批准程序。例如，监管部门需要商定某一特定计量方法是适用于集团层面还是单个个体层面。原则5认为，究竟在个体还是集团的层面来采用某一具体的资本计量方法及验证程序，主要取决于银行集团的组织和管理结构。例如，如果银行集团的风险管理手段集中在集团层面，而且在整个集团管理风险的技术也基本相同，那么对于母国监管部门来说，更适合在集团层面采用某一资本计量方法。相反，如果在集团层面决策整合有限，或是集团内的子公司之间计算资本的技术存在很大差异，那么东道国监管部门应该在东道国子公司采用的资本方法中发挥更大的影响。其他因素也很重要，如数据的可获得性、集团应用对当地的子公司和分支机构的处理方法所受的法律限制等。主要原则是降低银行的监管费用，同时，通过避免各个监管机构的重复审批和验证来节省监管资源。

为了既有效率又有效果地实现上述目标，原则6建议母国和东道国的监管当局应就银行的重要跨境业务的监管职责分配达成统一沟通计划。这些计划应该是就事论事的，具有个体化特点，可以应用在最大和最复杂的银行和金融集团，其详尽程度应视银行集团的特定情况而定。当总部或主要业务处于其管辖区域内时，母国监管部门应当在为该银行集团制定该种计划上起主导作用。每个计划都应包括银行集团开展业务的东道国监管部门的意见。尽管这一原则适用于所有开展国际业务的银行，但对最成熟和最复杂的银行及金融集团来说，其意义尤其重大。母国和东道国监管部门应共同行动，将每个计划传达给银行集团的最高级管理人员和董事。该计划同时还应强调，母国和东道国监管当局现有的法律责任应当保持不变。

新协议不会改变国家监管部门的法律责任，但强调监督和监管标准的“对等”，并期望东道国对所有外资银行在当地开展的业务中都能应用巴塞尔协议II，这些做法极大地改变了监管实务，以及许多国家和地区银行

① 对于信用风险和市场风险的资本充足计算，监管部门必须与银行就某一测量方法达成共识，如内部评级法、基础法或标准法；同时在标准法和高级法之间做出选择，以计算有运营风险的资本。

业的法律规定。考虑到先前所讨论的巴塞尔协议Ⅱ体制上的缺陷，在东道国内通过并表监管原则间接实施新协议，有可能在很多地区，尤其是在发展中国家和新兴市场国家，起到了增加系统性风险的效果。此外，新协议尊重各国监管部门信息保密的国家法律原则，但是信息交流合作与协调框架以及监督与调查框架日益扩大，可能对非 G10 国家监管部门在本国自主采用其他的资本充足标准的做法造成损害。

巴塞尔委员会已成为最具影响力的国际金融标准制定机构。其影响力从曾经范围较小的只专注于 G10 国家，延伸到如今所有开展国际银行业务的国家和地区。最初的 1988 年协定通过改变银行资本充足性的国家法律和监管要求，对世界主要金融体系产生了巨大的影响。许多专家指出，20 世纪 90 年代，资本协定导致美国银行增加了 200 亿～250 亿美元的资本储备，同期日本银行增加了约 400 亿～450 亿美元，法国银行增加了 150 亿美元。虽然较高的资本（要求）提高了许多国家银行系统的稳健性，但是这种标准的顺周期效应也变得明显，加剧了经济波动和经济震荡。事实上，最近的经济研究表明，僵化的资本充足性标准对经济低迷期的信贷会产生限制，导致经济自身很难从衰退中解脱出来（Borio 和 Lowe，2001；Turner，2002）。

在今后与其他制定证券、保险、会计领域监管标准的国际金融机构协作开展工作时，巴塞尔标准可以作为参考。例如，巴塞尔委员会、IOSCO、IAIS 与国际会计准则委员会（IASB）合作，共同制定了国际会计标准。为了减少金融犯罪，巴塞尔委员会还同 FATF 一同制定了有关披露的最低标准及金融中介机构的透明度原则（FATF，2000）。巴塞尔委员会和 IOSCO 就从事衍生品证券交易的金融机构的资本充足性标准的统一问题达成一致（BCBS 和 IOSCO，1995）。IOSCO 力求对证券公司资本充足率的计算方法与现有的、按照巴塞尔协议要求的银行的做法相配比（IOSCO，1989，1998）。委员会将继续深刻影响着国际银行业和金融业的各种标准和规范的发展，因此其决策程序必须坚持问责制和合法性的基本原则。

## 2.7 证券市场的监管：国际证券委员会组织（IOSCO）

在中介化的过程中，银行已不再是主要机构。过去十年中，非银行金融机构，包括证券公司、金融公司及保险公司，已经参与到大多数重要金融市场的中介化过程中（Litan 和 Rauch，1997）。因此，监管部门开始关注非银行金融公司造成的金融风险类型。

### 2.7.1 证券公司和系统性风险

传统的观点认为，证券公司带来的系统性风险不大，因为它们的资金结构比银行安全。证券公司所持资产的流动性高于银行，因为其资产的流动性好、担保程度高。与此相反，大多数银行面临资产和负债在期限上的严重不匹配的风险，在银行挤兑的情况下会引发破产，从而给其他银行带来传染效应。相比之下，证券公司的交易账目上通常包括流动的、可以交易的资产，资产和负债的期限匹配更平均。在破产的情况下，大多数证券公司可以通过卖出其资产而降低其头寸来退出市场，对债权人及其他权利人造成的损失相对较小。这样，给金融部门带来的负外部性很有限，因此，也就没有理由需要最后贷款人。所以，证券行业的审慎监管，更加关注确定商业行为规则（如反欺诈和消费者保护），而不是资本充足性要求。

此外，在支付与结算系统中，证券公司的系统性风险也远远低于银行，因为它们通常不（像银行那样）具备支付功能。相反，如果在银行间支付系统中存在对其他银行较大的隔夜的头寸暴露，那么该银行的倒闭会给结算和支付系统带来致命的损害。我们承认大型投资银行的失败会严重扰乱金融市场，但是由于大多数非银行证券公司的流动资产和安全的资金结构，这种干扰有可能逐渐降低，并且不带系统性影响。

证券公司给金融系统带来的风险很少受到关注的状况直到 20 世纪 80 年代末期才有所改变。1987 年 10 月美国股市崩盘，美联储向银行系统注入大量流动资金，以稳定已经很严重的资产价格暴跌。随后，由于俄罗斯的债务拖欠及美国长期资本管理公司（LTCM）倒闭，许多监管机构开始将监管证券公司的重点转移到对系统性风险的管理和控制上来。由于衍生品的标的资产的期限与证券公司负债的期限差别很大，如果证券公司持有衍生品组合的多头头寸，那么这些证券公司就变成高杠杆了。在这种情况下，证券公司可能会面临抛售，或机构投资者拒绝提供更多的资金，很可能造成违约，从而对其他公司及银行造成巨大损失。特别是持有大量包含非标准形式的衍生工具投资组合头寸的公司，可能会造成系统性影响。当然，即使投资组合中是统一或标准条款的金融工具，像巴林银行案例那样，仍然存在重要问题，因为大多数投资者会想方设法地放弃仓位。

在这种情况下，因为很多银行的交易账簿中都通过回购和外汇市场而持有其他公司很大的头寸，所以风险就可能蔓延。由于许多大型投资银行属于清算和结算系统成员，所以会对银行机构产生直接影响，并且可能导致赫斯塔特（Herstatt）风险。此外，金融市场的急剧衰退可能会消除大部分或所有衍生交易者的抵押品头寸，导致出现追加保证金的要求，使问题进一步恶化。因此，正像1998年俄罗斯的债务违约和美国长期资本管理公司的崩溃那样，这种类型的金融风险具有系统性影响。

证券市场系统性风险的监管已经成为主要证券监管机构关注的重点，并已被各个国际标准制定机构认定为国际监管的主要目标。此外，2001年的“9·11事件”表明，恐怖袭击和其他突发事件会造成清算、结算及支付系统的失效。国际证券委员会组织（IOSCO）作为世界主要的国际性证券监管机构，在这方面发挥了极其重要的作用①。IOSCO以论坛形式成立于1983年，在这里，世界证券监管机构可以会晤、讨论，并就规范证券市场的政策和最优措施达成一致。

IOSCO指出，证券监管的三个核心目标是：（1）保护投资者；（2）确保市场公平、高效和透明；（3）减少系统性风险（IOSCO，1998）。②诚然，这些目标是密切相关的，在某些情况下甚至是重叠的，因为对市场公正、透明、高效的要求，也蕴含着对投资者保护和金融稳定等问题。为

① 根据章程，主席秘密主持IOSCO会议，并且“除非主席与多数成员共同邀请，否则观察员和特邀嘉宾不可以参加主席委员会会议”。
② 相关文件请见IOSCO网站：www. iosco. org。

了实现其目标，IOSCO 成员承诺如下：（1）相互合作以维护市场的公平和效率；（2）交流信息以进一步推动国内市场的发展；（3）建立国际证券交易的标准和有效监督；（4）提供相互协助以促进执行（IOSCO，1999）。此外，准确的信息和数据往往需要建立监管的有效机制和遵守情况的检查项目，使市场参与者能够对交易对手的风险程度进行评估。

## 2.7.2 资本充足率和证券公司

IOSCO 在 1989 年发布的一份报告中指出，通过推荐信用风险、流动性风险、市场风险的测算方法，以及确定对抗此类风险所需资金数量的计算方法，可以解决系统性风险及金融市场稳定等问题。它认为监管资本应该部分地取决于证券公司业务类型（IOSCO，1998a，1998b）。根据其准则的第 18 项决议，IOSCO 认为资本充足性标准增强了金融市场的信心，同时应该利用这一标准允许公司在出现严重的市场困难的情况下，在相对较短的时期内逐渐减少损失，确保自身客户及其他公司客户利益不受损害，同时避免对金融市场有序运行的干扰。这意味着，应该制定资本充足性标准，使监管机构有时间进行干预，确保有序降低损失，避免危机蔓延和系统性风险。

监管资本应当与不受控制的及处于资产负债表外的子公司所造成的风险相匹配，监管应该考虑要求提供有关这些子公司和附属机构的信息。IOSCO 的 VAR 模型提供了一个确定资本充足性的测试，允许证券公司根据信用度的历史数据，以及公司业务的类型和数量来评估资产风险。

## 2.7.3 体制结构

因为 IOSCO 并非因条约或国家间协定而形成，所以并不是一个正式的国际组织。[①] 2000 年，其秘书处从加拿大蒙特利尔迁至西班牙马德里。截至 2004 年，其成员包括来自 180 多个国家和地区中担负证券及期货监

① 相反，它是作为一个非营利性组织，根据加拿大魁北克省议会于 1987 年通过的法律而成立，其秘书处最初设在加拿大蒙特利尔。见 An Act Respecting the International Organization of Securities Commissions，第 143 章，1987 S. Q. 2437（加拿大）。

管责任的管理机构[①]。IOSCO 成员分为三类：正式会员、联系会员和附属会员。正式会员在全体大会和所任职委员会中具有一票投票权。联系会员没有投票权，除主席委员会外，不能在其他委员会中任职。附属会员通常是自律组织（SRO），如证券交易所或行业自律机构，没有投票权，不能在任何主要委员会中任职（IOSCO，2000b）。

IOSCO 主席委员会由所有证券及期货会员机构的主席组成，于每年 IOSCO 年会期间召开会议。该委员会会员在地理、政治及经济上具有多样性，经 IOSCO 章程授权，采取一切必要措施实现组织目标，对其他委员会议案行使接受或拒绝的最终权力。[②] 执行委员会（执委会）负责监督 IOSCO 的运行，目前由 19 个机构的代表组成，其中包括从各地区委员会选举的代表，任期两年。[③] 执委会每年定期召开会议，按照主席委员会确定的指导原则“采取一切必要决策实现组织的宗旨”。它也审查和批准是否采纳国际标准和原则的议案。

执委会下设两个重要的工作委员会：技术委员会和新兴市场委员会。技术委员会成立于 1987 年，由 15 个会员机构组成，管辖着最发达的证券市场。该委员会已成为 IOSCO 中最具影响力的委员会，审查主要的监管问题和制定监管标准，影响着全世界大多数证券市场。技术委员会的工作主要分为五个方面（译者注：目前已经包括六个方面，增加了信用评级机构部分）：多国披露和会计、二级市场监管、市场中介机构监管、执法和信息交流以及投资管理。委员会已经成立了几个工作小组，针对这些问题进行分析并提出建议。例如，多国披露和会计工作小组审查了国际会计准则委员会所制定的会计标准，建议国家当局批准成立一个综合会计标准机构，用于促进在多国的上市和发行。

此外，技术委员会赞同证券公司有必要采用资本充足性评估的一般方法。这种方法基于最低资本要求、市场风险资本要求，以及能够反映不同市场行为的一个标准的资本定义。委员会还指出，资本充足性标准的目标

---

① 例如，美国管理机构的代表是证券交易委员会、商品期货及交易委员会（CFTC）和财政部。

② 该章程授权主席委员会行使“一切必要的权力以实现本组织的宗旨”。

③ 其成员包括技术和新兴市场委员会的主席，由主席委员会选出的 9 名正式成员，以及由每个地区委员会选出的一名正式成员组成。

是增强金融系统的信心；鼓励企业自己承担损失，必要时，在自身客户或其他证券公司客户不受损失的前提下逐渐减少其交易；对证券公司过度膨胀进行合理的、有限度的限制，使客户损失和市场干扰的可能性降到最低。

技术委员会负责大多数重要标准的制定工作。其成员大部分是来自G10国家的监管机构，其主要活动包括核查影响全球最具流动性和复杂性的金融市场的监管问题和标准。技术委员会的所有提案，应首先提交新兴市场委员会，然后提交执行委员会，最后提交主席委员会。所有IOSCO成员均有机会对技术委员会的提案发表意见并提出修改建议，但大多数实际问题的商讨和成形是在委员会中进行。这意味着，技术委员会的成员在标准制定过程中发挥核心作用，并对国际证券监管标准的发展有着相当大的影响。

基于以上描述，IOSCO的体制结构和决策过程从问责性和合法性的角度来看，可能会遭到非议。由于所有的委员会会议均不对外公开，该委员会外的所有其他成员都没有权力参与，因此决策框架缺少透明度。① 此外，在IOSCO的决策结构内，与其他委员会相比，技术委员会影响力过大。很明显，技术委员会的影响部分源自于成员和工作人员的专长性，并且它所解决的问题事关世界主要的金融市场。因为这些市场对其他不太成熟的市场影响重大，所以很有必要改变该委员会的构成，以更多地代表发展中国家和新兴经济体（译者注：中国、巴西和印度在2009年正式加入技术委员会）。不管怎样，在目前的体制下，每个会员均可就其关注的所有提案发言，并在主席委员会投票反对该提案的采纳。IOSCO的会员类型广泛、多样，进而在体制结构上显得更为合理，因为它为大部分辖区的监管机构提供了直接或间接影响标准制定过程的机会。在这一点上，其他国际金融机构，如BIS委员会和FATF，则并非如此。

## 2.7.4 互相协助

IOSCO章程的序言强调在证券法律的管理及执行中国际合作与协调的

① 例如，章程规定，主席委员会在IOSCO会议期间秘密运行，要求参观者和观察员只有在取得该委员会成员多数同意后，为主席所邀请方可参加。

重要性，它宣布：

证券机构决心共同合作来确保一个更加健全的市场监管，在国内和国际层面上开展工作，以维护市场的公正、有效和健康运行（IOSCO，1999）[①]。

为此，IOSCO 采用了各种原则和标准来促进跨境信息交流，以协助稽查和执法。1986 年相互协助决议呼吁所有证券监管部门相互提供协助，对那些需要市场监督以及保护各国市场免受欺诈性证券交易的机构提供帮助（IOSCO，1986）。后来，IOSCO 于 1991 年通过了“谅解备忘录原则”（简称 MOU）决议，其中包含信息交换的基本原则，并对证券监管机构按其国内的监管法律规则应该履行的事项加以披露。IOSCO 的谅解备忘录原则，成就了一个庞大的各国实践状况的信息库，这导致 2002 年采用了全面的 IOSCO 谅解备忘录。新的备忘录强化了业已存在的原则，明确了稽查和执法中寻求相互协助的一些程序。IOSCO 谅解备忘录原则模式已经被所有 IOSCO 成员所运用，或正在被运用的过程中。

此外，IOSCO 着手处理了 20 世纪 90 年代末和 21 世纪初由一些公司丑闻引发的问题。事实上，公司治理改革必须以这样的观念为前提，即要保证市场效率以及保护投资者，就必须向投资者充分披露信息资料。但是，如果没有符合国际公认标准的完善的会计和审计标准，不可能实现信息的充分披露（IOSCO，2000b）[②]。技术委员会开始着手处理公司治理改革问题，它发布了几项报告，并提出一套原则，该原则在 2003 年 5 月主席委员会上获得通过。这些原则包括对上市公司的报告要求及审计师独立性要求和监督。此外，市场滥用和欺诈行为的威胁持续困扰着大部分金融市场，引人注目的案例数量日益增加。为此，技术委员会成立了一个专项小组，研究主要的事项并提出建议（IOSCO，2004）。应该保护投资者，使其免受误导、欺诈、操纵行为的影响，这些行为表现在内幕交易、扒头

---

① 1999 年章程第二部分，第 4 段中接着规定：
- 交流各自的经验信息，以促进国内市场的发展；
- 团结起来，共同努力，建立标准和形成国际证券交易的有效监督；
- 通过对这些标准的大力推行和有效打击犯罪，相互提供援助，以确保市场的完整性。

② 国际会计准则请见国际会计准则委员会（IASB），网站 www.iasb.com。国际审计准则请见国际独立审计联合会。还可见 IOSCO 的会计和审计原则，10.6，第 4 页（IOSCO，2000c）。

交易，或在客户之前交易等形式。

尽管 IOSCO 初期并没能像巴塞尔委员会和 FATF 那样成功地在成员间制定普遍认可的国际标准，但是近些年来，IOSCO 取得了重大进步。已经对很多重要领域问题达成了共识，包括有关证券发行的会计标准以及衡量证券公司计算资本充足性的在险价值模型。尽管对其体制结构和决策制定过程存在非议，但其成员范围已由当初的发达国家监管机构团体扩大到包括大多数发展中国家和新兴市场区域。它将在国际金融监管机制的未来改革方面发挥重要的作用。

## 2.8 国际保险监督官协会（IAIS）

保险市场对监管机构提出了特殊的挑战。保险买方与卖方之间存在着明显的信息不对称。例如，保险买方往往比卖方更清楚其活动的风险，有可能破坏保险公司对潜在风险的有效定价能力，即形成了道德风险。此外，保险公司的有限责任体制令其易于采取过度风险行为。保险公司的投资结构是这样的，它管理的资金量远远超过股东投入的数量。这样，结合大多数保险公司的有限责任体制，就产生了联动效应，促使管理层开展高风险的活动（Spencer，2000）。

保险公司的业务日益全球化，其业务特点是风险的多元和扩散。这就给监管机构带来了难题，因为保险公司可以将其风险转嫁给位于监管较差地区的其他保险公司。因此，保险公司的业务，尤其是风险管理实务必须服从充分监管和尽可能地坚持最低国际标准。这一点至关重要。国际保险监督官协会（IAIS）在协调国家监管机构和为世界上大多数保险监管机构制定监管实务最低标准工作中，起到了重要的作用。IAIS 作为私人非营利性公司，始建于 1994 年，其宗旨是促进关于保险业最佳监管实践的信息交流与共享。[①] 它已经迅速发展成为一个重要的国际标准制定机构，其成员广泛，包括来自 160 多个国家和地区的国家监管部门和监督机构，以

① IAIS 是一个由美国国家保险专员协会（NAIC）所成立的位于伊利诺伊州的非营利机构。

及70多个保险和专业部门的观察员。[①]

尽管IAIS的最初目标不包括制定国际标准，但是目前它已成为一个对保险领域负责的主要国际金融机构。推动这一发展的是1999年蒂特迈尔（Tietmeyer）的成立金融稳定论坛的倡议，强调IAIS的主要作用应当是一个监管规则制定的机构，同时加强与国家金融主管当局、国际金融监管组织以及国际金融机构之间的合作与协同，监督并促进这些标准的实施[②]。IAIS制定的国际核心原则和监管标准，关注系统性风险问题，已经包含了大部分的保险实务范围，并通过发布偿付能力、再保险标准以及风险管理的最佳实践，提高了金融的稳定性。它通过采用关于信息交流和实施的标准双边协议，促进监管机构之间的合作与协调。同时，IAIS还与其他国际金融机构，如巴塞尔委员会和IOSCO，协调它的各项标准的制定。

## 2.8.1 体制结构

IAIS的最高决策主体是每年一次在IAIS年会期间举行的全体会议。全体会议的职责是审批所有原则和标准。IAIS的所有成员均有资格参加会议，并对所有议案，包括所有原则、标准和指导文件进行投票表决。投票遵循每个成员一票的原则，但是执委会选举、年度预算审批、章程修改或总秘书处迁移等除外，这些提案采用一个国家只有一票的原则。[③] 全体会议接受IAIS各委员会的报告，选举各委员会成员、更改章程、批准协会年度报告和财务报表。

执行委员会由15名来自世界各地的成员组成，全面行使组织决策权力。[④] 其成员由全体会议选举产生，任期两年。执委会通常“按照全体会议的指导原则，制定一切必要的决策，以实现协会目标”[⑤]。执委会负责监督三个委员会：技术委员会、预算委员会和新兴市场委员会。技术委员

① 其成员广泛，包括代表国家的监管机构，如阿尔巴尼亚、玻利维亚、欧盟成员国，还包括美国各州和瓦努阿图等。
② IAIS，1999b：1。
③ 同上，序言。IAIS有一个小型总秘书处，位于国际清算银行。
④ 见国际保险监督官协会章程（以下简称IAIS章程），app. A。
⑤ 同上，第四部分第19段。

会负责向全体会议制定并提交有关国际原则和标准的提案。技术委员会经常需要多个工作小组的协助，委托其针对具体问题领域进行研究并提出建议。

与其他国际金融机构不同，IAIS 还同意私人部门申请作为观察员。IAIS 的观察员多数来自私人部门，包括大多数主要的保险公司和一些律师事务所，同时还包括对保险监管有兴趣的政府机构，即使“该机构并不直接负责保险法规和管理”，以及“由执行委员会提名的任何其他个人或机构”①。观察员可以参与 IAIS 的活动，但是没有投票权，也不能在执行委员会中任职。

IAIS 的治理文件是一套章程，“对成员或其所代表的国家不施加法律义务”（IAIS，1999b），并且可由全体会议通过多数投票表决进行修订。该协会的经费来自于成员会费，采用委员会机制开展工作。② IAIS 的内部业务保密，除非经过全体会议上，成员三分之二票通过，否则其商议内容不对外公开。

从其成员的问责性和标准的合法性方面来看，IAIS 要优于其他国际金融机构。其成员范围广泛，涵盖了很多不同经济发展程度的发达国家与发展中国家。一成员一票原则、委员会体系和工作小组的开放性，使得大多数成员有机会在标准制定过程中发挥重要作用。一旦提案或文件被提交到相关工作组进行审核，就会把文件提交给更多成员（包括观察员）以咨询，征求其修改意见。随后，这些提议将交由技术委员会审批，方可提交到执行委员会最终确认。在每一个审核阶段，不同的监管机构群体都有机会影响标准的制定过程。虽然最有影响力的监管机构来自发达国家，但随着发展中国家政治的日益成熟，以及监管机构中专家数量的递增，使得在一些重要的问题上的对话更加趋于平衡，诸如新的经济管理规则的影响以及实施中的有关问题等③。

---

① 同上，第三部分第 10 段。

② 比如，IAIS 委员会包括以下领域：预算、基本市场数据、教育、指令、新兴市场、金融集团监管、信息交流以及会议规划。同上，第一部分，第 2 段。

③ IAIS 对发展中国家和新兴市场国家的监管者开展了推广计划，其中包括新兴市场的保险监管者培训研讨会。

### 2.8.2 标准制定

IAIS早期在制定保险监管的统一国际标准方面进展甚微，其首套监管原则发布于1997年。1999年，IMF和世界银行在其金融部门国家报告中对其提出批评，指出这些原则没能为金融监管提供一个充分的框架。IAIS于2000年对此做出回应，提出了新的保险监督核心原则，即保险核心原则（ICP）。保险核心原则立即被IMF和世界银行所采纳，作为金融部门评估计划的参考。因此，该原则对很多成员国的保险监管发展都产生了重要的影响。

许多IAIS成员国开始实施ICP，同时IMF和世界银行制定了监测计划对其遵守情况进行审查。IMF和世界银行在监测中发现，ICP存在很多空白和缺陷，使得各国很难实施。于是，IAIS开始对其标准和原则进行综合分析，全面修订了ICP，并于2003年生效（IAIS，2003b）。修订后的ICP包括28条原则，涵盖了监管框架的各个方面，进一步扩展了原有的原则，内容包括强化的透明度和披露标准、集团范围内监督、清盘的要求，以及反洗钱及反恐怖筹资等标准。与巴塞尔协议和其他国际金融机构的标准所不同，修订后的ICP被多数国家赞许为，“包括发达国家和新兴经济体在内的全世界不同国家和地区的联合产物”（IAIS，2003c）。事实上，这些原则从某种程度上既解决了许多发达国家，也解决了发展中国家所关切的问题，因而，比起像巴塞尔委员会采用的原则等其他机构采用的原则，其合法程度更高。此外，这些原则被大多数国家所积极采纳，这意味着实施这些原则将更有活力，而这正是大多数其他国际金融机构所缺少的。

修订后的ICP为偿付能力的控制、资本充足性以及再保险公司的监管等带来了重大改变。具体来说，IAIS在制定关于偿付能力要求的标准时，充分考虑到承保人资本不足将威胁市场的稳定，所以该标准的制定中包括承保人资本充足性标准。与巴塞尔协议的银行资本充足性标准不同，保险监管机构在对保险公司偿付能力进行评估时，并没有一个国际统一的最低标准作为参考。目前，大部分国家和主要地区对偿付能力的要求均有所不同。例如，欧盟偿付能力比率与美国各州以风险为基础的办法不同，而日本的偿付能力保证金制度又与欧盟和美国的体系不同。

在保险行业，任何对偿付能力和资本充足性标准的评估都必须首先认识到，对于保险公司来说，资本充足性的要求只是偿付能力保证金制度的一部分。与银行业不同，保险业的主要风险与资产和负债都有关系。例如，保险公司的主要负债风险是低估申请人的日后索赔。此外，保险公司资产与负债在期限上的不匹配不同于银行。保险公司账簿上的资产项的期限通常少于负债方，造成资产和负债的风险头寸不匹配，即在金融危机发生时，可能会导致资产价值大幅下降，公司面临的负债或索赔数量增加。IAIS 在其 2002 年的“资本充足和偿付能力原则”中提到很多此类问题，它试图在修改偿付能力要求时找到一个中间点，以实际价值衡量公司的资产和负债。

IAIS 旨在促进不同偿付（能力监管）体系间的趋同，并与欧洲委员会及其他国际金融机构，如巴塞尔委员会和世界银行等共同协作。IAIS 正在分析偿付能力要求和资本充足性标准，在 2004 年发布的一份文件中涉及了这个问题，报告分析了投资风险管理如何影响偿债能力风险（IAIS，2004）。这项工作原则上支持巴塞尔协议 II 的三支柱方法和欧盟的偿付能力Ⅱ指令，但它承认由于国家经济、法律体制的不同，将这些标准转化为明确的要求是很困难的。因此，IAIS 正积极努力，根据不同地区的经济需要和法律要求，实现其发展高效保险监管标准以有效地管理系统性风险的整体目标。

再保险。迅速增长的信用风险转移市场以及其对金融稳定产生的影响，已经成为再保险企业监管的一个重要问题。其发展的两个主要领域包括对再保险公司的标准制定以及提高信息披露和透明度。关于标准制定，IAIS 通过给再保险范围和再保险公司确定评估标准，来解决再保险的监管标准问题。[①] 再保险业务范围的制定适用于初保人的保险业务（译者注：即不包括转分保分出人），包括了初保人应该坚持的政策和程序，以及评估再保险范围充足性的监督方法。

---

① IAIS（2000b）。

另一种方法涉及对再保险接受人的监管。IAIS 遵循 2002 年原则①，该原则规定所有再保险接受人应当服从其母国的管理和监督，每个母国监管机构也应该被评估，而且其监管实务应该得到一些形式的认证。因为许多国家和地区传统上缺乏对再保险公司的监督和管理，所以这些提议很重要。

在这些原则的基础上，IAIS 于 2003 年 10 月发布了分保接受人的监管标准。该标准集中在那些与对直接分保人的监管要求不同的监管问题和要求上。对于在投资与流动性、经济资本、公司治理和信息交流等方面如何对分保接受人进行监管，它提供了指导性意见。

此外，IAIS 正在考虑是否采用再保险监管相互承认的原则。这将要求母国监管机构对再保险企业的全球业务监督承担基本责任，并期望母国监管机构与这些再保险公司开展经营活动的国家和地区的监管机构就其监管活动展开沟通和协调。这样做的目的是基于这样一个认识，即母国的控制将引起各国家和地区间的竞争，从而导致共同趋向于最有效的监管方式，并且有助于培养监管机构之间以及监管者和行业间的信任。尽管 IAIS 积极避免监管要求的重复，但是这种做法可能导致监管套利和都采用最低要求的再保险监管标准，因而会招致批评。

## 2.8.3 互相协助

IAIS 早期的职能之一是信息交流的论坛。② 在这一方面，其最突出的贡献是批准了“关于互助、合作和信息共享的建议”（IAIS，1995）。该建议概述了在信息交流上的合作成果，这是建立 IAIS 章程要求之上的，即各成员“为了追求利益和保护投保人，共同合作，以维护公正、高效的保险市场”，同时，“为促进国内保险市场的发展，在各自经验基础上进行信息交流”③。

该建议要求签署国“为了保险业的审慎监管并获取有关市场监督或

① 再保险监管的最低要求原则（2002 年 10 月）。这些原则为两个不同领域提供了监管要求：(1) 与原保险不同的再保险监管要求，以及 (2) 与原保险相同的再保险监管要求。

② IAIS 的章程强调其在“促进联系和合作”、“便利意见交换”、“收集和传播统计和其他技术资料”以及“安排一般或特定性质的其他信息”方面的作用。

③ IAIS 章程，序言。

保护彼此市场免受骗保交易的信息和文件……在互惠的基础上相互协助”（IAIS，1995）。签署国还“建议立法”以实施信息资料的交流。[1] 该建议书的条款被纳入 IAIS 于 1997 年通过的一个谅解备忘录范本中（IAIS，1997），其中包括解决涉及跨境监督和保险监管执法等主要实际问题的不具法律约束力的条款。该谅解备忘录连同修订后的 ICP，在加强 IAIS 在国际金融监管机构中的地位上，发挥了重要作用。

IAIS 的最初目标只限于作为各地区监管机构交流和经验的论坛。但是近年来，它在颁布国际核心原则、偿付能力和资本充足性的测量标准等方面取得的成果，标志着 IAIS 具有了国际金融标准制定机构的新功能。此外，随着信用风险转移给金融稳定造成的不断增加的威胁，IAIS 为再保险及再保险公司制定标准已经成为国际金融监管的重要部分。IAIS 的成功已经远远超过其他国际金融机构，表现在以下几个方面：开发了组织内合理的决策结构；广泛征询（意见）原则；受影响最大的国家和地区的监管机构的广泛参与。这些特点都提高了其制定的国际标准的合法性。

## 2.9 金融行动特别工作组（FATF）

IMF 执行委员会已将洗钱称为“全球关注的问题之一”，它有可能对金融市场的稳定和统一造成威胁（IMF，2001a）。大多数主要辖区将洗钱界定为任何涉及犯罪行为所得款项的金融交易。尽管每年进入国际金融系统中的犯罪收益金额难以量化，但是报告估计该数额每年超过几千亿美元以上。[2] 洗钱活动的范围从贩毒收益扩大到了所有经济犯罪类型，它能够渗透和影响银行、证券以及保险市场的稳定性。由于其暴利的性质，洗钱所构成的威胁不会减少，反而成为其持续下去并融入金融系统的强大动力。事实上，洗钱威胁银行系统的方式不断地变化着，其中一个方式就是通过使用另外的支付系统，如智能卡和网上银行进行洗钱从而威胁银行系

① IAIS 章程，序言。
② 1999 年，美国参议院调查小组委员会估计，洗钱活动已通过使用美国银行的代理账户渗透到美国银行系统中。类似地，英国金融服务局指出，通过英国银行账户洗钱的金额每年超过 30 亿英镑，全球每年超过 7 000 亿英镑（FSA，2001）。

统。越来越多的经济犯罪分子使用电子货币和其他银行支付网络转移其不义之财，这为我们提出了一个重大管理问题。

往往由于缺乏足够的监管，以及验证客户身份方面还存着许多障碍，因此离岸金融中心也成为一个主要的监管难题。这削弱了其他国家对落实和执行反洗钱法所做出的努力。事实上，金融体系趋于一体化导致了提供金融服务的国家和地区数量急剧增加，但是这些国家和地区往往监管控制不当，同时银行机密受到严格保护。这些国家和地区的范围不断扩大，导致离岸金融中心与严格监管的地区之间的监管套利问题恶化。这些不良监管的地区造成了金融机构风险管理标准的降低。

金融行动特别工作组（FATF）是唯一专门负责打击金融犯罪的国际机构。[①] 在认识到洗钱对金融稳定构成一定威胁的前提下，七国集团首脑于1989年成立了FATF。FATF最初的主要任务是在跨境反洗钱行动上采取合作，通过制定标准，指导各国采取必要的法律和监管办法防止利用金融系统进行犯罪（FATF，1990）。FATF承认，洗钱及其他金融犯罪将威胁到金融系统的整体稳定，因此，它将反洗钱工作的重点不仅集中在贩毒和经济犯罪，同时还集中在金融机构和第三方专业人员上，因为犯罪集团往往很容易利用这些机构来转移其违法活动所得。

## 2.9.1　40项建议

40项建议和反恐怖主义融资的8项特别建议构成了打击洗钱和恐怖主义融资的最低国际标准。尽管没有法律约束力，故被称为建议，但对所有OECD和非OECD的国家却具有强制性，不遵守这些标准的国家会遭受制裁。在1990年通过的40项建议（以下称建议），最初的目的是防止贩毒分子对金融系统的滥用。1996年对建议进行了修订，以解决不断发展的洗钱犯罪问题，并将反洗钱的工作扩展到打击更多的犯罪活动中。1996年建议的修订围绕三个主题展开：（1）要求国家法律制度能够增强对洗

① 巴塞尔委员会于2003年针对银行通过了非常详细的规则和要求，使其仔细审核客户的背景评估资料以及报告可疑交易（巴塞尔委员会，2003）。此外，欧盟已通过了两项反洗钱法令，要求其成员国贯彻“了解你的客户”的金融机构规则，将洗钱界定为一种犯罪行为，并要求各国就调查金融犯罪方面交流信息。

钱活动的控制；（2）集中解决金融机构及第三方给犯罪活动提供便利的问题；（3）加强国际合作，强化针对不遵守建议的国家和地区的反措施（FATF，1996a）。这些建议经反复修订后，于2003年重新编写，其基本目标是：规定一系列行动计划，来解决目前日益增多的利用法人来掩盖拥有和控制犯罪所得的现象。40项建议已被130多个国家所采纳，成为国际反洗钱标准。

1990年FATF建议虽然属于良好行为的自律守则，但对所有国家和地区来说，它们已成为有效的强制性措施（Norgren，2003）①。例如，所有成员国都必须界定洗钱为犯罪行为，并要求自己的金融机构保持警觉，贯彻执行“了解你的客户”程序及其他透明方式。建议5～10提供了详细的客户审慎调查准则，要求金融机构对拥有和控制银行账户的个人进行识别，核实其所有资金来源②。建议12提出将客户审慎调查和记录保存的要求推广到非金融企业及行业。例如，进行大型现金交易的企业和个人，如赌场、房地产经纪人、贵重金属和宝石商、律师、会计师以及信托和公司服务供应商等。建议要求对客户背景进行审慎调查，并就可疑交易向有关当局报告③。这些要求影响深远，远远超过1996年建议中关于报告和披露标准的要求。

金融机构也应对跨境代理银行活动和类似交易采取更多的措施。例如，监管机构应该确保收集足够关于外资银行及它们的客户的信息，外资银行向这些客户提供代理行业务及银行间支付服务（建议7）。这些信息有助于代理行确定账户或交易的最终受益人的身份。建议还要求各国禁止其银行向无经营实体的空壳银行提供服务。

建议13～16规定了银行、非金融企业及行业对可疑性交易进行汇报的程序。银行和非金融企业应特别注意所有复杂的、不寻常的或大额的交

---

① 建议1规定各国应在1988年联合国禁止非法贩运麻醉药品和精神药物的公约（维也纳公约）和2000年联合国关于打击跨国有组织犯罪的公约（巴勒莫公约）要求的基础上，宣告洗钱行为须负刑事责任。

② 建议5规定应采取如下措施：（1）使用可靠、独立的源文件、数据或信息识别客户并核实客户身份；（2）识别账户受益者；（3）获得关于预期目的及业务关系性质的信息；（4）对业务关系持续审慎调查。

③ 金融机构应对一切必要的交易记录，包括国内和国际，保留至少5年，使其能够对监管者和其他当局所要求的信息迅速做出回应。金融监管者和司法及执法当局应立即得到所需相关信息。

易，以及所有缺乏明确经济或法律目的不正常交易模式。银行应当利用风险控制政策和程序、员工培训以及外部审计来审查可疑交易及业务。它们应该尽可能地审查这些交易的背景和目的，并采用书面形式提交调查结果，为有关当局提供帮助（建议15）。如果金融机构怀疑资金与犯罪活动有关，应允许或必须立即就任何可疑情况向主管当局汇报。

建议35~40致力于促进国际合作开展调查和执行反洗钱的各项标准。各国应尽可能广泛地提供关于洗钱及恐怖主义融资调查方面的法律互助。跨境执法应该采取强制执行、资产查封及（罪犯）引渡等形式。如后文将讨论的，FATF拥有独特的体制结构，允许国家监管机构组成的团队就FATF建议的执行情况对其他国家进行监视和监督。

## 2.9.2 体制结构和国际制裁

FATF的主要宗旨是制定反洗钱国际标准，并协助立法和执法工作（FATF，1996a；OECD，1996a）。FATF的秘书处设在巴黎的经济合作与发展组织（OECD），其成员包括所有的OECD成员①。

1996年，FATF正式制定了关于成员不执行40项建议的制裁政策（FATF，1996 b）。FATF制裁政策包括一系列的分级别的步骤，强制成员采取必要改革并最终达到执行标准。最初的措施包括，FATF主席向不遵守协议的政府签发信函，以及向其所属国派遣由FATF主席率领的特使团。更严重的措施包括行使FATF第21项建议，即授权FATF敦促全世界金融机构对目标国内永久居住的个人、公司和指定金融机构相关的业务和交易进行仔细审查（FATF，1990）。终极制裁是取消组织的会员资格（FATF，1996）。

FATF从未开除过成员。在两个事件中，FATF行使了第21项建议（措施），这是除开除会籍外最严厉的制裁措施。第一个是针对土耳其政府。1996年10月，在用尽所有其他办法来鼓励土耳其政府通过立法宣告

① 截止到2004年1月，FATF的成员包括阿根廷、奥地利、澳大利亚、巴西、比利时、加拿大、丹麦、芬兰、法国、德国、希腊、中国香港、冰岛、爱尔兰、印度、意大利、日本、卢森堡、荷兰、新西兰、挪威、葡萄牙、新加坡、西班牙、瑞典、瑞士、土耳其、英国、美国、欧洲联盟委员会和海湾合作委员会，共有31个国家或地区、2个国际组织和15个观察员身份的国家或地区。详见FATF网站：www.oecd.org（译者注：中国已与2007年成为FATF正式成员）。

洗钱为犯罪行为并采取其他必要措施执行40项建议之后，FATF签发新闻稿，建议金融机构详细审查定居在土耳其的个人或企业的交易（FATF，1996b）。鉴于该声明造成的公众压力，以及希望成为欧共体成员的政治目标，土耳其颁布了一项法令，宣告洗钱的违法性，并开始执行FATF制定的其他各项强制性标准（FATF，1996c）。

于之相类似地，FATF于1999年开始对奥地利银行保密法进行调查。在FATF调查时，奥地利已经因违反欧盟反洗钱指令而被欧洲委员会审查。2000年2月FATF威胁将对奥地利进行终极制裁——暂停其在OECD中的会员资格，除非其满足两个条件：（1）发布明确声明，到2002年6月将根据40项建议，采取一切必要措施以撤销匿名存折账户体系；（2）采用并支持立法以禁止匿名存折账户的开设，并注销现有的匿名账户。

2000年6月，奥地利政府对此做出回应，表示将完全遵守FATF的要求（OECD，2000）。此后不久，奥地利议会通过了一项对银行法的修正案，规定截止到2005年，注销匿名存折储蓄账户。当奥地利达到FATF的要求后，FATF取消了对其暂停OECD会员资格的威胁。

FATF虽然无权制裁非成员国政府，但它可以将第21项建议运用到不执行FATF标准的非成员地区中的金融机构。例如，它可以要求其成员国对境外不服从建议地区的金融机构施加限制。塞舌尔政府颁布了一项旨在便利洗钱活动的法律，FATF威胁将对其实施该行动方针（OECD，1996b）。该项被质疑的法律被称为经济发展法（EDA），授予在已批准的投资计划中投资额大于1 000万美元的投资者免于刑事起诉的豁免权，并保护其资产免受强制收购或扣押。除了在塞舌尔本地实施暴力或贩卖毒品，该豁免权均可适用。FATF对塞舌尔的警告引起了国际关注，并促使许多国家政府建议本国的金融机构不要在塞舌尔开展业务。越来越大的压力迫使这个小国向FATF的要求低头，最终撤销了此项令人深恶痛绝的法令。

### 2.9.3 指定不合作地区

FATF通过一套程序来界定那些在打击洗钱及恐怖主义融资活动中不予合作的地区。这一程序采用25个准则来界定哪些有害规则和做法阻碍了以打击洗钱为目的的国际合作。这些准则确定的基本问题有：

• 金融法规存在漏洞，导致金融机构缺乏监管或监管不足，许可环节薄弱或验证客户身份的要求较低，金融保密条款过度或缺少可疑性交易报告制度；

• 包括最终受益者识别以及经营实体的登记程序在内的商业法规存在缺陷；

• 就行政和司法水平而言，国际合作存在障碍；

• 预防、侦查和打击洗钱活动的资源不足。(FATF，2000)

作为审查程序的一部分，FATF 成立了四个地区性小组，对包括成员国及成员国以外大量国家开始审查。审查程序涉及对所有相关信息的收集，其中包括法律法规、互相评价报告、自评调查及进度报告。这些审查得到的信息结果将被整理并送交给有关地区征求意见。一旦报告完成，FATF 将考虑采取进一步措施鼓励建设性的反洗钱行动，其中包括对不合作地区名单的公开。

2000 年 6 月，FATF 完成了第一次全面审查程序制定，并公布了 15 个不合作国家和地区的名单（NCCT），原因是它们没有采取足够的法律、监管手段和行政措施来打击洗钱。① FATF 威胁要对这些地区施加制裁，除非它们在一年内取得实质性进展，这些进展体现在积极开展防止洗钱犯罪的立法并采取有效措施执行这些法律，例如，要求所有在其领地内经营的金融机构遵守 FATF 建议中所阐述的披露、透明和“了解你的客户”的原则②。

2001 年 6 月，FATF 首次公布其对 NCCT 合规审查的结果。一些国家被排除在 NCCT 名单之外，因为它们已经通过必要的立法和执行措施执行 FATF 的建议要求。然而，合规审查也暴露了其他一些国家和地区的弱点和严重缺陷，因此在 NCCT 名单中合理地新增了几个国家和地区。FATF

① 最初的名单中包括下列国家和地区：巴哈马、开曼群岛、库克群岛、多米尼加、以色列、黎巴嫩、列支敦士登、马绍尔群岛、瑙鲁、纽埃、巴拿马、菲律宾、俄罗斯、圣基茨和尼维斯，以及圣文森特和格林纳丁斯。2001 年 6 月，开曼群岛、列支敦士登和巴拿马从名单中被删除。

② 事实上，美国财政部长 Lawrence Summers 对 FATF 发起的“名誉与羞耻”活动表示欢迎，称之为“在限制毒贩、恐怖分子、有组织的犯罪分子和腐败的外国官员通过安全之所进行洗钱的能力方面，是具有里程碑意义的一步”（James，2000：1）。

的审查是持续不断的，将 FATF 地区性小组和 FATF 的附属机构（如加勒比 FATF）包括在内，开展成员和非成员之间的互评，以及对涉嫌违反标准的地区进行合规审查。FATF 合规审查的关键领域现已涉及恐怖主义融资，其中包括第三方专业人员、企业及金融机构对恐怖行为及恐怖分子的资金援助。

在形成和发展打击洗钱及恐怖主义融资活动的国际规范活动中，FATF 已经表明了自己是强有力的（吉尔摩，2003）。其决策结构与其他国际金融机构相比更加正式，它授权地区代表团来对其他成员的法律和监管政策开展互评工作的做法，为 FATF 标准普适度的评估提供了一个重要的同僚审查机制。FATF 的政策和监管一直注重复杂的、发达国家的监管机构和市场参与者问题。这一点是可以理解的，因为 FATF 是 OECD 的一个机构，其成员多数代表发达国家。但是，FATF 决定将其 40 项建议以及另外 8 项特别建议，一起应用到“所有国家和地区”，这一点必将引起对标准制定过程问责性和合法性问题的关注。

FATF 的 40 项建议受到超过 130 个国家的认可，但只有 33 个 FATF 成员国在标准制定过程中发挥到了直接作用。当 2003 年修订 40 项建议时，FATF 不仅对 FATF 成员，还对非成员国家和地区、其他受影响方以及市场参与者进行了广泛的调研。然而，目前尚不清楚参与协商的非 FATF 成员范围有多广，或在多大程度上允许它们参加最终决定标准内容的决策。显然，这些标准仅呈交给 FATF 的成员代表最终审批，但是所有非成员地区现在必须遵守修订后的 40 项建议和恐怖主义融资的 8 项特别建议。事实上，IMF 和世界银行已将 FATF 的标准确认为国际基准，并将该标准应用到其金融部门评估和调整计划中。因此，与巴塞尔协议一样，FATF 的标准由大多数发达国家所设计（在 IMF 和世界银行的帮助下），推行到其他所有国家和地区。这就提出了问责制和合法性的重要问题，以及关于将这些标准推行到欠发达经济体中使用的经济效率问题。

在 40 项建议的修订中，非 FATF 的成员缺乏有实质性意义的参与，引发了对所通过标准的合法性问题的思考。严格报告的要求及对银行和第三方专业人员的披露标准，将大幅度提高金融部门的商业成本。这样，通过将流动资本驱出正规市场，转入地下经济，造成对整个金融系统的影响。由于市场基础设施和数据的不足，对发展中国家的银行来说合规成本会比较高。[①] 这必将妨碍银行在推动发展中国家和新兴经济体的经济增长方面发挥关键作用。类似地，对寻求获得贷款或增加外汇资金的企业严格的报告要求，可能导致它们退出资本市场。此外，对律师和会计师严格的报告要求，可能会导致侵犯个人权利，特别是在缺乏政治尊重和公民权利的传统国家。总的说来，这些要求将增加金融服务的成本，造成业务量的有限，同时，欠发达市场的金融机构还要承担相当比例的服从成本。因为这些国家的经济规模使其更容易使金融机构将巨大的服从成本内部化，这样，来自发达国家的大型银行将会从中受益。

尽管 FATF 的决策相比其他国际金融机构更加透明化，但其磋商过程和标准制定谈判的程序仍需改进，应当就磋商会议的时间和议程等通知所有受影响的各方代表。目前，只有 FATF 成员了解会议详情，除了请其查阅网站外，尚无通知非 FATF 成员国家和其他相关各方的程序。

“9·11 事件”后，FATF 一直在对所有国家和地区的反恐怖主义融资规则进行紧张的评估。FATF 一直与联合国安理会密切合作，确保所有地区均已实施其第 1373 号决议。第 1373 号决议要求对指定恐怖分子的资产予以冻结。FATF 还对各国是否遵守禁止向恐怖主义提供资助的联合国公约实施监控，并将其大部分要求纳入 40 项建议修订稿中，修订稿于 2003 年生效。

总的来说，在贯彻执行其标准方面，FATF 可能是国际标准制定组织中最有效的一个。它对 40 项建议反应迅速，提出采用不同的建议打击恐怖主义。共有 130 多个国家和地区遵守其标准，就这一点而言，FATF 同样非常成功。例如，在 FATF 成员国和许多非成员国中，银行和非银行金融机构均需遵守强制性的可疑交易报告程序。FATF 还鼓励遵守其标准的国家要求其境内金融机构不与非合作地区从事交易，甚至对总部设于“黑名单”地区中的机构，提出更高要求和更高代价的披露原则。

FATF 主要因其决策和标准制定过程中的问责制和合法性问题受到批评。FATF 成员以外的地区只要没有真正参与标准的制定，便影响了 40 项

① 发展中国家的资本市场往往不够发达，贷款多依赖于以银行为主导的融资。因此，银行作为金融中介，在发展中国家中的作用尤为重要。

建议和恐怖主义融资 8 项建议的合法性。我们建议在 FATF 成员国和非成员国中，进一步考虑实施这些标准的经济后果。此外，强制非 FATF 成员国接受 FATF 相应措施的行为，还可能违反国际贸易法。

## 2.10 20 世纪 90 年代的金融危机

墨西哥在 1994 年发生了比索危机。为应对该危机，在 1995 年的哈利法克斯首脑会议中，七国集团政府认为国际金融市场的监管问题不应该留给 G10 处理，而应该成为政府间讨论的话题。然而在这方面一直都没有取得多少实质性进展，直到 1997—1998 年东亚金融危机和 1998 年俄罗斯债券拖欠危机的爆发才有了些变化。当时，亚洲引发了一段急剧波动的时期，然后被带回到七国集团，表明它们的经济已经不能免受新兴经济体波动的影响了。为此，七国政府设立了金融稳定论坛，并在世界银行—基金组织的联合金融部门联络委员会（FSLC）的领导下，建立起由世界银行与 IMF 联合开展的金融部门评估方案（FSAP）。

1997 年东亚金融危机和 1998 年俄罗斯债券拖欠危机暴露出国际监管体系的缺陷，尤其是风险评估的质量不高，以及缺乏对银行和金融机构的微观经济弱点与宏观经济风险之间关系的了解。1999 年 2 月，在 Tietmeyer 报告建议的基础上，[①] 七国集团的金融政策官员（包括中央银行、财政部和监管部门）一致决定设立金融稳定论坛，用以加强金融市场监管的国际合作与协调。每半年举行一次的金融稳定论坛共有 39 个成员，包括 G10 成员国（外加俄罗斯）、IMF、世界银行、OECD、IOSCO、IAIS、巴塞尔委员会成员国以及其他国际和区域集团（如欧盟）（译者注：中国在 2009 年受邀加入金融稳定论坛。论坛成员目前已经扩大，增加了 G20 集团成员和其他国家）。Tietmeyer 报告强调，应该利用国际金融机构中现有的规则和程序来弥补国际监管制度中存在的缺陷，而非设立新的监管措施或重复这些机构或组织已经完成或正在进行的工作。对于协调不同国际机构间活动的各项进展，该报告表示坚定的支持；但对于那些已包含在现有监管

① Tietmeyer 报告于 1998 年 11 月，在当时德国联邦银行行长 Hans Tietmeyer 的领导下发布。

框架内的问题，它认为没有必要另设规则和机构来解决这些问题。此外，它建议金融稳定论坛优先解决威胁金融稳定的问题，并表明只有及时地与其他国际机构和论坛进行信息交流，才能更好地解决这一问题。

1999年4月，在华盛顿特区召开的金融稳定论坛首次会议上，要求论坛成员就金融体系的潜在威胁问题发表意见[①]。各国主管部门的代表们一致认为，金融稳定论坛不应涉及各国现状，而应注重国际金融体系中系统性风险的特点，以及为实现有效监管，应采取何种措施。金融稳定论坛的成员同意对金融体系中具体的薄弱环节进行分析，而非对宏观经济政策进行评估，因为该评估被视为是在重复IMF和BIS委员会的现有工作。金融稳定论坛特别关注的领域涵盖了由特定原因引起的市场风险评估，具体包括高杠杆机构、离岸中心监管、监督监管的潜在矛盾、核心原则实施过程中的技术缺陷，以及针对未来金融危机的预警系统。为解决高杠杆机构、离境监管、短期资本流动等问题，金融稳定论坛还成立了特别工作组。此外，它还出版了一套包含最佳监管实践现有标准的纲要，这些标准由BIS委员会、IOSCO、IAIS所提出。

在2000年的会议上，金融稳定论坛同意更多地利用官方和市场激励机制促进监管标准的实施，它将技术协助视为核心原则的实施关键。金融稳定论坛还通过建立一个由相关国际机构和关键国家监管部门所组成的联络小组，调查电子金融在监督、管理及市场运作方面的影响，以监测这一领域的发展。

单单作为一个论坛，使得有关各方在此会晤并就那些影响金融稳定的重要问题进行研究，从这一点来讲，金融稳定论坛无疑是成功的。但它也只不过是一个“清谈俱乐部”，因为它既没有监管权，也没有标准制定权；就算是在自愿基础上，也达不到其他国际组织（如BIS委员会和IOSCO）的程度。在BIS秘书处的支持下，将有兴趣的监管机构集中在一起来保证金融稳定问题始终处于公众议程中的问题上，金融稳定论坛起到了促进作用。尽管它阐明了影响金融稳定的重要问题（杠杆和离岸规

① 除此之外，还特别强调了有关高杠杆机构、资金流的波动性、银行间信贷额度、未受管制的金融机构、公司治理、缺乏透明度、缺乏统一的会计标准和资产评估体系的问题（IAIS简报，1999年第2季，第4期：1）。

定)，却仍未弥补国际监管制度中的现有缺陷。

金融稳定论坛一方面聚集了政府当局和监督当局，另一方面聚集了管理当局和宏观经济政策制定者。因此，在操作方面，监管者与政治家以及能够完成工作的财政部官员会面。在经济方面，它汇集了监管和宏观经济政策，而这是一个重要的、直到现在都很缺乏的有效国际监管组成部分。目前虽然形成了一些很好的报告，但金融稳定论坛还只是一个智库，没有方向感。它目前还不清楚应该根据报告采取什么行动，确切地说，该由谁来采取行动。1998 年遭受恐慌之后，各国财政部门的政策制定者们已经逐渐远离了世界合作的观点，这使金融稳定论坛自创立起就蒙上了一层阴影。

为有效监管金融市场上的系统性风险而制定国际法律和监管标准，这项工作的第一线是 BIS 委员会、IOSCO、IAIS 以及 FATF 这些机构和组织。它们的工作大都直接针对金融市场，金融市场的急剧波动和不稳定性削弱了后布雷顿森林体系时代的经济体系。自由化、放松管制及技术进步的力量加大了系统性风险水平及其通过金融市场的蔓延和传播。通过交易所和金融市场的作用，跨国银行和金融机构快速增长，它们所提供的产品和服务急剧多元化。因此，国际银行业务已经从一些大的金融机构中的相对不重要的部分，发展成为一项重要的金融活动，在大部分的大型银行的资产中占有相当大的比重。国际证券和保险市场中，也已发生类似变化。20 世纪 90 年代和 21 世纪初，股票、债券和衍生金融工具交易中所涉及的各方来自于不同的国家和地区，交易额也急剧增加（IOSCO，2003）。同样，保险部门的信用风险转移也表现出跨境特征（IAIS，2003）。

然而，随着金融交易越来越多地涉及跨国因素，金融机构向监管不足的地区迁移以逃避严格监管标准的情况，已经开始引起人们关注。这就是在国际金融体系中，必须设立银行业和金融监管的最低国际标准以防止监管差距加大的重要原因。但是，国际标准的制定应当顺应市场发展，而不应阻碍金融市场中的资本流动或创新。因此有必要在不同的国家和地区开展某种程度的竞争，来制定以控制系统性风险为目的的、以市场为导向的标准。

## 2.11 结论

金融稳定是一个全球性的公众品，各国都设法完善监管政策，谋求金融稳定。在促进全球经济的金融稳定中，各国纷纷组成了国际机构，解决在管理本国经济的金融风险中出现的集体行动问题。然而，这样做会给各国带来一系列障碍，包括交易成本。但是，通过各国与国际金融机构合作，对政策目标进行相互协调和改进，就可以降低交易成本。正如在第1章中所讨论的，低估金融风险可能导致系统性金融危机，并且通过银行部门和许多国家的支付系统蔓延，演变为宏观经济的冲击而吞噬更广泛的国际经济。因此，金融监管的主要目标之一是通过促进资本和金融产品的有效定价，控制系统性风险。在全球化的金融市场中，监管部门只有靠共享其他监管部门的信息，在国际层面上协调监管标准的贯彻和落实，才能做到这点。在降低集体行动成本、促进金融稳定目标的实现这一点上，国际金融机构发挥了主要的作用。

巴塞尔委员会及其他 BIS 委员会、IOSCO、IAIS 和 FATF 都是为加强金融稳定而成立的国际金融组织，它们通过减少金融风险的各种消极后果来促进稳定。自 1975 年以来，国际金融机构的业务范围稳步扩大，多数是对危机的回应（Eatwell 和 Taylo，2000，第 6 章）。在为国际金融市场监管制定无约束力的标准和规范时，巴塞尔委员会、IOSCO 和 IAIS 采用非正式的以及协商一致的方式，而这些方法对促进发达经济体监管部门间的合作与协调无疑是行之有效的。这些标准为 IMF 和世界银行所运用，并被欧盟纳入其法律，表明了这些作为国际金融规范的标准的重要性，以及为了能够在所有国家公平、高效地使用这些标准，在监督和监管实践方面进行协调的必要性。

然而，国际金融机构决策结构的问责制及合法性问题仍受关注。具体来说，就是其决策往往缺乏透明度和明确的权力链。而且，由于受这些国际标准影响的大多数国家既没有参与到讨论和决策过程中，也没有征询它们关于执行情况的意见，所以它们缺乏主人翁责任感。

此外，从经济政策角度来看，这些标准可能不适用于许多新兴国家和发展中国家的金融市场。这些国家的经济正在经历巨变，其不同的经济发展阶段需要有不用的经济政策与之相适应。20 世纪 90 年代后期的金融危机有力证实了这一观点。从某种程度上说，IMF 的经济重构项目，不但几乎没有对接受国的经济长期发展带来任何好处，反而在大多数情况下加剧了其金融危机（Stiglitz，2000）。此外，国际金融机构制定标准缺乏一致性，而且互相之间还是分割的，而这些标准在全球范围内对非 G10 国家的影响日益增加。在这种情况下，有两个问题值得思考：是否应该对巴塞尔委员会和其他国际金融机构的非正式程序进行重新评估？是否应该在金融稳定论坛（FSF）的支持下，各国在监管合作上更加协调一致？（Giovanoli，2000：25－27）

本章所讨论的金融监管国际标准制定的非正式规则，只是更完整的国际监管机制的一部分。完整的国际监管机制还应包括多边和区域条约组成的各种监管框架，以确定各国在货币和金融等特定领域中的各种约束性义务。实际上，IMF、世界银行和 WTO 近来的工作表明，一个有关国际金融市场管理的、更为正式的法律框架正在逐步形成中。因此，为了实现各国在该领域合作收益的最大化，全球治理结构改革势在必行。在第 3 章中，我们将探讨现有的金融监管国际法律框架。

# 第 3 章

# 国际金融监管的法律框架

如第 2 章所述，不同的国际组织都对国际金融监管有着某种程度的影响，其中最重要的国际组织包括巴塞尔银行监管委员会、国际证券委员会组织、国际保险监督官协会和金融行动特别工作组。这些组织主要希望通过建立审慎监管的国际标准，来追踪由金融市场的自由化和放松管制而产生的金融动荡成因。这些国际组织不具有法律地位，因此不具备制定“硬”法的法律权力。它们类似于论坛，召集主要发达国家的金融监管者和一些新兴市场的监管者在自愿参加的基础上会面并交流信息，致力于建立并无法律强制力的国际行为标准与规则，来减少国际金融市场的系统性风险。金融稳定论坛的建立标志着这些国际组织的松散行动，应该协调一致，更多地关注威胁金融稳定的具体问题。

本章将重点分析影响现行的国际货币体系和金融关系的国际法律框架。这些法律框架的核心目标与国际金融系统的系统性风险管制密切相关。活跃在上述领域的国际经济组织，主要包括国际货币基金组织（IMF）、国际复兴和开发银行（世界银行）和世界贸易组织（WTO）。上述三个国际经济组织形成了国际经济政策制定的三巨头。它们在国际范围内引导各国共同行动，追踪市场失败原因，改善资本市场缺陷，因此作用重大。

同时，本章还将介绍对金融服务和资金流的跨境交易进行管理的两大区域性贸易协定：一是欧洲共同体的条约体制和立法框架；二是北美自由贸易协定（NAFTA）。对金融系统的监管，两者采取了不同的区域性管制安排。欧盟通过采取母国控制的原则，互相承认别国监管的手段，在促进和谐方面取得了重大进展。与之相反，NAFTA 针对金融管制的法律和制度框架都相对落后，因为它的成员并不愿意将监管权力让渡给一个区域性机构。此外，与 WTO 一样，对于 NAFTA 的争端裁决来说，也不太可能将区域协定凌驾在母国法律之上来对金融市场进行管理。

有约束力的国际法律义务，由国际习惯法以及双边及多边条款协议来确定。通常来说，国际公法对国际金融监管标准、法规影响甚微。但近年来，IMF、世界银行、WTO 职责不断扩大，并从法律层面与金融监管机制的有效发展、金融服务业的加剧竞争等愈发紧密地结合起来，因此国际公法的作用日益增加。目前多边协议对国际金融体系的重要领域进行着管制。如 IMF 的协定条款，赋予 IMF 监管国际货币体系的权力，以确保这一体系的有效运作。为完成这一使命，IMF 对成员国汇率政策实施监管。再如，世界银行协定致力于通过向特定国家提供贷款，促进世界经济的发展，这些特定国家需要满足某些条件，如积极进行宏观经济调控，积极实施制度改革，改革措施主要包括促进法治、明确公共及私人机构的责任和处罚，实施各种良好的治理形式，减少腐败及金融犯罪。再如，WTO 的服务贸易总协定要求成员国根据协商承诺的具体要求和框架，减少金融服务的贸易障碍，从而促进金融服务业跨国交易的自由化。

在国际金融监管的法律法规制定方面，区域性协议也扮演着重要的角色。欧盟对在其成员国中开展经营活动的银行和金融公司实施谨慎监管的最低标准，并在此基础之上实施了母国监管标准互认的政策。欧洲中央银行对欧盟体系内的所有成员国中央银行进行管理，对欧元区国家的货币政策负责，并对所有欧盟国家间的支付系统进行监管。与之相反，NAFTA仅以母国监管为主，并没有区域内谨慎监管的最低标准。

## 3.1 国际经济组织：角色与功能

如第1章所述，国际金融机构（IFI）成立的目的，是通过协调各国监管政策的具体领域来获得某些集体利益。国际经济组织在全球经济中的作用也很重要，它通过协调各国的共同行动，来促进经济的稳健增长，增强金融的稳定性。事实上，在规划布雷顿森林体系时，凯恩斯就意识到，国际经济组织和机构的存在是必要的，可以帮助各国解决经济问题，如货币的不稳定性和长期的经济增长及发展。在如今全球化的经济中，政府通过国际经济组织来发挥作用从而通过协调获得的利益，可以使它们能够克服单方面追求自身的经济与管理目标而产生的高交易成本。例如，世界银行利用自身信用，吸引西方投资者的资金，再以较低利率（除此之外是不能够得到的）借贷给发展中国家，来克服国际资本市场的不完整性。这种促进作用使发展中国家可以有效利用的私人资本更多，进而推动经济增长和发展（Stiglitz，1999）。同样，由于私人投资者不愿向IMF成员国提供短期贷款，造成流动性短缺而导致的市场失灵，而IMF向这些成员国提供（从其他渠道得不到的）了资本和贷款，在解决这一问题上起到了促进的作用。

为了了解国际经济组织是如何为成员国管理货币及金融事务而制定和控制标准的，我们首先来讨论一下这些国际经济组织的法律框架，以及这些组织与其他国际金融监管机构的区别。国际经济组织的成员主要或全部都是国家，并通过条约或协定而建立①。这些国际经济组织具有法人资格，根据国际公法可以提起法律诉讼，或者被诉②。本章将要分析的三个主要国际经济组织拥有不同的规制框架，反映出它们在目的和目标上的不

① Bowett将国际组织定义为："由多边政府间协议而创建，且拥有一定国际法人资格的组织"（1982：chapter 11）。

② 《美国对外关系法重述》将国际组织定义为"拥有法人地位，有权力拥有、获取和转让财产，有权力订立合同的组织"（sec. 223）。

同。如 WTO 是一个成员驱动型组织，拥有 145 个成员方（包括欧盟）和一个提供行政及研究服务的小型秘书处。WTO 的执行机构是部长级会议和总理事会，它们有权对 WTO 协议做出说明，并为成员国协商安排日程。WTO 关于金融服务贸易的相关协议称作《服务贸易总协定》（缩写为 GATS），目的在于减少服务业国际贸易中的歧视性壁垒①。

IMF 与世界银行在制度结构方面非常相似，但是总体目标上不尽相同。IMF 的主要目的在于为国际收支失衡的国家，以及在宏观经济调控中遇到经济困难的国家提供短期融资。世界银行的主要目的在于为欠发达国家的经济发展提供长期贷款，来减少贫穷，提高生活水平，进而促进经济的可持续发展。IMF 和世界银行作为布雷顿森林体系的主要支柱机构②，均成立于 1944 年，受成立协议的条款控制。IMF 与世界银行的共有成员国多达 185 个国家。近年来，IMF 主要关注短期的收支失衡和汇率，与之相反，世界银行的业务大大扩展，不仅包括宏观经济增长和发展，还包括微观经济改革，主要关注企业定价、资源分配、法律改革、劳动条件、社会服务的提供以及公民社会问题。

组建这些国际经济组织的协议，约束各自的成员国，但是包含不同类型的义务和执行方法。WTO 的争端解决谅解书提供详细的程序，供成员国向其他违反 WTO 协议规定义务的成员国提起诉讼时参考。一般来说，从 WTO 协议中衍生出的大部分权利和义务，在成员国之间横向作用，只能由成员国强制执行，而非 WTO 组织本身。只有一小部分的权利和义务作用于 WTO 本身和其成员国之间，主要是要求参与国际贸易政策审议机制和支付会费（Hudec，1999）。与之相反，由 IMF 和世界银行协议中衍生出的权利和义务，是纵向作用的，因为这些权利和义务主要作用于上述组织及其成员国之间（Siegal，2002）。这些组织的权利义务的垂直结构，创造了一个层级框架，成员国直接对 IMF 和世界银行承担义务，而非其他成员国。如 IMF 协议第四条款规定，成员国必须遵守与其他成员国货

① 后面会谈到，GATS 对一个国家国内金融服务业的监管具有重要的影响。

② 布雷顿森林体系的第三个机构是胎死腹中的国际贸易组织。尽管 1948 年哈瓦那会议最初设计其为布雷顿森林体系三大组织之一来管理国际贸易，并获得了杜鲁门总统和他的国务卿艾奇逊的支持，但是因为美国国会拒绝接受，国际贸易组织从未真正运行。

币间的兑换率安排。此外IMF成员可能需要对IMF承担额外的义务，以获得金融援助，上述援助构成了经济重建或货币稳定项目的一部分。世界银行金融部门调整项目同样存在一定的前提，成员国必须进行一定的金融或者法律改革，也就是关于私有化和竞争的法律改革，才能获得经济调整的贷款（Stiglitz，1999）。后面会提到，国际组织的这种规制框架极大地影响了组织的决策程序，这主要体现在建立和发展经济管制标准和金融监管标准，进而形成全球性监管。

与之相反，国际金融监管组织不是通过双边或者多边协议而成立的，也没有法人资格，因此它们并不受到国际公法管辖的国际组织关于权力、特权、义务、免责等方面的约束。如第2章所述，国际金融监管组织是通过国家间默认而非正式成立的，或通过稍微正式的方式成立，如规章或司法审判中的合作。这些组织的规制结构不很正式，而且行政机构和职责宣言也很少。与多数国际组织不同，国际监管和标准制定机构通常不要求其成员国必须拥有国家主权性质，如美国大多数的州都是国际证券委员会组织（IOSCO）、国际保险监督官协会（IAIS）的成员，而许多离岸金融中心并非独立国家，但是各种区域性金融实体的成员，如加勒比海金融行动特别工作组。

被国际金融监管组织所采纳的监管标准，在国际公法下并没有法律约束力。这些不具备法律约束力的国际框架，可以形成某些学者所称的国际软法。这些软法涵盖了许多原则、标准和准则，对国家行为有影响，但是没有任何约束权力，违反上述软法不能追究相应国家的责任。

根据国际法，作为成员的国家如果违反国际组织成立时所订立的条约或协议，需要向国际组织或利益相关的成员提供补救措施。与之相反，在无约束力的软法下，一个国家不遵守国际监管机构所采用的并不具有约束力的原则或规则，该国并不需要承担责任①。形成的国际准则并不产生国际法律义务，国家成员和国际组织本身均不能寻求补救措施。

如第2章所述，国际监管组织颁布了大部分相关的国际标准和准则，它们已经被主要的发达国家和新兴经济体所采用，以管理其金融市场和减

① 例如，巴塞尔委员会的建议被视作没有法律约束力（Giovanoli，2000）。

少系统性风险。虽然这些国际法规和标准与由国际法院通过的国际公法的传统形式不同①，但是毋庸置疑，它们对国家监管行为和政策有直接的影响，并在金融服务跨境交易方面，成为多边或区域性条约的重要参考依据。同时，它们也成为官方使用的衡量是否符合IMF和世界银行的相关条件及重建项目要求的国际标杆。这些专业性国际组织的成果在被纳入国家法律和行政做法之前由政府高层进行审查，其中包括财政部长、中央银行及其他相关立法委员会②。这些法规与标准已成为国家监管行动和政策的重要体现，不应该认为其是毫无关联的国际上的法律和政策而被忽视了。

下面，我们将分析这些国际及地区性条约框架和机构下的规制和法律结构，从而了解它们如何影响系统性风险的监管的。

## 3.2 国际货币基金组织：促进货币稳定

按照国际公法的定义，国际货币基金组织（IMF）具有国际组织的属性，它的功能和权力是通过1947年生效的一个多边条约，即“协定条款”所确定。IMF的最初作用是促进货币体系稳定，从而促进国际贸易与战败国的经济重建。“协定条款”的第一条赋予了IMF促进国际货币体系合作、促进世界贸易增长、促进汇率稳定以及建立多边支付体系的使命和权力。IMF试图通过建立一个稳定的、可以调整的汇率体系来解决系统性风险问题。在这一体系中，以美元为代表的几个储备货币之间实行预先确定好的互相盯住的或者固定的汇率，并按照某特定值与黄金挂钩③。根据这一协议，IMF有权对成员国汇率政策及履行汇率相关义务情况进行监管。20世纪30年代的竞争性货币贬值导致经济恶化，加剧了经济萧条，这说明了固定汇率体系的合理性。因此IMF有责任对固定汇率体系进行监管，为收支失衡的成员国提供短期贷款。如果成员国的收支失衡源于基

① 国际法院法规，条款38（a）～（d）。

② 美国参议院金融服务委员会在2003年2月17日就巴塞尔协议举行听证会，并且听取了美国通货监理官John Hawke的证词，他对协议的修改提出批评意见。

③ 只有在得到IMF同意的情况下，成员国可以超过10%的面值范围调整货币价值。

础性失衡，即IMF认定的不能持续的收支失衡，经IMF批准，汇率可作相应调整。

两次世界大战之间出现的另一个重要的经济问题，即由于跨境资本流动所引起的金融不稳定，也是IMF同样试图要解决的。凯恩斯将资本流动分为三种：投资型、投机型、避难型（Moggridge，1980，vol. xxv：53，87，130，185）。他把跨境“投资”资本流动定义为国外直接投资，以及为国际商品和服务贸易提供支付的其他“生产性”资本流动。跨境投资资本对一个经济体来说十分有益，因为它使资源更加具有生产力，促进了收支体系的平衡。相反，“投机”资本流动实质上是组合投资行为，这种投资与国际贸易或生产资源没有直接关系。而“避难”资本流动是政治性的，是指从政治专制国家流动出来寻求庇护。上述后两种资本流动都与国家经济基础相关，经常造成或者加剧国际收支失衡。例如，允许贸易逆差国家的“避难”资本流入贸易顺差的国家。凯恩斯认为，这一行为使国际收支恶化，削弱经济增长和金融稳定（出处同上：130）。

20世纪40年代的学术争论中，凯恩斯认为国际经济组织需要拥有对跨境资本流动进行监管的权力（出处同上：134－135）。自由的资本流动是不受欢迎的，且需要相应的法规进行管理，这实际上是布雷顿森林会议上的一个公认观点。关键问题是IMF对世界经济范围内的跨境资本流的管辖权有多大。凯恩斯认为IMF应当承担很大的职责，而以哈里·德克斯特·怀特为首的美国代表团认为IMF的权力过大会侵害国家主权，破坏金融市场的有效发展（出处同上：149）。凯恩斯和怀特最后达成一致意见，同意IMF对跨境资本流动拥有一定的管辖权，但是权力范围只限于对经常交易进行支付而产生的资本流。这一观点最后成为第八项“可兑换性”条款，即国家不可随意地对用于经常性项目（比如国际货物和服务贸易）支付的外汇兑换进行限制①。这一条款仅适用于对经常性项目支付的资金，而非交易本身。

例如，一国可以在国际法律允许的范围内，实行进口关税制度或进口配额制度，前提是进口限制制度是针对进口的货物或服务本身，而非支付

① 条款VIII（2）（a）在相关部分规定“没有基金组织的批准，任何成员不得对经常性国际交易的支付和转账设置限制”。

的货款。换句话说，如果进口货物符合法律规定，不允许国家对支付该进口货物的外国货币的兑换进行限制。

条款VIII“可兑换性”的范围十分广泛，因为IMF协定所规定的“经常性项目支付”的定义十分广泛，其中包括了很多由经济学家所定义的技术上的资本账户（非经常性账户）交易的支付，如条款XXX（d）规定的“经常性账户的支付”的定义是“不是以转移资金为目的的支付”，包括但不限于以下形式：

①与对外贸易及包括服务、正常的短期银行业务、信用工具在内的经常性业务相关的一切支付；

②贷款利息及其他形式投资所产生的净收入的支付；

③额度合理的贷款摊销的款项支付，以及因直接投资贬值而进行的支付；

④额度合理的家庭生活费用汇款。

第一条将“正常的短期银行业务与信用工具”归类为经常性项目，这包括银行开具的信用证、备用信用证及贸易融资。第二条将债券及其他债务工具的贷款产生的利息支付也纳入此定义之中，还包括权益投资的收入以及可能的资本利得收入。第三条包括了贷款摊销或投资贬值的支付。第二条和第三条所述的支付，通常意义上是被列为资本账户，却被视作经常性交易的支付。这个关于经常性国际交易支付的定义很宽泛，使得很多资本账户交易被归入经常性账户，否则这些账户将被监管当局限制。这正是凯恩斯的主张，关于经常性交易的支付的定义应该足够宽泛以包含资本交易，这将促进“生产性或有用的”投资，而不是将投机或避难资金纳入其中。

但是，XIV条款允许有一个过渡期，在这段时期内国家可以不承担可兑换性义务[①]。这一过渡时期的长短，需要与IMF协商确定，并每年进行

---

① IMF协定第二次修订对条款XIV进行了修改，使成员国不承担可兑换义务变得更加困难。条款XIV（3）在相应部分规定“任何成员国采取与条款XIV第2、3、4部分的规定不符的限制措施，需要每年咨询IMF是否能够继续采取该行为”。而且，IMF可以“向任何成员建议，撤销任何特定限制措施、废弃全部限制措施的时机已经成熟，这些措施与此协议任何其他条款的规定不符”。

修订[①]。一旦 IMF 认定该国需要承担可兑换性义务，那么非经 IMF 批准，则不得违反该义务。

目前，大多数基金组织成员均承担可兑换性义务。这意味着，在凯恩斯“投资资本”的定义下，可以自由地对货物或服务及相关交易的经常性国际贸易进行支付。但是根据条款 VI，国家仍保留实施资金限制的权力，而且“该限制对国际资本流动监管是十分必要的”。这意味着国家仍有可能对不在“经常性交易的支付”的定义范围内的资本流动进行禁止或限制。VI 条款（3）特别指明各成员国“可以实施必要的限制，来对国际资本流动进行监管”。也就是说，承担 VIII 条款的“可兑换性”义务的国家，仍然可能对构成当今国际资本流动主要组成部分的组合投资和其他投机性资本的流动保留或施加监管。

在稳定汇率、加强国际贸易的前提下，协定条款成为对外汇可兑换性进行监管的一系列规定与原则的规制性体现。协定条款没有赋予 IMF 对资本账户进行控制的权力，只要各国对经常性交易的支付没有限制，国家就可以自行控制资本账户。但固定汇率体制却硬性规定国家必须在经常性账户和资本账户进行调整，来抵消宏观经济失衡。从实际意义上来说，这意味着资本并不是由于投机或政治原因而流向他国，这种流动只是为了调整经常性账户和资本账户出现的不平衡。在 IMF 接到要求发放短期贷款、以解决成员国经常性账户长期失衡这一问题时，IMF 会与借款国展开关于必要的宏观经济调整的谈判，在极端的情况下甚至要同意进行货币调整。这起到了控制和减少系统性风险的作用，因为成员国并不乐于接受经常性账户出现严重失衡，或允许资本流动出现不稳定的情况。

允许成员国对跨境资本流动进行控制和监管，以稳定固定汇率体系、保持外汇市场的金融稳定，协定条款的这一法律框架近些年已被修改。1978 年，IMF 协定第二修订版被采纳，其中对条款 IV 的 IMF 监管权力以及对成员国货币安排的监管等都做出了重大调整[②]。第二修订版基本上将后布雷顿森林体系的浮动汇率制度列入规章，并将 IMF 的职责范围扩展

① 作为二战的后果，这种措施十分必要，因为许多国家战争期间对货币实施严格控制，二战后继续保持这种控制，有助于防止短缺。

② 关于外汇安排的义务，见条款 IV。

为监管和制约。

### 3.2.1 监管

第二修订版被采纳后，IMF 非常积极地参与到下列事项中：建议成员国实施经济改革，促进国有经济私有化，对国际金融标准的执行情况进行监管。IMF 是按照协定条款的条款 IV“监管权力”和条款 V“制约权力”来履行职责的。就监管而言，条款 I 的第 1 部分声明建立一个国际货币问题咨询和合作的机制。这个咨询的程序就是指监管。监管的法律依据是条款 IV（3），标题为“外汇管理的监管”。近年来，监管已经包括了金融部门评估项目（简称 FSAP）及其他 IMF 项目，以搜集关于成员国金融健康状况的信息和数据。IMF 的监管范围从协定规定的成员国外汇汇率政策及义务，扩展到了协定提及的各个领域[①]。然而，需要强调的是，IMF 在上述领域的权力只限于分析信息并提出建议。成员国没有义务必须采纳建议，也不需要必须参与监管行为。

监管主要包括两种形式。第一种形式为多边监管，这种监管表现在分析一个国家的经济政策与其他国家经济及世界经济之间的相互作用。IMF 将分析结果刊登在其发行的刊物《世界经济瞭望》中，它提供了一个国家的经济政策的宏观经济分析[②]。1996 年，为应对墨西哥货币危机，IMF 采用一个系统化的标准，该标准通过提供各成员国数据指标的方式，确定该国在银行和资本市场方面的脆弱性。这一指标被称作数据公布特殊标准，包括 IMF 监督下的借款国在银行监管、金融犯罪、证券与保险监管等方面是否符合国际标准（Bordo and James，1999：11）。

监管的第二种形式是条款 IV 的双边监管，以定期向成员国提供咨询为基础。在 20 世纪 90 年代，每年都通过 FSAP 及其他咨询项目在绝大多数成员国间开展了条款 IV 的咨询活动。根据 FSAP，IMF 的工作人员就成员国的经济发展和金融领域稳定情况撰写年度报告。此报告经成员国同意

---

① 条款 IV，第 2、3 部分。
② IMF 还发布了评估世界资本市场的《国际资本市场报告》，报告分析了发达和新兴市场的金融市场数据。

后方可公布①。现在，IMF（在获得成员国同意的前提下）以“公共信息通告”的文件形式出版咨询结果。

另外，1978 年第二修订版对条款 IV（1）进行了修改，增加了 IMF 对资本流动的管理权力。修改后的条款 IV（1）规定“国际货币体系的主要目标是提供一个框架，该框架可以促进货物、服务、资本在国家间的流通”。将 IMF 监管权力扩大到资本流动的监管后，IMF 主持提供了大量金融部门报告，来分析资本市场的发展，评价国际资本流动对金融领域稳定性的影响②。

### 3.2.2 贷款条件

自成立以来，IMF 始终对成员国经济进行某种程度的监督，如果成员国借款使用其份额（或超过其份额），IMF 通常会坚持必须将该款项用于宏观经济调整和财政政策调整，以便使该成员国经济能够恢复平衡。在使用份额时必须对经济进行有限度的调整，这种前提条件的设定就是早期的贷款条件。贷款条件的法律基础可以在条款 V 的（3）（a）中表述的提供充分保障的规定中找到，即要求 IMF 采取符合协定规定的政策和手段，帮助成员国应对特殊收支平衡问题，同时建立起对短期使用 IMF 资源的“安全保障”。另外，条款（3）的（b）~（f）提供了 IMF 贷款条件项目的一些具体要求。如成员国使用 IMF 资源时，IMF 可以要求其使用用途必须与协定的要求和目标相一致（第一段），以及要求成员国证明 IMF 资源对解决其收支平衡或国际储备匮乏等问题是十分必要的（第二段）。

20 世纪 70 年代，条款 V 的（3）（a）和（b）赋予 IMF 权力，将其贷款条件管理的范围扩大，即从只向那些存在经常性账户失衡的国家发放资金，扩大到也向那些宏观经济改革遇到了基础问题的国家分配资金。1974 年，IMF 设立了首个支付工具，即中期贷款（又称扩展贷款，简称 EFF），为想要进行宏观经济改革的国家提供中期贷款。中期贷款项目是

① 作为这些咨询的一部分，这些工作人员报告的经济学基础由题为《近期经济发展》的报告公开发表。1999 年 4 月，IMF 开始发布咨询之后的工作人员报告，同年 IMF 开始发布全部的工作人员报告。

② Gold 认为条款 IV（1）的修改意味着 IMF 现在拥有了一些权力来监管跨境资金流，并在特定条件下要求一国开放其资本账户作为 IMF 贷款条件项目的一部分（Gold，1981）。

最早出现的条件性项目贷款，借款国需要接受监督，以确保它们采纳 IMF 的改革措施，并在预定时期内在解决收支失衡方面取得进步。

另外，从法律的角度来讲，许多学者认为 IMF 的贷款条件应该只针对协定所规定的与成员国承担义务相关的行为。也就是说，除非 IMF 对某特定问题的政策或事项拥有管辖权，否则 IMF 不能利用贷款条件的权力来强制成员国采用某种经济政策。例如，IMF 可以把禁止成员国实施多重货币作为其贷款条件，因为总协定对这种行为明令禁止。另一方面，IMF 不能把要求成员开放其资本账户作为贷款条件，因为成员国对资本账户进行控制 IMF 并没有管辖权，除非 IMF 的其他权力要求这么做。例如，可以要求成员国对资金流入实施控制，并以此作为贷款条件，来保证公共部门实施财政改革以及不向外国借款人大量借款（条款 VI，第 1 部分）。

### 3.2.3　执行与条款 VIII（2）（b）

根据协定，IMF 针对其权利和义务的实施，有直接和间接两种手段。第一，条款 XXVI（2）（a）再次确认 IMF 和成员国之间的权利义务关系是垂直的，IMF 有权认定成员国未按协定规定履行相关“义务”，无资格使用 IMF 的资源①。在 IMF 做出上述认定后的一个合理时期内，若该成员国仍然不履行义务，那么经 IMF 理事会 70% 投票通过，可暂停该成员国的投票资格，甚至可以要求该成员国退出组织②。这是 IMF 根据协定所拥有的最严厉的惩罚措施。例如，某成员国获得了 IMF 的融资贷款，但是并没有实施 IMF 宏观经济改革项目所要求的措施，IMF 就可以采取上述惩罚措施。同样，如果成员国违反条款 VIII“可兑换性”规定，对外汇进行管制，IMF 也可以采取此措施。尽管 IMF 至今未使用过上述惩罚措施，但一些观察家认为这种惩罚措施，对那些向 IMF 借款、实施经济和金融改革项目的贫穷国家来说，具有威慑力。与 IMF 条件性贷款项目一样，主要是贫穷国家会对 IMF 的惩罚措施感到担忧，因为在遭遇经济或金融危机时，贫穷国家比富裕国家更可能依靠 IMF 的金融支持。

---

① 条款 XXVI（2）（a）关于强制撤销的规定声明“如果成员不履行协议规定的任何一项义务，IMF 可以宣布成员无权使用 IMF 的一般性资源”。

② 条款 XXVI（2）（b）～（d）。

IMF协定还采取了间接性的实施手段，引导成员国遵守外汇义务。协定条款VIII（2）（b）规定：

涉及一国货币的汇兑合同，如果与该国外汇管理规定相违背，而该规定与协定规定保持一致，则在任何成员国境内都不得强制执行。

这一条款引发了法律界的广泛争议，并对此产生了大规模的解释和诉讼（Mann，1992）。自1947年作为协定条款的一项公布以来，这项条款内容始终没有改变。它规定，如果合同的实施会违反某成员国外汇管理规定，那么任何成员国的法庭或行政机关都不得执行该外汇交易合同。表面上看，这一条款笼统地将违反某一成员国外汇管理规定（包括资本控制）的外汇交易合同，只要与协定相一致，都全部禁止实施了。实际上，著名的IMF前法律顾问Joseph Gold认同这一观点，认为应该防止合同订立方逃避一个成员国合法保持的资本控制管理（Gold，1979）。围绕布雷顿森林体系的前期协商看起来也表明，设计该条款的初衷，是通过减少各方参与官方或黑市外汇市场交易的积极性，来稳定票面价值的固定汇率体系，支持成员国根据条款VI保持对资本的控制管理。

德国法庭认定的另一种解释是，条款VIII（2）（b）只能以条款VIII（2）（a）为前提进行解释，正如我们前面谈到的，其目的在于防止成员国对国际间经常性交易的支付和转账加以限制。这种解释认为只有外汇交易合同违反了成员国在经常性交易的外汇限制规定，才能根据此条款禁止执行该合同。这就意味着只有在同时违反成员国对经常性交易施加的外汇控制规定的情况下，违反该成员国资本管理规定的外汇交易合同才应禁止执行。美国法庭则将关注点集中在合同是否为外汇合同这一问题上。例如，J. Zeevi and Sons有限公司与Grindlays银行（乌干达）有限公司的法律诉讼案件中①，被告认为原告根据信用证执行合同会导致被告违反乌干达外汇管理法律和协定条款VIII（2）（b）的规定，纽约州上诉法庭驳回了被告的申诉。该法庭做出这样的决定，是因为它将关注点集中到“外汇交易合同”的定义上，认为银行信用证不属于“外汇交易合同”的范畴，因此不受协定条款VIII（2）（b）的管辖。这一决定符合美国法庭之

① 333 N. E. 2d 168（1975）。

前的判决，对于试图将条款 VIII（2）（b）的管辖范围扩大到不属于外汇交易的合同的做法不予支持，即使这些合同涉及的支付或转账的规定与成员国的资本控制规定不符①。

该条款所管辖的范围和程度目前尚没有达成一致的司法共识，因此损害了其作为使各成员国履行 IMF 外汇管理义务的手段的有效性。但是它采纳的基本原则——如果执行合同会违反条约所规定的义务，则合同不能执行，视为违法合同——可以用于金融市场监管的其他国际协议。如果上述条款被纳入国际金融协议之中，且条款内容、管辖范围得到成员国及其司法、行政机关的认定，那么这项条款可以有效地制止各方参与签订那些违反国际金融协议规定的合同。例如，国际协议中的条款需要明确其管辖范围是仅限于外汇交易合同，还是包括了属于一个国家的资本控制管辖范围内的所有合同。这样一个条款的有效性取决于条款起草时的准确性，取决于成员国是否能确保其司法机关在解释该条款时能够做到基本一致，以及国家是否能够使其效果达到如同私人机构之间的效果一样。执行国际金融监管的这种间接手段，要比国家机关或国际组织实施的监管监督的直接手段更有效果。

### 3.2.4 规制结构

IMF 已经成为一个全球性的国际组织，其成员国数量从 1944 年布雷顿森林体系成立时的 44 个国家，发展为目前的 185 个国家（译者注：现在为 184 个国家）。IMF 由理事会管理，由成员国的财政部长或中央银行行长组成。每位理事的投票权按照该国家在 IMF 中所缴份额或“配额”的数量通过一个公式来决定。IMF 的重要决策，如特别提款权（SDR）的货币计算、特定投票份额的认缴数量、投票权的分配、重大金融援助项目等，都需要理事会的绝大多数即超过加权投票的 85% 表决通过。成员国投票权力由其份额的相对大小决定。美国拥有最大的份额，为 17.78%（译者注：这一比例现在有所减少），这使得美国对重大决策具有否决权。

① *Banco di Brasil*，*S. A. v. Isreal Commoditu Co.*，190 N. E. 2d 235（1963）。英国法庭采用了相同的方法，参见 *Wilson*，*Smithett*，*Cope Ltd. V. Terruzi*［1976］Q. B. 683（CA）。

成员国份额的调整需要IMF成员国85%投票表决通过[①]。协定条款规定理事会可以每5年对份额的分配进行一次评估，但是任何改变都必须获得绝大多数投票表决通过[②]。

理事会委任国际货币与金融委员会（简称IMFAC）向基金组织提交政策建议分析，IMFAC由24名理事组成，每年会面两次，并负责就有关国际货币体系的管理和运行以及对协定条款的修改提出建议等方面的问题，向理事会报告并提出建议。

执行董事会监管基金组织的日常工作。执行董事会由24名执行董事组成，除了份额最大的五个主要成员国美国、德国、日本、法国、英国拥有单独席位之外，其他成员由各组国家形成选区选举产生（译者注：目前中国、俄罗斯、沙特阿拉伯也在执行董事会中拥有单独席位）。执行董事会任命总裁，对IMF2 500余名工作人员进行管理，这些员工从各个成员国聘用，但是在国籍的分布上并没有任何的额度限制。

在布雷顿森林体系后期，IMF扩大使命，帮助出现短期支付困难的国家保持汇率稳定。事实上，20世纪70年代中期，IMF成员国显著增加，包括了大部分的经济欠发达国家，这些国家不同程度地受到那个时期经济冲击的影响，如油价上涨、外汇风险私有化导致的货币波动。许多IMF新成员近年来都进行经济改革或处于转轨经济，因此更容易受到席卷全球的金融危机的影响。此外，这些国家需要IMF为该国针对良好金融监管的国际标准提供各种建议，以及为它们的经济部门和金融部门的改革提供融资援助。尽管这些国家在其是否遵守各种国际标准的问题上需要受到监督并接受各种贷款条件，但是这些国家对施加在其之上的各种标准没有什么影响力。基金组织决策制定的不透明性，针对金融部门改革项目的设计所进行的评估也很模糊，借贷国家在决定施于自身的规章制度的范围和方

---

① IMF各成员国的额度确定是通过以国民经济规模为基础的计算公式决定的，经济规模主要通过国民生产总值和经常性账户交易额确定。

② 自IMF成立起，已经进行了12次审议，其中8次审议中增加了总的份额数，同时也对份额的分配进行了调整，来反映一些国家经济地位的变化。最近一次调整发生在1999年，总的额度增加了45%，特别提款权从1 460亿美元增加到2 120亿美元（大约美国占据2 910亿美元，1份特别提款权对应1.37494美元）（译者注：2009年再次发生调整，调整后的数据与本书提供的数据有差别）。

式等方面没有什么贡献，这些都引发了很多关于负责性和合法性的担忧①。

### 3.2.5 回归原始使命

如前所述，布雷顿森林体系确定的IMF的最初作用是维持一个钉住的，但可调整的汇率体系，允许成员国按照其份额提取资金以解决短期支付困境，但IMF的作用已经大大扩展了，开始承担为管理系统性风险而确定标准的作用。目前，IMF已经开展了一系列项目，帮助成员国管理在新兴市场下的金融风险，为发展中及新兴国家提供长期借款支持，就银行业和宏观经济改革提供建议，搜集并发布成员国经济数据。

对IMF扩展其作用，批评意见认为，20世纪90年代的金融危机不同于30年代，在30年代发生经济困难与金融市场危机时，并没有国际的最终贷款人提供资金或帮助私人部门贷款。相反，近年来的金融危机“则主要是贷款太多而不是太少，尤其是波动很大的短期贷款”（美国国会国际金融机构咨询委员会《Meltzer报告》，2000）。事实上，近年经济危机的频发性和严重性，已经导致了对IMF危机管理政策的有效性的怀疑，以及对IMF扩展其角色去管理更加广泛的金融稳定性的质疑，这并非是IMF的传统管理范围。此外，在促使私人机构减少其风险暴露从而更加有效运营方面，IMF并没有给予足够的重视。IMF对加强监管结构的重视不足，而过多地依赖于昂贵的补救措施。总之，IMF短期危机管理的成本太高，没有充分利用对私人投资者和私人机构的激励，对危机反应迟缓，提供错误建议，试图努力影响政策和实际行动时又过于突兀。

已经出现了这样的观点，IMF角色的扩大，使其广泛参与到处理金融

① 自二十世纪60年代起，根据所谓的借款总协定（GAB），IMF有权向G10集团工业化国家借入超出其份额数量的附加资源。根据GAB，IMF可以对外贷款“来阻止或解决国际货币体系出现的严重问题”。GAP的目的主要是解决主要核心储备国的金融问题，如英国和美国。这个项目十分重要，因为它标志着IMF的角色从信贷合作组织向银行的转变。GAP很少用于支持贮备货币，直到1998年7月俄罗斯债券危机之前，整个90年代期间则根本没有使用过。1997年，IMF对GAP进行了补充，增加了新的借款机制，允许从发达的IMF成员国借款。这个“借款新协议”的设立是对1997年亚洲金融危机所做出的反应，目的是在系统性危机出现时向新兴市场提供金融支持。在1997年亚洲金融危机期间，扮演了最后贷款人角色的IMF对正在经历金融困难的国家提供了一种新的贷款工具，即补充准备金融资（SRF），用来解决成员国金融市场的信心突变。根据SRF，IMF可以向处于金融困境的国家提供数额大大高于传统项目的借款，但是可以收取高于IMF常规利率300到500个基点的惩罚性利率（Capie，1998，311－326）。

危机的过程中，并且还需要对金融市场的控制和管理提供建议，这使得IMF不能完成有效管理系统性风险的总体目标。原因之一是国际层面上缺乏有效监管者，这种空缺使得IMF在金融危机发生时别无选择，只能进行补位。按照这样的观点，任何政策措施方面的缺点，不能归因于管理权限的扩大，而是与在传统上对这些领域进行监管的国际组织缺乏监管上的协调。事实上，美国国会的委员会审查了IMF在国际金融架构中的角色，建议IMF应该回归其原始责任，即为存在短期国际收支困难的成员国提供短期贷款，并在金融市场关闭时为具有还债能力的政府提供有限的短期流动资金支持（即短期贷款）（美国国会国际金融机构咨询委员会《Meltzer报告》，2000）①。

### 3.2.6 资本控制的管辖权

如前所述，IMF没有监管跨境资本流动的一般性权力，除非在符合其权力范围的极少的情况下。根据布雷顿森林体系，跨境投资组合的资本流动是通过固定汇率制度来进行限制的，固定汇率可以有效避免竞争性贬值和较低的国际贸易量，这是20世纪30年代国际金融系统的特点。各国普遍认为资金流动具有负面效应，因此不应该鼓励，这导致了20世纪80年代之前大多数发达国家都存在各种形式的外汇管制。如第1章所述，由于技术进步促进了欧洲市场及离岸金融中心的发展，这使得人们能够避开外汇交易的各种管制限制，资金流动逐渐频繁。到20世纪90年代中期，认为对资金流动的管理限制会引起金融动荡以及使经济增长扭曲的观点成为正统观点。相应的，在IMF也随之而来展开了讨论，即IMF是否应该对成员国的跨境资本流动的监管拥有管辖权，以达到减少甚至取消这些监管的目的。

理事会的国际货币与金融委员会②（IFMC）就这一观点进行了研究，并在1997年向理事会建议IMF修改协定条款，来取消其成员国对资本控制的管辖权。国际货币与金融委员会发表公文，强调一个开放、自由的资

① 报告称“流动性贷款的期限短，收取惩罚性利率（高于借款国当前市场利率），对借款者资产有优先索取权来保证借款安全”。

② 国际货币与金融委员会（IFMC），当时人们称作“过渡”委员会。

本流动体系对世界经济来说是有益的。它认为基金组织处于这样的一个位置，应该在促进资本运动有序开放的过程中起重要作用。因此，它认为基金组织条款应当进行修订，将促进资本账户开放作为基金组织的具体目标，并赋予基金组织适当的权力来管理资本流动；管辖权的范围需要仔细进行定义，并通过过渡条款和批准政策使其具有充分灵活性（IMF，1997b）。

随后，1997 年 9 月 21 日，国际货币与金融委员会重申了它的观点，一个开放、自由的资本流动体系，在稳健的宏观经济政策和稳定的金融体系的支持下，能够提高经济福利以及促进世界经济的繁荣兴旺。委员会采纳了《基金组织条款案的资本流动自由化宣言》，并认为基金组织条款的修订将是促进资本流动有序开放的最有效手段，这与基金组织在全球货币体系中的角色一致。宣言声明如下：

*为布雷顿森林体系协议增加新篇章的时机已经成熟。私人资本流动对国际货币体系的作用日益重要，由此可证，一个日益开放、自由的体系对世界经济极其重要。通过促进储蓄向其最具生产力的用途进行流通，资本流动就能够实现投资、发展和繁荣的增长。在现今全球化的时代，以合理形式推出，有完善的国家政策、坚实的多边监管体系和金融的支持，资金流动的自由化将是一个有效的国际货币体系的基本元素。*

但是，1998 年亚洲金融危机与俄罗斯证券违约案导致人们突然开始重新思考资本流动自由化能够带来的优点。特别是亚洲金融危机的证据显示资本流动自由化很容易导致金融动荡（Singh，1999）。这导致国际货币与金融委员会重新审视资本账户完全可兑换的优点，其对资本流动自由化的热衷程度也减轻了。1998 年 10 月 4 日，临时委员会宣称：

*关于资本的流动，能够成功地开放一个国家的市场的先决条件需要仔细定义并必须首先建立起来。必须避免将参与全球资本市场活动演变成金融动荡的诱因或者渠道，避免随之而来的风险形成负面的溢出效应并传递到世界经济的其余地区。资本账户的开放必须循序渐进完成，必须首先加强国家对其所带来的后果的承担能力，开放的进程必须与这种能力保持一致。委员会认为这一点对稳定的国内金融系统和有效的监督框架来讲十分重要。*

1999年4月27日，国际货币与金融委员会重申其1998年10月所持立场，鼓励基金组织继续分析开放资本账户对经济增长、金融稳定的作用，并且对成员国控制资本账户的经验教训进行评估，分析基金组织在促进“开放资本账户的有序的、受到良好支持的途径”中应该扮演什么角色。[①] IMF继续探索自身在该领域中的作用。其在管理跨境支付和转账以及监督资金流方面的经验表明，基金组织具有规制上的优势来领导此领域中各项改革的尝试。

### 3.2.7 集体行动条款和主权债务重组

始于2001年的阿根廷债务危机引发了对主权债务危机及其对金融稳定性影响的思考。事实上，私人贷款者经常忽视许多国家往往存在重大信用风险，在资本市场中有必要将其风险进行有效定价。国际经济组织的作用应该是建立一个法律和监管框架，促使债权人有效地评价主权风险。不幸的是，近年来IMF的许多救助政策对主权国家债务者和私人债权者都促成了道德风险，从而加剧了新兴市场和发展中国家的金融动荡，减少了它们使用外国私人资本的机会。2002年，IMF执行董事会审议并驳回了关于建立主权债务重组机制的提议，此机制允许拖欠私人部门负债的国家，如正处在“债务处理”或支付重组过程中，可以针对债权人提出的强制执行申请而采取美国式11章的做法宣布中止执行。此提议规定，一国私人部门负债重组可以在基金组织监督下进行，可以与债权人就偿还条款进行磋商，偿还条款可能包括所欠本金和合同规定利率的大幅度缩减。支持者认为主权债务重组机制（SDRM）允许正在经历公共债务危机的国家对其沉重的偿付条件进行重组，以避免危机的进一步深化。而以美国财政部为首的反对者认为，SDRM会使新兴市场和发展中国家债务利差进一步扩大，使这些国家在国际资本市场上更难获得本来可以承担的债务。

与SDRM不同，主权债券合约中的集体行动条款提供了主权债务人在出现支付问题的时候就偿还问题进行协商的机制。自20世纪60年代以

① IFMC在相关部分表明它“鼓励基金组织继续按照合适的步骤及顺序来开放资本账户，继续进一步仔细分析使用资本控制手段的国家的经验，继续进一步探索在受到各方支持的、有序的开放资本账户的途径中IMF所起的作用以及相关的问题”。

来，多数主权债券合约由纽约州法律管辖，通常包含这样的条款，即债券发行人（债务人）要对债务合约条款关于支付问题进行重新安排之前，必须获得债券持有人（债权人）一致同意。纽约州法律下的债券合同使得主权国家债权人很难对支付条款进行重构，因为一个（或小集团）债权人并不在债务磋商时进行合作，它（们）反而会退出等待以便获得对自己更有利的条件，对那些愿意真诚进行磋商的债权人漫天要价。相反，英国法律下的债券合同包含共同行动条款（CACs），如果能说服债权人同意就债券发行人可以对债务的本金和债务利息的偿还条件进行重构，而这些同意的债权人持有的各级债权权益的数额必须占全部价值的绝大部分。CACs 为债务人和债权人就偿还条款进行磋商提供了一个灵活的机制，并有效促使全部债权人参与到磋商中，而不是利用其他债权人的良好意愿“搭便车”，并重写协调他们的权益要求。CACs 目前已经被大多数英国及纽约债券合同所采用，从而对那些正在经历经济和金融危机、需要进行主权债务重组的国家提供了一个灵活的、以市场为基础的手段，最终解决面临的问题。

## 3.3 世界银行

世界银行是世界银行集团的一部分。世界银行集团包括世界银行、国际开发协会（IDA）、国际金融公司（IFC）、多边投资担保机构（MIGA）和国际投资争端解决中心（ICSID）。[①] 世界银行章程阐明了其成立的三个主要目的：帮助经济复兴与开发，促进外国私人投资，增加国际贸易、促进经济增长和提高整体生活水平。但是在实现目标的过程中，世界银行不能干涉成员国政治事务（条款 4（10）），并且必须根据经济因素，如对特定项目的效果及经济可行性的分析，来做出贷款决策。与 IMF 一样，世界银行的监管和（贷款）条件的权力局限于其经营范围及条约规定的

① 国际开发协会成立于 1960 年，为最贫穷国家提供免费贷款。多边投资担保机构建立于 1990 年，为成员国中的私人投资者提供政治风险保险，如果他们愿意向 FDI（外商直接投资）项目投资，并且这些 FDI 项目是在与多边投资担保机构签署投资协议的国家。国际金融公司成立于 1956 年，为基础设施开发的项目融资提供贷款。国际投资争端解决中心成立于 1985 年，为其签约国及它们的私人投资者提供一个仲裁平台，以解决外国资产的征收和国有化引起的投资争议。

成员国应尽义务。由于世界银行在促进经济增长和发展方面的作用比基金组织的作用更广，其监管和条件要求的范围也很广，因此可以影响需要金融援助的成员国的国内监管体制的发展。尽管世界银行章程没有赋予其监管资金流动的权力，但是它的总体目标——建议成员国采取可持续的经济增长与发展计划，将资金用于“生产用途”——表明世界银行在金融监管的软、硬件基础架构的建设方面能够发挥一定的作用。

世界银行在20世纪40年代后期的最初要求是为第二次世界大战后经济重建提供贷款，并为某些私人投资提供担保。20世纪50年代至60年代，对于外国直接投资项目以及为亚洲、拉丁美洲、中东国家提供的基础设施贷款，世界银行发挥了类似于最后贷款人的作用。这一时期，在世界银行的赞助下，成立了许多区域型银行来帮助促进世界银行在发展中国家的贷款和经济发展项目。[①] 20世纪70年代后期和80年代，由于油价上涨、金融危机频发，许多发展中国家经济状况恶化，导致这些国家出现严重的国际收支逆差和较高的通货膨胀。世界银行提供了两种经济援助项目为这些国家提供短期紧急贷款，并要求借款国做出经济政策的承诺。第一种经济援助形式是结构调整贷款（SALs），属于短期贷款，条件是政府采取宏观经济政策改革。第二种经济援助项目是部门调整贷款（SECALs），它更加关注私人部门的微观经济改革，因此直接帮助私人部门以及直接帮助政府建立监管机构来促进竞争和私有化的发展。这些结构调整项目是世界银行第一个条件（贷款）项目。而且，通过这些条件（贷款）项目，目前世界银行直接提供的贷款数量要远远高于其实际为外国投资者提供担保的数量。

20世纪80年代，世界银行和IMF的结构调整项目考虑的重点逐步集中到短期贷款的期限以及借款国家打算采取什么样的经济调整计划。在强调市场行为、监管、财政政策等领域的体制改革方面，世界银行和基金组织的项目比较相似。但是Newburg（2000）指出，世界银行和IMF项目基本没有合作，贷款条件之间也没有交叉。直到20世纪90年代早期，世界银行和基金组织才开始相互沟通，在为借款国尤其是转型经济体提供建议

① 非洲开发银行、美洲开发银行、亚洲开发银行。这些银行成为后来所谓的世界集团银行。

如何实施调整项目时协调一致。这些建议都是以新古典经济理论为基础，强调国有企业的私有化，全面照搬西方商业活动惯例，减少国家在经济及社会中所发挥的作用。20 世纪 90 年代后期，在以俄罗斯为代表的转型国家，世界银行和 IMF 的调整项目均遭遇明显的失败，没有实现经济可持续增长和体制改革的目的。另外，在非洲和拉丁美洲的许多发展中国家，世界银行的调整项目没有促进经济增长和可持续发展，其结果导致世界银行项目被称作“治理的危机”。目前已经形成了共识，即一个国家如果想实现经济发展目标，必须进行一场全新的、彻底的体制改革。

为应对这些批评，世界银行扩大了经济调整项目的范围，将影响经济组织发展的非经济因素纳入考虑之中。世界银行现在并不是要恢复国家在经济中的角色，而是认为国家应该提供规制和监管的框架，这对于促进经济快速增长起着十分必要的作用。这一框架涉及发展具有独立司法权的法律机构，使用专业监管者对宏观经济发展进行监管，强调人权（其中包括产权），以及开展社会基础设施建设。这就是所谓的“新贷款条件”，或称作治理事项，为实行经济重建的国家提供原则和指导，并作为世界银行金融部门调整项目的一部分，是借款国需要满足的最基本的要求和标准。

“新贷款条件”或治理事项的范围及其对成员国体制、法律和监管结构发展的影响，使得人们开始质疑这是否属于干预成员国内政，从而超出了条款 4（10）所规定的范围。实际上，世界银行前法律总顾问 Shihata 在一份报告中谈到了这个问题。他建议世界银行在向成员国推荐项目类型时要谨慎行事，尤其当这些项目涉及该国法律条例、司法、经济管理和广泛的体制改革时，因为这可能会使世界银行违反条款 4（10）关于不得干涉成员国政治事务的规定（Tung，2003）。此项条款为新的治理事项的实施带来了挑战，将来会引发重要的法律和经济发展问题。

## 世界银行对项目的问责制——检查组

世界银行的开发项目不能完成想要达到的经济、社会和环境目标，缺乏完善的问责机制，不能为项目受益人与世界银行和负责执行的国家官员之间提供清晰的相互沟通路径，这使得世界银行受到了相当多的批评。这削弱了人们对世界银行倡导的多种基础建设项目的信心和支持。为了应对美国国会和发达国家及发展中国家的非政府组织施加的压力，1993 年世界银行开始实行一种公众问责机制，即建立检查组听取直接受到世行项目影响的个人投诉，并对世界银行基础建设项目和投资的有效性进行评估。世界银行行长詹姆斯·沃尔芬森将检查组称为“针对透明性和问责制的大胆试验”，对有关各方均有益处。

但是，检查组并不管辖世界银行金融部门调整项目和经济重建项目的条件借款。世界银行理事会不同意将检查组的管辖范围扩展到非基础设施类贷款，如微观经济改革、重构管理与监督框架、体制与法律改革等。尽管这些项目是世界银行贷款项目中发展最快的，但是它们不受世界银行问责机制的管辖。[①] 然而，通过批准建立监督小组，世界银行理事会从国际经济组织的全球治理的概念出发认识到公众问责的重要性，并不排除将来在金融部门改革项目中引进问责机制的可能性。

## 3.4 金融服务的国际贸易：金融服务业贸易总协定与金融服务业贸易的开放

### 3.4.1 世界贸易组织

世界贸易组织是一个于 1995 年成立的国际组织，它提供了一个成员之间可以进行频繁磋商的平台，从而达成对成员具有约束力的协议以减少国际贸易壁垒。[②] WTO 条约框架包括几个具有约束力的协议，涵盖了商品、服务、知识产权等方面，以及一个争端解决谅解备忘录，为成员提供具有约束力的争端解决机制。《服务贸易总协定》（GATS）用于服务的跨境交易，这些服务包括 GATS 金融服务附件中列举的金融服务。GATS 以国民待遇和市场准入原则为基础，为成员在服务贸易所有相关领域磋商具

① 2002 年，这些结构调整和部门调整贷款占世界银行贷款额的 55%。

② 1995 年 1 月，乌拉圭回合谈判通过了世贸组织协定，它包含服务贸易管理新框架，即《服务贸易总协定》（GATS）。在关贸总协定的精神下开展的乌拉圭回合多边贸易谈判推动了这些协商（Croome，1995：122 – 30）。对乌拉圭回合谈判的全面介绍，参考 Hoekman 和 Kostecki（2002）。

体开放承诺提供了一套灵活的规定。GATS 对国际金融标准建立几乎没有重要影响，因为金融服务附件中包含例外条款，允许成员本着谨慎的原则，可以在很大的范围内自主决定监管措施，而这有可能限制金融服务跨境交易。WTO 相关委员会目前并未打算对所谓的谨慎性例外原则的范围进行解释，而且它也不受争端解决的制约。此外，GATS 管辖范围并不包括国家对资金流的管理（除下面讨论的少数情况外），因此对系统性风险影响较小。尽管如此，GATS 还是为实现在服务业跨境交易中的非歧视性目标提供了原则性框架，这对各国金融行业监管有重要的影响。

按照 WTO 的《马拉喀什协议》的规定，部长级会议及总理事会对 WTO 各种协议所做出的解释决定拥有完全的权力。[①] 部长级会议每两年召开一次全体会议，由各成员政治领袖出席参加，共同确定发展目标并批准总理事会的工作。总理事会主要由 WTO 各成员贸易代表组成，每月召开会议为部长级会议进行前期基础准备。总理事会同时又是贸易政策审议机构和争端解决机构，拥有对世贸组织多边及诸边协议的解释权。同时，总理事会下设货物贸易理事会、服务贸易理事会、知识产权理事会，由总理事会为其拟定讨论议程与政策安排。总理事会赋予上述理事会权力，可以审核成员关于贸易问题的提案，协商程序，并在 WTO 各委员会之间进行责任分配。总理事会还可以对哪些国家参与世贸组织政策与协商机制审核会议施加影响。

例如，在服务贸易领域，WTO 服务贸易理事会有责任对 GATS 及其各种附件做出在法律上不具有约束力的解释，在履行该职责时它需要参考专门审核各个服务领域的多个委员会的意见。在金融服务贸易中，金融服务贸易委员会就拟定的标准、对 GATS 的解释以及成员的意见向服务贸易理事会汇报并提出建议。

金融服务的全球化意味着国家审慎监管和监督机制不仅要促进银行业行为的稳健与安全，还要促进金融创新和资本市场的深化。有研究证实，金融中介机构之间日益加剧的竞争，促进了金融风险的有效定价，提高了资本市场的流动性（Kono&Schuknecht，1998：2－4）。另外，1995 年世

① 《马拉喀什协议》，条款 IX。

界银行研究证实，国家在股票市场开放方面做出的努力，改善了金融中介机构的总体环境（Demirge，Kunt，and Levine，1996：291）。这种观点认为，如果股票市场中产生的信息与风险评价相关，那么股票市场的发展与金融中介机构的发展和稳定密切相关。

金融服务的竞争加剧将促进金融机构的健康，并为消费者和投资者提供高水平的金融产品，这是建立 GATS 体制的基本原因（Kono et al.，1997）。消除歧视性监管行为、减少金融服务跨境交易的壁垒，就是实现上述目标的途径。出于审慎目的，本国监管者可以自主决定监管措施，而这些监管措施有可能限制了金融服务跨境贸易和资金流动。然而，并不能用这些审慎性监管措施来免除 GATS 规定的义务和职责。尽管审慎性控制手段的范围广泛，但是许多成员都采取协商的姿态，以最惠国待遇为基础，通过开放本国市场，来进入其他成员的市场。

### 3.4.2 《服务贸易总协定》

GATS 与金融部门相关的事项主要是金融服务跨境贸易的管治条例和国内监管的原则。GATS 包括两个部分：一是适用于服务贸易的原则、规则和条例的框架协议以及各种附件，其中一个是关于金融服务的；二是 WTO 成员开放服务部门的具体承诺计划和豁免最惠国待遇的详细列表。GATS 还包括金融服务承诺谅解备忘录以供参考，此协议允许成员选择一个不同的但更坚定的、适用于 WTO 全体成员的国民待遇承诺。[①]

GATS 管辖的范围十分广泛，适用于“成员采取的影响服务贸易的所有措施”，包括法律、法规、规则、程序或“中央、地区或地方政府所采取的”行政行为，以及由中央政府或权力机构授权行使权力的“非政府机构”所采取的措施。[②] 在金融监管方面，这将包括所有涉及金融部门监督管理的国家法律、法规和行政行为，也包括自我管理的机构所采取的措施，包括股票交易所、清算与结算系统或其他专业资质机构，这些机构是基于政府赋予或委托的权力而开展活动的。

金融服务的附件对“金融服务”进行了宽泛的定义，包括“成员金

---

① 金融服务委员会谅解书允许成员可以指定一些金融部门适用国民待遇原则。
② 条款 I：3（a）（i）和（ii）。

融服务提供者所提供的金融性质的任何服务"[①]，从而扩大了 GATS 的范围。附件进一步将"保险及保险相关服务"和"银行及其他金融服务"包括在金融服务的定义中。[②] 实际上，在银行和证券业，此定义可以广泛用于下列方面：

接受存款、各种形式贷款、金融性租赁、支付服务、担保与承诺、货币市场工具、外汇、衍生品、汇率和利率工具、证券与其他金融资产、货币经纪、资产管理、金融资产清算与结算服务、金融信息提供、咨询及中间业务和保险服务（GATS 金融服务附件）。

然而，一个很重要的例外情况是"行使政府职权时提供的服务"[③]。这里包括不依据商业原则为基础提供的或不与其他供应方进行竞争的任何服务。从国家金融政策来看，上述例外应该包括中央银行和其他货币当局、法定的社会保险和公共养老金计划和其他享受政府金融服务的公共团体的行为。[④] 例如，在成员应该如何监管中央银行的货币政策和公开市场操作问题上，GATS 并不适用。

GATS 和金融服务附件的适用范围很广，但并适用于国家对资金流动的控制以及开放资本账户的相关问题的监管，除非成员的资本控制手段损害了它的某些义务（在收支平衡的例外情况下其正当性可以被证实）。例如，如果服务受制于市场准入或国民待遇的承诺，而对该跨境服务的支付而形成资金流是必需的，那么一国不应对资金流动进行限制。然而，一般来讲，GATS 不管辖资金流动的自由化问题（Hoekman & Kostecki，2002）。

1. 供应模式

GATS 既适用于跨境的服务流，也适用于自然人、商业机构从境外所提供的服务。GATS 第一部分将服务贸易分为四种服务供应的模式：跨境交付、境外消费、商业存在、自然人流动。[⑤] 在分析金融服务跨境交易时，最常涉及的是跨境交付和商业存在。跨境交付是指服务由一成员领土

① 《服务贸易总协定》金融服务附件，第5段（a）。
② 同上。
③ 第1段（b）。
④ 第1段（b）（i）和（ii）。
⑤ 条款1：2。

向另一成员领土流动（如通过电报或电子邮件进行的银行或保险业务）。商业存在是指由一成员服务提供商通过拥有和租赁一个经营场所而在另一成员领土内建立机构，以提供服务（如建立银行分支机构、经纪公司或提供法律服务或沟通的机构）。后一种模式被视为最重要的类型，但是也为母国政府进行监管和进一步开放市场带来了巨大的困难。

金融服务的跨境交付包括很多种形式，如一国内的服务提供商向另一国提供服务，或该服务提供商通过在另一国建立分支机构或子公司来提供服务。建立什么样的组织形式对于监管来说意义重大，因为与建立分公司相比，许多国家和地区对子公司的附加监管要求更多。①

GATS 第二部分规定了“一般义务和原则”，适用于全体成员和大部分服务。第二部分的两项重要原则是最惠国待遇地位和透明度原则。如 GATS 条款 II 包含了最惠国待遇原则，要求“关于本协议包括的任何措施，每个成员对于其他成员的服务和服务提供商，应立即和无条件地给予不低于其给予任何其他国家同类服务和服务提供商的待遇”。② 最惠国待遇意在消除国际贸易体系中不同服务和服务提供商之间的歧视待遇。但是也有一些不受该条款管辖的重要的例外事项，如地区经济协议③，以及加入世贸组织的成员所列出的豁免清单，但不能超过 10 年的过渡期限。④

有专家指出，GATS 的最惠国待遇原则可能对一些非正式的基于互惠互认的国际或双边协议造成不利（Marchetti，2003）。例如，巴塞尔委员会关于联合监管和母国—东道国控制措施的规定可能与最惠国待遇相冲突，因为它允许巴塞尔委员会的成员可以对外资银行所在母国监管机制的有效性进行评价，来决定是否允许此外资银行在本国经营。按照 1999 年《金融服务现代化法案》，美国的银行法律坚持了这一原则，如果外资银行所在母国监管并不符合资本协议，则要求联邦储备银行对试图建立美国法律管辖的金融控股公司的外资银行实施更加苛刻的报告要求及较高的资

① 因为子公司通常是根据东道国法律而成立的，进而被视为单独的法律实体，所以子公司要比分支机构受到更加全面的监管。

② 条款 II：1。

③ 参考条款 V（允许成员根据经济一体化规定，不受最惠国待遇原则的约束）。

④ 条款 II（允许成员根据豁免清单，不受最惠国待遇原则的约束）。参考 GATS 附件条款 II 豁免。成员的豁免项目可以根据 WTO 协议条款 XI：3 通过弃权程序而延展。

本充足水平。此外，在洗钱与金融犯罪方面，作为参与美国银行业市场的条件，《美国爱国者法案》要求外资银行必须接受大范围的美国监管审查和更多的信息披露，如果该外资银行的母国不符合 FATF（国际反洗钱组织）的关于洗钱的四十条建议和关于为恐怖组织提供资金的八条建议。《美国爱国者法案》同样授权美国总检察长和财政部长，对那些不遵守 FATF 或巴塞尔委员会关于洗钱规定和标准的国家和地区，可以采取特别措施，这些措施可能包括制裁，或要求美国银行在与这些国家和地区的银行进行任何金融交易前要满足附加的报告要求。这些单方面措施和国际协议不符合 GATS 最惠国待遇原则。

GATS 另一个重要原则就是透明性原则。[①] 实际上，在外国经商的一个主要障碍就是缺乏相关法律法规方面的信息。这一点对服务贸易来说尤为重要，因为许多相关的对国外贸易的限制措施是以国内法律的形式出现的。因此，法律法规必须透明，并建立清晰的标准，这样外国贸易者可以清楚地了解进行贸易需要符合的条件。因此，GATS 要求各成员及时公布影响协议执行的“应用中的所有相关措施”。[②] 同样应该注意到，透明性原则不存在例外情况。

第三部分主要关于国民待遇和市场准入的规则与处罚。与最惠国待遇和透明性原则的一般性义务不同，国民待遇和市场准入原则是由成员协商确定的特定承诺。成员并不承担国民待遇或市场准入义务，但该成员可以表示同意在其金融服务行业中的特定部门或子部门中承担此义务。这就是通常所说的积极清单办法，即当一国明确表示在指定部门或分部门，以及指定的服务提供模式中承担一项具体承诺而且不设置任何限制时，该国才承担国民待遇或市场准入义务。与之相反的消极清单方法是，只有在成员在其具体承诺计划中列明限制和/或控制条款时，才能允许其在实施国民待遇和市场准入原则时利用这些限制和控制条款。GATS 的积极清单办法为成员协商自身义务时提供了更多的自主权和灵活性，并对发展中国家尤为有利，因为这些国家缺乏能力，并不知道需要在消极清单中列举哪些限制措施。

---

① 条款Ⅲ，Ⅲ之二。
② 条款Ⅲ：1。

跨境服务贸易的协商和承诺减让表始于乌拉圭回合，成员就市场准入和国民待遇的具体承诺减让表进行了磋商。当1994年协商完成时，各成员达成一个“静止”的意见，表明它们在未来不会减少或限制承诺。这些承诺减让表成为进一步磋商的基础，并且已经使多数成员在服务贸易自由化的问题上做出了更多的承诺。这些承诺是最低的处理标准，不妨碍成员采取自主行为在清单中列明的部门或在清单之外的部门进一步开放市场。事实上，多数WTO成员在市场准入和国民待遇方面，同先前根据承诺减让表所做出的承诺相比，其在金融服务部门的开放程度要大得多。实际上，成员承诺的开放程度和实际开放程度之间的差别十分明显，GATS的开放承诺已经不能代表国际金融服务市场的开放程度。

国民待遇原则要求成员“给予任何其他成员的服务和服务提供商的……待遇不得低于其给予本国同类服务和服务提供者的待遇”。[①] 这项义务是需要协商确定的，仅适用于经过协商明确表示承担此项承诺的部门和服务提供模式，以及在承诺减让表中没有列入限制的范围。GATS所要求的“待遇不得低于”是指理论和实际两个方面。[②] 例如，即使成员在理论上给外国的服务或服务提供商提供平等的待遇（正式的相同待遇），但是如果这种同等待遇的结果却是竞争条件变得有益于本国的服务提供商，那么也违背了国民待遇原则（Marchetti，2003）。

国民待遇原则希望外国人也能得到公平的竞争机会，但是成员并无义务保证其在市场上取得成功（Arup，1999）。另外，如果东道国监管当局对外国公司是否能够符合东道国的监管标准非常担心，那么即使根据国民待遇原则，针对外国的服务提供商的正式歧视待遇也有可能变得合理。因此，为了实现监管目标，针对外国人的额外监管措施也可能是必要的。在银行部门，东道国监管者可能对外国银行实施比本国银行更加严厉的资本金要求，或者要求在本国建立分公司以及有具体的办公场所，外国银行只有达到此要求才能进入东道国的支付系统或向东道国消费者销售金融产品。

条款XVI关于市场准入原则的规定，表明了作为GATS目标的贸易自

① 条款XVII：1。
② 条款XVII：2。

由化的重要作用，以及消除歧视与非歧视服务贸易壁垒的必要性。条款XVI规定了成员对根据具体承诺所包含的部门不得实施的六项市场准入限制，除非在成员具体承诺减让表中已经列明了这些准入限制。这六项措施包括限制一个特定部门服务提供商的数量、特定领域或特定服务提供商能够雇用的员工数量。①

针对跨境交易和商业存在这两种服务模式，有两条具体的约束。如果一个成员遵守服务可以跨境交付的承诺（模式1），那么该国不得对跨境交易所必需的资金流加以限制（条款XVI，n.8）。同样，如果一个成员遵守承诺，允许另一个成员境内的服务提供商的商业存在，那么该成员不得限制相关资金转移进来。在影响成员做出某一特定种类的开放承诺时，目前国民待遇和市场准入的规定及约束的影响巨大。这些条款也影响了成员对跨国资金流的监管，对还没有获得基金组织协定条款VIII（2）的地位的IMF成员国，这些条款也会产生相应的影响。

2. *金融服务的本国监管*

本国监管所提出的要求可能形成跨国服务贸易壁垒。根据GATS的规定，以得到许可要达到的条件和技术标准的形式而出现的国内监管，虽然不构成非法的贸易障碍，但是也是市场准入的障碍，从而导致不遵守规定而招致麻烦的巨额成本，使成员不能够享受履行开放的承诺而能够得到的好处。为解决这一问题，条款VI规定承担市场准入义务的成员不得设置能够形成不必要贸易壁垒的技术标准和经营许可要求（条款VI：4）。例如，成员必须保证采用的许可要求、技术标准、相关程序是透明的并具有客观标准，同时在完成正确的监管目标时是必需的（同上）。

就银行业而言，得到经营许可需要达到的要求可能是高级管理层和董事会成员必须达到的资质和标准，技术标准可能是资本充足率的要求。根据条款XVI，这些要求不构成市场准入的障碍，但是如果这些要求不透明而且没有客观标准，那么就违反了条款VI，而且对实现监管目标造成了

① 除非明确在承诺清单中列明，否则成员不得对列入清单的部门实施六种限制措施，即：（1）服务提供者的数量；（2）服务交易或资产的总价值；（3）服务活动的总数量或服务产出的总数量；（4）某特定部门或某特定供应商可雇用员工数量；（5）限制或要求通过特定法律实体或合资合作类别提供服务；（6）外国资本的参与比例，或外国投资总量的限制。

不必要的麻烦。此外，如果一国对外国银行的资本充足的要求高于本国银行，那么就违反了国民待遇原则，除非该国在承诺减让表中已经列明对国民待遇实施限制，或者出于审慎原因的考虑需要采取歧视性措施。即使最低资本标准对国外银行和国内银行是一样的，它们也必须符合条款 VI 关于国内监管要求的规定。条款 VI 提出了关于国内监管的性质和范围这些重要问题，并可能成为金融行业未来监管行动的参考点。

考虑到货币的稳定性，GATS 条款 XII 允许国家为保证收支平衡对跨境服务交易实施限制。[①] 这就允许已经出现收支严重困难的国家，或者面临这些困难的国家，对已经做出承诺的服务贸易采取限制措施。如果发展中国家或转型经济体国家必须采取措施来保持足够数量的外汇储备，以实现对经济的审慎管理要求，那么就可以使用这些措施。但是这些限制措施需要对所有成员一视同仁，不得对其他成员的贸易利益造成不必要的损害，不得采取不必要的限制措施，并且必须在情况好转后停止实施。尽管这些限制措施可能针对某特定部门，但是不得作为保护主义的贸易壁垒使用。根据条款 XII 而采用的限制措施，需要由 WTO 国际收支平衡委员会定期进行审核。而且，某一成员不得对经常交易的国际支付和转拨资金进行限制（除非条款 XII 规定），否则就违反了其具体服务承诺。

## 3.4.3 审慎例外

在乌拉圭回合关于 GATS 的磋商中，人们普遍认为，金融服务业应该给予特别关注，因为银行、保险公司及其他金融服务提供者对经济产生的系统性影响（Dobson and Jacquet，1998）。因此，出于对金融部门有效监管的考虑，应该允许成员监管机构保留广泛的权力来采取监督和管理的措施是十分重要的。

WTO 对开放金融市场的重视，可能与需要对本国市场中的金融机构行为实施审慎性监督和管理的该国金融监管部门产生潜在的矛盾。为协调这些问题，WTO 谈判人员在金融服务附件中提出了所谓的“审慎例外”：

*无论本协议的其他任何规定，WTO 成员仍然可以基于审慎原因而采*

① GATT 还包括处理金融稳定性问题的条款，当一个成员经受严重收支问题时，可以有权放弃开放承诺。参见 GATT 条款 XII 和条款 XVIII：B。

取措施，包括保护投资人、存款人、投保人或个人（金融服务提供者对其负有信托责任的人），或保证金融体系完整和稳定。如这些措施不符合本协议的规定，也不得用来逃避该成员在本协议中的承诺或义务。

审慎例外允许成员对金融服务贸易施加监管上的壁垒，如果这些措施是出于“审慎原因”或“保证金融系统的完整和稳定”。“审慎原因”的定义包括保障投资人、存款人、投保人或金融服务提供者对其负有信托责任的个人。但是，并没有明确的规定列明为实现这些审慎目标可以采取的监管标准和规则的类型。同样，能够保证金融体系完整和稳定的措施也不明确。“审慎例外”仅仅说明，某一成员可以对金融服务跨境交易实施监管壁垒，只要这些监管是出于审慎目的的考虑，而且不会造成该成员违反 GATS 的一般义务规定和具体承诺。目前，尚不明确哪些审慎监管的标准会对争端解决行动构成挑战。一些学者认为争端小组可以根据广泛采用的审慎监管标准来确定一国监管是否符合 GATS 的规定。这可能会导致使用巴塞尔资本协议和其他银行监管的核心原则来衡量一国对金融服务交易采取的监管措施是否符合审慎原因。对使用巴塞尔资本协议与其他核心原则来判断是否符合 GATS 规定持反对观点的人认为，巴塞尔委员会在标准制定过程中缺乏问责制和合法性，因为委员会的决策制定并不向非 G10 集团的国家开放。对于诸如金融行动特别工作小组的其他国际金融机构来说，这种规制设计上的缺陷同样存在，与巴塞尔委员会类似。

附件的第三段寻求促进审慎监管实践的调和。它鼓励成员相互协商并承认其他成员的审慎监管标准，促进监管标准的逐渐统一。这样做的目的是，使成员很难偏离广泛接受的监管行为，或者很难违反一般义务和具体承诺。具体来讲，第三段的题目为“承认”，明确规定成员在决定其有关金融服务的措施应如何实施时，可以承认任何其他国家的审慎措施。① 这个规定称“此类承认可以通过调和，或依据与有关国家的协定或安排，或自动给予”。第 3 段 b 款声明如果一个成员是此类协议的签约方：

*只要具有大致相同的法规、监督、法规的实施，则应向其他有兴趣的成员提供充分的机会来谈判加入这类协定或安排，或与其谈判相同的协定*

---

① 金融服务附录，第 3 段（a）。

或安排，适当的话，还应有协定或安排的参加方之间的信息分享程序。[①]

第3段的（a）和（b）款试图推动成员之间基于互认基础上的双边和多边协议或安排，但是有义务不得排除其他成员，如果该成员承诺采用符合成员间——基于双边的或多边的——所同意标准的监管规定。这种互认框架鼓励成员通过协商形成审慎最低标准，或形成银行、金融机构全球化运营的统一标准。[②] 理论上，这将促成一个“公平竞争平台”，通过比较优势促进金融服务国际贸易的发展，促进竞争目标的实现。实际操作上，加入这种协议无需任何协商。尽管在WTO成员中促进相互调和的审慎标准的原则，对那些看到有监管的竞争的好处的国家来说具有吸引力，但是成员在这一领域达成共识的进展缓慢，说明这一原则不会成为建立国际金融市场高效合理的审慎监管标准的有效机制。

为解决围绕这一问题的不确定性，世贸组织服务贸易理事会授权金融服务贸易委员会，讨论与GATS规定相符的国内金融监管标准。但是委员会在此方面进展甚微。例如，委员会仅仅在有限程度上解决了审慎例外的定义范围；还提到了一些建议，包括建立审慎监管国际标准的可行性[③]，但是并没有采取任何正式行动。尽管委员会的职责范围很广，包括可以向理事会提交所有金融服务贸易相关事宜的决策建议，但是委员会在这方面没有得到充分利用，而且当前还不知道是否会有成员近期能提出正式建议来澄清“审慎例外”。然而这个问题越来越重要，尤其在现今动荡的全球金融市场环境下，因为国家面临两难的压力，一方面要履行国际义务向外国资本和金融服务商开放本国金融市场，另一方面又要决定采取何种监管措施从而实现审慎目的，即使这些监管措施会导致对金融服务贸易进行限制。[④]

1. 争端解决

WTO争端解决谅解备忘录提供了一项争端解决程序（DSP），依据此

---

① 第3段（b）。

② 这些协议由世贸组织秘书处服务贸易部门收录。

③ 参考世贸组织文件S/CSS/W/71瑞士意见（审慎监管应该按照国际组织，如巴塞尔协议设定的标准进行解释），以及世贸组织文件S/CSS/W/27美国意见（GATS的义务和承诺不能歧视成员审慎监管的自由权）。

④ 参考《美中贸易关系发展稳定，仍有发展障碍》，《美国商业关注》，第12期（2002年6月8日）。

办法，在专家小组做出另一成员的贸易限制措施是否违背 WTO 协议相关义务的决定之前，成员可以提前进行诉讼。DSP 的小组是非常设机构，通过法条化的办法解释 WTO 协议并确定违反协议需要进行的补救措施。[①] DSP 也可以潜在地用来解释一国金融监管措施是否符合审慎例外范围。DSP 的非常设性和法条化的特点，WTO 缺乏在监管问题上的专业资源，都表明 DSP 并不是一个很合适的平台来解决按照 GATS 而建立的一国监管行为是否被允许这种复杂问题。另外，从 WTO 的体制视角来看，这样做可能以牺牲一国监管目标为代价，而更倾向于确保其履行市场开放的义务。这会削弱金融服务的国内监管机制，加剧很多金融体系的脆弱性。

另外，争端解决小组在审查时可以运用不同的测试和标准，很难支持一个正确的监管措施，因为这个措施可能违背该成员的承诺。这些检查标准可能依靠必要性测试（相同性测试），这会使成员难以证明其违背世贸组织义务和承诺是符合审慎原则的。例如，要求成员表明引发争议的审慎监管措施是实现监管目标的最低限制措施。这会从根本上阻碍成员的自主权力，尤其是在银行监管等敏感领域。此外，在衡量银行监管主要标准的合法性时，小组可能会求助于很多监管组织（比如巴塞尔委员会）采用的国际标准，作为衡量监管行为合法性的标杆。从政策上看，这种行为就是应该反对的，因为这些组织采用的标准一般由富裕的工业国制定，因此不应广泛适用于受 WTO 争端程序涵盖的所有国家。使用 DSP 来判断审慎监管标准的范围，有可能损害 WTO 成员为采用金融监管的有效标准而必须具备的主权和监管自主性。

对于成员的审慎监管的内容和范围，DSP 并不是解决争端的合理途径，因此对那些可能对金融服务贸易产生制约作用，但对于减少系统性风险以及保护消费者和投资者利益又是必不可少的监管标准的种类，应该形成一些共识。以问责性和合法性为基础，在有约束力的条约和国际惯用法中不能找到审慎监管的国际规范，也不能纳入国际金融机构（如巴塞尔委员会）通过的法规之中。可以考虑另外的一种国际监管结构，来建立有效的审慎监管国际标准，以及确定对跨境资本流动采取何种控制措施。

① 金融服务附件指出，如果根据附件提出诉讼，那么金融监管和贸易领域中的专家将会被指派为争端解决小组成员。

这些标准必须通过有效的决策制定程序来确定，这样才能保证所有适用国家都能够负起责任。而且，在建立这些国际标准的过程中，这些国家都应该有机会行使一些有益的影响力。

关于金融部门的事项，WTO成员们的总体目标是以国民待遇和市场准入原则为基础，协商形成开放承诺，同时保持实施审慎控制的监管自主权，尽管这些审慎控制措施可能限制金融服务跨境贸易，甚至影响它们的具体承诺。WTO成员审慎控制的主要内容和适用范围，可能不包含在GATS和WTO争端解决程序的范围中。GATS不会剥夺任何国内监管机构按照金融监管要求而采取措施的法律权力。然而在许多国家，来自市场的压力和国际组织的官方鼓励措施，使它们去遵守国际金融组织（IFIs）的审慎监管标准。

*2. IEOs——问责性与合法性*

不同国际经济组织对问责性的做法不同。世界银行和IMF的等级结构和它们法律权利义务的垂直性，意味着问责性问题应归结于谁做出决定去影响成员权利和义务，以及决策者对谁负责。IMF和世界银行都有各自的理事会行使一般性的监管权力。两个组织的执行委员会行使操作层面上的监管。IMF执行董事会将基金组织日常管理工作的职能授权给一个执行董事和工作人员。IMF执行董事会由按照地理区域划分的国家区域选出的代表构成，共计24名执行委员，但是拥有最大特别提款权（SDRs）和缴入资本的8个国家有权选择它们自己的执行委员。每名执行委员的投票权的权重由该国家选区向基金组织缴纳或登记的比例来决定。例如，美国大致缴纳IMF的SDRs额度的17.14%，因此美国拥有17.14%的投票权。因为IMF多数重要决议需要85%的绝对多数投票表决通过，所以美国对IMF多数提案拥有否决权。反之亦然，美国如果想使执行董事会通过它提出的提案，它也需要获得董事会85%的投票表决通过。

一个国家的份额也决定了该国可以使用的IMF金融资源，反过来，也决定了IMF使用国际收支非常好的成员的份额来提供融资的能力。然而，有批评意见指出，IMF对份额分配和投票权的计算公式，不能跟上一些国家经济影响的变化。例如，根据购买力平价，墨西哥占世界GDP的份额是比利时的3倍，人口数量是比利时的10倍，但是墨西哥的份额价值仅是比利时的55%。同样，中国人口数量是英国的12倍，经济规模是英国的2倍，但是份额价值仅是英国的59%，而且英国占有执行委员会的一个永久席位，而中国则不然。如果IMF不改革其分配份额的公式，解决经济及人口方面的不平等，那么基金组织未来行使权力将会受到阻碍（译者注：基金组织的份额分配已经发生了变化。比如在2009年底，中国获得投票权和份额分别占3.66%和3.72%，份额价值为英国的82%，同时中国占有执行委员会的一个永久席位）。

另外，IMF和世界银行的执行委员会在问责性和合法性基础等方面受到了批评，因为它们没有按照一个成员一票的方法分配投票权，也没有从接受援助国家的利益方面考虑经济重建和金融援助项目（Stiglitz，2002）。另一方面，这种加权投票体系验证了国际政治的现实主义，即只有得到世界上主要的政治和经济大国的支持，国际机构才能有效运转，这也引发了批评。换而言之，基金组织和世界银行制定经济政策是否有效，取决于组织中政治和经济最有影响的大国是否赞成并愿意使用其资源来确保实现国际政策目标。这说明这些组织的投票架构应该反映出国家间的世界经济力量的分布，这种分布现在是通过一国对这些组织运行的贡献以及分配的认缴额来体现的。

相反，除了资本贡献大小和认缴额度的多少之外，如果国际经济组织的决策还受到其他因素的影响，比如人口，那么巴西、中国、印度的影响力将会更大，对美国和日本等富裕的发达国家的影响力形成挑战。根据这种推测，如果发达国家不能对国际组织施加具有控制力的影响，那么它们将失去向国际组织贡献资源和技术的动力。这个问题在金融危机时期会更加尖锐，因为国际组织本身没有平定危机的资源，需要依靠发达国家提供资金。这一点可以通过1994年12月墨西哥比索危机得到见证。在危机高潮时，墨西哥主要几家银行濒临破产，而IMF缺乏资金来稳定墨西哥银行系统。责任落到美国的头上来帮助IMF实施救市措施，因为美国受危机的经济影响最大。这主要依靠美国从由美国、欧洲、日本组成的紧急财政基金中提取超过600亿美元来弥补墨西哥银行对美国、欧洲、日本的债权人的负债。尽管人们批评美国紧急贷款的经济上的善举其实是为华尔街提供了救助，而这导致道德风险，促成1997年更严峻的亚洲金融危机

(Stiglitz，2002)，但紧急贷款的确提供了足够的资金，阻止了墨西哥经济危机的进一步恶化。如果没有最强经济大国的帮助，IMF 无法解决这场危机。

事实上，IMF 和世界银行的投票权重在很大程度上还是基于成员国对基金组织运行的财务贡献程度。世界经济强国的支持，如美国、德国、日本、沙特阿拉伯、中国，对于基金组织来说十分重要，因为它们在执行董事会拥有最多的投票权，并能够否决向接受国提供贷款和实施项目援助。由于投票权分配而造成了这些国家拥有非常重要的影响力，这招致了很多批评意见，认为这会损害所作决策的问责性和合法性。因为对于需要达到经济重建和金融援助项目的各种条件和要求的那些为数众多的成员国，它们根本没有参与到决策制定过程，但这些决策却决定了这些国家的经济命运。现行投票体系的另一个重要缺陷是，该体系根据一个公式来分配投票权，要想改变它则必须获得 85% 的绝对多数同意。这意味着一个国家（如英国），相对于另一个国家（如中国）对世界经济的影响力日益微薄，有能力与另一个处于同样位置的国家（如法国）结成同盟，阻止通过有利于中国而不利于它们的投票权权重的调整。

相比之下，WTO 在这方面遭受的批评，要比 IMF 和世界银行少得多，因为它采取了水平政策制定结构，其原则是一成员一票，所有成员对 WTO 决策享有大致相等的程序上的机会来影响 WTO 的决策制定。WTO 每个成员都有一份投票权，理论上，在 WTO 委员会系统中，各成员在提出提案、参与审议等方面拥有同等权力。然而实际上，WTO 总理事会主要以全体一致的原则进行决策制定，一项提案在提交总理事会审议之前，任何争议和反对意见都要通过委员会会议解决。只有针对某特殊问题无法达成一致时，才会放弃全体一致原则，在 WTO 成员 3/4 赞成后，由部长级会议和总理事会做出解释性决策。

然而，全体一致原则通常决定了一项提案是否成功。代表们有时候非正式地就某一个关注的特别事项组成非正式的、特设的小范围小组，以及委员会召开多次会议，在此基础上达成共识。因为那些经济占主导地位的超级大国在信息、专业知识、资源方面更有优势，所以它们能够对这些协商施加影响使其对自己有利，而这通常牺牲了较贫穷的发展中国家的利益。而且按照人们的一般理解，如果一项提案要获得一致通过，那么在正式提交相关贸易委员会而后提交总理事会之前，必须得到加拿大、欧盟、日本和美国这四个主要经济体的支持。

WTO 委员会体系运行的不透明性和邀请成员参与特别委员会的挑选程序的不正规性，使它遭到了批评。尽管每个成员都有投票权，但是在实践中经济强国对组织运行的影响还是最大。此外，全体一致原则也没有起到有效的作用，因为很多提案之前已经由相关的委员会讨论通过，一些国家并没有参加这些相关委员会的讨论，而且在召开全体会议时，这些在政治上影响力较小的国家受到那些更加强大的国家的压力只能同意已经提前决定了的提案。可以说，不透明的结构以及在决定哪些国家参加哪些委员会的问题上缺乏一致性，损害了 WTO 对其成员应负的责任，并使那些贫穷的、弱小的国家屈从于那些更加强大的国家的利益（Footer，2004）。

WTO 承担责任的另一个机制就是争端解决程序，允许成员按 WTO 协议强制行使权利和履行义务。与 IMF 和世界银行可以收回成员能得到的利益（如不允许成员使用融资工具）不同，WTO 无权对违反义务的成员实施惩罚措施或收回成员能得到的某种利益（极特殊情况除外）。保证成员履行义务的唯一方法就是解决争端。DSP 被认为是一种问责机制，因为它允许成员维护自己的权利并让其他成员对违反其义务负责。这种问责机制在金融监管方面是击中要害的，因为它允许成员挑战其他成员违反 GATS 的监管措施。具体来讲，成员可以利用 DSP 对另一成员提起诉讼，因为另一成员采取的本国监管标准不够透明，或者另一成员为实现有效监管目标而采取的监管措施对国际贸易的限制作用不是最小的。

然而，DSP 在很多方面遭到质疑，尤其是在承担责任方面，因为它一事一议，只解决特定争议所引起的问题。这种随意性的程序不会产生高效或充分的金融监管的国际标准。并且它对贫穷国家的经济发展前景产生消极影响，对发达国家有利，因为如果争端小组采用巴塞尔委员会或其他国际金融组织采纳的标准，那么将对许多国家发展高效的经济和金融监管的努力造成损害。

另一个关于合法性问题的担忧是关于 IMF 和世界银行采取的政策及援助项目是否真的促进接受援助国家的经济增长和发展。Stiglitz（2002）

注意到在20世纪90年代后期，IMF对许多接受IMF援助的国家强加了一种新古典主义观念。IBRD（译者注：国际复兴与开发银行的缩写，即世界银行）对在许多发展中国家促进自由化和反监管的竞争法案方面也采取了相同的做法，并作为世界银行经济重建项目的组成部分（Newburg，2000）。从20世纪90年代末至今，在建议成员采取严格削减财政预算和重要行业私有化方面，世界银行和IMF已经减少了热情。最终，IMF和世界银行项目的合法性将不仅通过经济增长和发展来测量，而且也要通过促进国内民间团体和社会公平的发展程度来衡量。

GATS国内监管原则也可能损害监管标准制定的合法性，因为这些标准对发展中国家和较贫穷国家的影响不同。与发达国家相比，发展中国家和较贫穷国家传统上在建立监管标准时的效率不高，知识也不足。例如，条款VI关于监管透明性的规定，与发达国家相比对发展中国家就产生了负面的影响，发达国家在管理复杂的监管状态时经验丰富并且更有能力产生关于监管标准的信息，在遵守条款VI时就处于一个有利的地位。同样，WTO市场准入和国民待遇上的自由化承诺的协商程序也更有利于富裕国家，它们有充足经验和谈判技巧，同意那些能够有利于其自身政治经济的承诺，这通常以牺牲发展中国家利益为代价。还需要提出的一点是，比起发展中国家或新兴市场国家，发达国家使用DSP要多很多，因为提起DSP诉讼是非常昂贵的并且需要专业的建议和帮助，只有发达国家和一些发展中国家能够承担得起。因此，由发展中国家提出的，尤其是针对发达国家的申诉比较少。①

尽管GATS没有一个条款像GATT那样明确承认对发展中国家实行特殊和差别化的待遇，但是GATS的条款XIX要求成员间就减少服务贸易壁垒展开进一步协商，并允许发展中国家在磋商中提出的承诺比发达国家的承诺少。而且GATS的条款IV（3）承认对WTO最不发达成员（不包括许多发展中国家）实行特殊和差别化的待遇，不过还是建立了这样的原则，即自由化具有差别效果，对不同经济结构的国家产生不均衡的利益和成本。为此，WTO成员开始了新的一轮谈判——多哈发展议程，强调对

① 而且，世贸组织被指缺乏合法性，因为它采取的管理贸易的国际法规和义务，会干预本国政府管理本国经济（Woods and Narlikar，2001）。

发展中国家采取特殊的不同待遇。多哈回合包括所谓的新加坡议题，包括金融服务、为国家间提供协商的机会来讨论一个尊重良好监管实践的自由化框架，以及为国家提供自主权以允许其对不同监管方法进行实验来应对全球金融市场的挑战。

3. *与其他国际金融机构的国际合作*

全球金融市场的有效监管要求国际组织和标准制定机构在一个一致的规制框架内行事，该框架的设计要能够促进标准制定过程的合作与协调，促进实施和执行。这要求国际、地区或国家当局一起工作，对系统性风险有关的金融系统监督管理共同享有管辖权。现有的国际金融监管的规制框架未能实现这些目标，部分原因是缺乏能够协调全球标准制定机构相互之间的正式体制上的联系，也没有地区和国家当局的实施和执行方面的努力。尽管在这方面没有取得什么进步，但是在解决影响金融稳定和监管的问题上，国际经济组织还是采取了一些步骤来提高彼此之间的合作和协调。在此讨论的这些努力，可以为未来在国际范围内的深化体制改革提供基础。

例如，在 GATS 和 GATT 下，WTO 的一个主要义务就是咨询并接受 IMF 某些事实上的“关于外汇、货币储备、收支平衡等方面……的统计结论及其他事实”（条款 XII：5（e））。① 就是说，WTO 在考虑一成员由于其国际收支问题违反其已有义务而实施进口限制时，必须就成员收支平衡和外部金融状况向 IMF 进行咨询。② 但是，并不要求 WTO 必须采纳 IMF 关于成员金融状况是否允许其违反 WTO 义务的意见或观点。然而，按照成员外汇安排与 IMF 总协议的一致性，IMF 所做出的成员收支状况、货币储备和法律决定等方面的统计结论及其他相关事实，WTO 必须接受

---

① GATS 中相关条款为条款 XII，它规定当国家出现严重收支危机或外部金融困难时，国家不履行其最惠国待遇、国民待遇、市场准入等义务时，世贸组织必须就真实情况与 IMF 进行协商（条款 XII（1））。

② 世贸组织常设上诉机构接手了两例案件，涉及当世贸组织成员实施的进口限制违反它们在关税与贸易总协定的承诺时，世贸组织与 IMF 协商的义务范围。在阿根廷，世贸组织成员试图证明实施进口限制是因为这些措施是基金组织经济重构项目的一部分。另一个案例涉及印度，试图证明实施 GATT 下的进口限制是因为其享受发展中国家例外原则。上诉机构裁决认为 GATT 小组没有考虑到 IMF 关于印度的发展中国家身份的决定。在阿根廷的案例中，尽管阿根廷对进口征收附加费是 IMF 经济重构项目的一部分，但根据 GATT 条款 XV（2）的规定，阿根廷也不能免除责任，因为进口附加费不是 IMF 项目的明显条件。并且，世贸组织争端听证小组没有法定义务咨询并考虑 IMF 关于阿根廷进口附加费的真实情况。

（GATT，条款XV：2）。就像一个专家提到的，基金组织的作用就是对收支情况的评估提出专业意见，而不是决定是否可以使用WTO收支平衡例外的原则（Siegel，2002）。

WTO的收支例外为处在自由化阶段的国家寻求金融稳定提供了一些灵活性。GATT在收支例外上的经验帮助在金融危机或金融稳定面临明确的威胁时的许多发展中国家稳定了经济。GATS和GATT承认这些国家面临的特别经济压力，因此对实施进口限制的发展中国家实行更加宽松的标准。这种机制加强了标准的合法性，因为它允许国家在参与国际组织协商时，能够考虑到自身经济向自由化经济体转型期间的特殊贸易限制需要。

尽管有了这些有限的努力，在提高国际金融监管的体制结构的一致性方面还有很长的道路要走。在考虑相关改革问题之前，需要注意到地区性机构在建立金融监管框架方面做出的努力，还要考虑这些模式是否适合全球治理的改革。

## 3.5 欧洲联盟

欧洲共同体对欧洲联盟（欧盟）各成员国的金融监管行使立法权和监管权。这一权力由几项条约确定，包括1957年《罗马条约》、1993年《马斯特里赫特条约》、1997年阿姆斯特丹条约》，为银行和金融服务监管提供了法律基础，包括在竞争平等性条件下提供金融服务的基本权力。[①] 尽管银行监管留给各成员国，但《马斯特里赫特条约》对《罗马条约》进行了大量的修改，建立欧洲中央银行来制定货币政策和一些监管事项，来管理25个欧盟成员国的银行及信贷机构的运行。

### 3.5.1 欧盟金融市场结构

欧洲的批发银行市场由于欧元而经历了高度的一体化过程，而在其他金融服务领域，如投资服务、证券、保险和银行业的绝大部分都是相互分割的（Adam et al，2002）。尽管银行间市场的利率差异已经在很大程度上

① 《欧洲共同体条约》，第52至58项条款（成立的权力），第59至66项条款（提供服务的自由）。

缩小了，但是各个国家的资本市场基本上仍然处于分割状态，而与公司债和银行服务相关的跨境活动也很少发生。绝大部分投资基金也主要投资在国内市场（欧洲中央银行，2002；Cabral et al.，2002）。尽管可以把这种分割状态部分归因于监管壁垒和法律障碍，但是最主要的原因还是宏观经济、社会及文化等因素。例如，不同国家的投资者具有不同的风险偏好，进而影响了可以交易的投资品的类型，市场缺陷会对欧盟境内的资金有效流动构成障碍。欧盟的各个机构试图通过法律和监管改革来减少这些障碍，但是这些政策工具仅仅是欧盟金融市场一体化的解决方案的一个部分。宏观经济政策制定过程的不断融合，社会及文化因素的协调发展，这些都会影响投资者对风险的态度，并决定了欧盟金融市场的一体化程度将会不断加深。任何关于欧盟金融市场一体化程度的结论都是很初级的，只有在深入研究之后才能很精确地对欧盟金融一体化实际达到的程度得出结论。

### 3.5.2 法律和制度框架

1957年《罗马条约》建立了欧洲经济共同体，后经1992年《马斯特里赫特条约》将其改名为欧洲共同体（EC）。[①] 欧洲共同体拥有法人资格，可以与任何国家或国际组织在其排他权限或混合权限的范围内进行磋商。[②] 欧洲共同体是WTO的成员之一，可以代表欧洲共同体成员国家利益，与其他WTO成员进行磋商并签订WTO协定。相反，欧盟则没有国际法人资格，不能参与磋商也不能代表欧盟成员国的利益。提议中的欧洲宪法（《欧洲宪法条约》）将会赋予欧盟国际法人资格，并把对经济和金融市场的诸多领域的监管权力进一步集中起来。

欧盟法律为管理欧盟成员国的监管行为提供了一系列复杂的规定和原

---

① 《罗马条约》（1957年）建立了欧洲经济共同体（EEC）。欧洲经济共同体是三大欧洲共同体之一，另外两个是成立于1951年的欧洲煤炭钢铁共同体和1957年成立的欧洲原子能共同体。每个共同体都有独立的国际法人资格。1992年，《马斯特里赫特条约》将欧洲经济共同体改名为欧洲共同体。

② 比如，欧洲共同体拥有唯一的解决渔业和货物贸易相关问题的能力，而在电信和服务贸易方面，欧洲共同体需要与欧盟成员国共同分享管理权力。在这些分享权力的领域，欧洲共同体和成员国都可以作为一方代表签署协议。

则。[①] 这些权力的最初来源是《欧洲共同体条约》(《罗马条约》) 的第67至73项条款，要求成员国“逐步废除成员国之间居民个人所拥有的资金流动的所有限制，以及对国籍或对上述资金投向地区或上述资金投向方的住所的任何限制措施”。

欧盟内部市场的银行和金融服务监管框架主要依赖母国监管和最低限度协调原则。根据母国监管原则，银行通过其在其他成员国设立的分支机构开展业务，由该机构总部所在国家进行监管。根据最低限度协调原则，成员国需要对银行监管的最基本的部分进行协商，而在未进行协调的部分则可以遵循国内监管以及可以不考虑等效的最低限度标准（Caixa 银行，ECJ case，2004）。成员国需要将最低限度协调原则包含在国内监管中，得到欧洲共同体理事会立法通过。[②]

欧洲共同体条例并未规定成员国必须拥有何种银行和银行体系。在欧洲共同体立法的影响逐渐增加而欧洲市场的竞争日益加剧的背景下，各国继续发展其传统的银行系统。EC 银行指令在金融监管中采取了职能主义方法，要求相同类型的行为需要遵守相同的监管制度，即使这些行为由不同类型的机构实施（包括中央银行和投资银行）。[③] 同样，EC 指令不强制成员国采取特定的银行监管规制结构。例如，成员国可以选择单一的监管机构行使审慎监管，或者将职能分配给两个或多个机构。在加入欧盟前，一国必须遵守 EC 银行指令和监管，这可能会导致其自身的银行法律和规定进行大量的调整。[④]

母国监管原则的前提是具有共同目标并且信任其他国家的标准（Peter Paul and others，ECJ case，2004）。多边互认的优势是产生一个竞争性的监管过程，最终（理论上）实现监管标准的统一化。母国监管基础上的多边互认与以东道国条例为基础的监管相比较，能够更快地达到一

① 《欧洲共同体条约》(《罗马条约》) 第67至73项条款（1958）。

② 参考第二银行协调指令，89/646/EEC，（1989）OJ L386/1；自有基金指令，89/299/EEC；破产比率指令，8/647/EEC；联合监管指令，72/30/EEC，（1992）OJ L110/52；审慎监管指令，95/26EC，（1995）L 168/7，投资服务指令，93/2/EEC；资本充足指令，93/6/EEC，（1993）OJ L141/1（引入关于市场风险的资本要求，扩大对投资公司的共同破产监管）。

③ 参考第一银行协调指令（1977）第1项条款；第二银行协调指令（1989）第1（6）项条款。

④ 这成为10个新加入欧盟国家的主要问题（Masciandaro，2004）。

个共同标准。成功建立跨国家管理的高效监管标准，并不必然意味着成立一个具有管理权力的国际组织或机构，但也许有必要建立一个跨国机构来经营一个监管系统，促进实施和执行。到目前为止，欧盟关于母国监管和最低限度协调原则的法律框架，在促进实现欧盟内部市场目标上已经颇有成就，被视为改革国际金融制度的模范（Giocanoli，2000）。但是，东道国仍然可以利用保护消费者和投资者的法律或规定（共同利益例外），在欧盟内部制造跨境交易障碍。在欧盟层次上的针对银行、保险和证券监管的一体化制度体系建设的努力，欧洲中央银行和欧元的出现，极大地改变了欧洲金融市场的管理。

### 3.5.3 欧洲系统的中央银行

1993 年《马斯特里赫特条约》，也就是《欧洲联盟条约（TEU）》，建立了欧洲中央银行（ECB）和欧洲中央银行体系（ESCB），两者都于 1998 年 6 月 1 日起开始运作。[①] 这是一个历史性事件，不仅因为欧元的出现，还因为为欧元区内所有国家建立了统一的货币政策，而且授权欧洲中央银行对贯穿于整个 ESCB 的支付系统的规制事项及经营活动进行管理。[②] 应该指出，欧洲中央银行管理欧元系统，该系统由欧洲中央银行和使用欧元的 12 个欧盟成员国（译者注：目前 27 个欧盟成员国中有 17 个成员国使用欧元）组成的。欧洲中央银行同时对涵盖欧盟 25 个成员国的 ESCB 的一些监管问题负责。与 ESCB 监管框架同时存在的还有一些法律法案和监管标准，这些法案和标准是用来解决欧元系统内的货币政策实施以及贯穿于整个欧盟的支付系统管理的制度和操作性问题的。ESCB 和欧洲中央银行的建立和欧元的使用，为欧洲建立了一项新的货币和金融法律。这个法律和制度框架是动态的，并且随着欧盟的银行业务和金融市场的结构变

① 欧元于 1999 年 1 月 1 日投入使用。

② 参见《建立欧洲共同体条约》（简称《条约》）第 105（2）项条款，欧洲中央银行体系（ESCB）规约第 3 项条款，以及欧洲中央银行（ECB）把监管欧元系统看作其基础任务。《条约》第 105（2）项条款和规约第 3 项条款规定“通过 ESCB 行使的最基本任务就是……促进支付体系的平稳运行”。规约第 22 项条款规定“欧洲中央银行和各国中央银行提供各种便利工具，欧洲中央银行制定监管条例，来保证欧盟内部及欧盟与其他国家清偿和支付系统的有效和稳定”。欧洲中央银行在支付系统领域发布规定的权力，也引起了关于欧洲中央银行和各国中央银行之间审慎管理作用的关注。

化而不断变化和发展。

ESCB 管理框架的出现，标志着欧元区及整个欧盟的系统性风险管理进入了新的历史纪元。这个框架包括了很多法律法规、管理条例、无约束力的指导性说明和意见，这些为货币政策和支付系统管理提供管制框架。欧洲中央银行体系管理框架的法律依据可以在《建立欧洲共同体条约》的第 3 部分的第 7 条、《关于欧洲中央银行体系和欧洲中央银行规约的议定书》(《条约》和 ESCB 规约) 中找到。欧洲中央银行要以分散管理的方式来完成 ESCB 的监管任务，即"依靠各成员国中央银行来开展活动，这些活动是 ESCB 任务的组成部分"。① 这种执行并完成 ESCB 管理目标的分散管理方法，说明很多 ESCB 管理任务是依靠各成员国中央银行和各国的银行监管部门在各自管辖范围内来完成的。这意味着，各国中央银行与市场参与者的相互关系以及结算基础架构等方面所引起的合同、监管和其他法律问题，是受各成员国法律管辖的。

在 ESCB 管理框架中，欧洲中央银行的主要任务是行使货币政策②、监管外汇操作、管理成员国政府储备、促进支付系统的平稳运行。③《条约》第 105 (5) 项条款规定："主管部门所采取的关于信贷机构审慎监管和金融系统稳定性的相关政策，ESCB 有义务为其顺利执行而做出贡献。"④ ESCB 规约第 25.1 项条款授予欧洲中央银行"向成员国的理事会、委员会和主管机构 (就所有相关法律问题) 提供建议或给出咨询意见"。然而，欧洲中央银行对信贷机构监管的建议角色，可以在满足《条约》第 105 (6) 款时扩展为更直接的审慎作用。在该条款的相关部分谈到"当理事会一致同意委员会提出的议案，经过咨询欧洲中央银行并获得欧洲议会同意后，可以赋予欧洲中央银行一些具体工作，这些工作是关于信贷机构审慎监管有关政策的"。因此，欧盟部长级理事会需要一致同意授予欧洲中央银行审慎监督和管理的权力。这需要在委员会和议会中存在非常强的政治支持——这在现实中并不存在——来给予欧洲中央银行审慎监

---

① ESCB/ECB 规约，第 12.1 (3) 项条款。
② 《欧洲联盟条约》，第 105 (2) 项条款。
③ ECB 的权力范围还包括银行和金融机构的最低储备、统计数据的收集、制裁的宣布和执行。ESCB 规约第 19 项条款，以及 2818/98 号 (EC) 规定 (ECB/1998/15)。
④ ESCB 规约第 3 项条款 (与《条约》第 105 (5) 项条款使用了同样的语言)。

管权力。

尽管目前欧洲中央银行没有直接的权力来影响欧盟各成员国对其银行的审慎监管，但它在整个欧盟范围内促进支付体系平稳运行上所拥有的广泛权力意味着，它有权力发布规定或发表言论来对条约或ESCB规约进行解释，这就会允许它可以在审慎监管的某些领域设定一些标准，并由成员国监管机构执行。这种解释反映了一般性的观点，ESCB框架是不断变化的，而非静止的，能够不断演变并可以在需要的时候扩展权力来适应不断变化的金融市场的监管挑战。

另外，欧洲中央银行对ESCB的总体管理主要包括两个方面：支付系统管理①和提供成员国经济的结算体系，对清算系统以及由商业银行和大型市场参与者（如证券托管机构）经营的货币转账系统的监管。欧洲中央银行的监管理事会可以发布公共监管政策，这些政策有着非常广泛的影响，如货币政策的执行，系统稳定性，促进整个欧盟的监管制度的协调，以及欧盟内部以及欧盟与非欧盟国家之间跨境支付的管理等等。这些公共监督政策是以分散化的方式进行管理的，各国在其管辖范围内对支付体系提供必要的工具以及进行监管。欧洲中央银行的主要责任是对欧元以及欧元与其他货币的跨境支付体系进行监督，监督范围也包括整个欧盟的跨境支付体系。

在结算体系方面，对包括大型的货币中心银行、公共实体、中央证券登记公司、受监管的金融资产托管人等在内的某些机构的非物质化证券，通常以电子形式记录其权益，对这种形式的付款和金融担保，欧洲中央银行与各成员国中央银行被授权可以接受。② 另外，欧洲中央银行还有一项尚未使用过的重要权力，即允许其实行有关政策确保欧盟成员国之间及欧盟与非欧盟国家间的清算与结算系统的高效、健全。③

*1. ESCB 及责任性*

与国际金融机构不同，ESCB的责任性和独立性是由条约和规约来确定的。比如欧洲中央银行对欧盟财政部长们和欧盟议会负责。乍看之下，

---

① TEU，第105（2）项条款，ESCB规约第3.1项条款。
② ESCB规约第17项条款。
③ ESCB规约第22项条款。

责任性原则和独立性似乎相互矛盾，并且应用在金融管理体制中会引发管理政策目标的冲突。尽管欧盟条约和相关法律框架保证了欧洲中央银行在规制上的独立以及ESCB在监管政策上的独立①，但是它将欧洲中央银行的责任制的法律要求包含在了对其他欧盟机构应承担的责任中。例如，欧洲中央银行必须定期向欧洲议会递交关于ESCB的银行系统运行情况的金融信息和数据。而且，欧洲中央银行行长需要亲自向议会定期汇报欧洲中央银行控制下的货币政策、监管和技术事宜。欧洲中央银行管理ESCB的法规和政策，需要接受欧洲第一诉讼法院和欧洲司法法庭的审议，而各国中央银行和监管当局行使权力管理ESCB经营而采取相关行动时，需要受到各国法庭的审议。责任性的另一种形式则是要求成员国中央银行和监管当局对欧洲中央银行负责，如果违反欧洲中央银行和ESCB的管理框架，将受制于欧洲中央银行采取的强制措施。②

ESCB提供了一个灵活的、有欧盟法律支持的监管框架，不僵化也不死板，而是采用分散化管理的形式，将实施细节的权力分配给各个成员国中央银行。欧洲中央银行发布规定、提供指导来管理支付体系，这种广泛的权力可能对金融机构的审慎监管产生影响，并建立一个涵盖25个成员国的跨国管理框架。需要强调的是，欧洲中央银行对支付体系的管理权力，可以赋予它更多的能力来执行金融监管的国际标准，尤其是关于银行业的标准，这可能会成为实施全球治理视野下的国际金融标准和原则的机制。

*2. 欧盟金融服务行动计划*

金融服务行动计划（FSAP）③ 中一个重要的步骤是建立协调的立法和监管框架，进而建立一个金融服务领域的欧洲共同市场。金融服务行动计划提出立法及其他监管措施的优先考虑和时间框架，来实现三个战略目标：（1）全部金融服务的单一市场；（2）开放并巩固零售市场；（3）针对中介机构和证券公司的审慎管理和监督能够不断更新。最后一个目标最

① TEU，第108项条款，ESCB规约第14.2项条款。
② ESCB规约第3项条款。
③ 详细信息见 http://europa.eu.int/com。欧洲委员会于1999年5月11日采用了该行动计划。

直接地影响金融稳定，并寻求能够使欧盟审慎监管的管理标准与时俱进，以控制系统性或制度性风险（如资本重组水平、保险的偿付能力）。此外，金融服务行动计划是与新采用的莱姆法路西程式（译者注：这是“Lamfalussy process”的中文翻译，它是欧盟金融监管法律协调的新系统）的制度框架一起运用的，该程式的目的在于加快采纳和实施欧盟监管规定，来适应欧洲金融市场的快速发展。

FSAP 通过以下方法解决审慎监管：通过接受关闭和清算银行与保险公司的建议指令以及对电子货币的建议指令，采用修改后的银行业和投资公司的资本充足标准建议，吸收修改后的保险公司的偿付能力建议，来将国际机构（如巴塞尔委员会、IOSCO 等）最新的监管实践行为包括进来。而且，它试图通过建立一个统一的框架来对金融集团的审慎监管进行评估。它同时制订计划来增加国家监管机构的跨部门合作和协调，尤其是关于银行监管、保险公司和证券监管。

FSAP 同时强调需要通过控制日益严重的市场操纵问题，使市场更加完善。市场操纵指令要求成员国“对于市场交易界定共同的纪律要求，增强投资者对初期单一证券市场的信心”，并要求成员国建立市场操纵的民事处罚措施，并在每一个成员国建立单一执行机构。另外，欧洲议会及理事会 2003 年通过了一个招股说明书指令，对那些寻求在交易所上市的欧盟公司提供了统一的信息披露标准。例如，一个符合意大利法律规定、可以将自己的证券在罗马股票市场挂牌的公司，就可以对此招股说明书文件做很少的修改即可在伦敦股票交易所挂牌。同样，2005 年欧盟已经使国际会计准则的报告要求适合于所有公开交易的公司。

欧盟 FSAP 的一个主要前提是金融市场的自由化程度与监管的协调和这些市场的一体化程度之间存在必要的联系。欧盟 FSAP 假设金融服务跨境交易的监管和法律障碍的减少或消除，将会导致金融市场一体化。但是，FSAP 的方法却没能在建立金融监管框架的自由化和建立金融市场实际一体化之间做出重要的区分。同样，那些倡导建立欧盟单一证券监管机构的人也未能在自由化和一体化之间进行区分，未能了解这对欧盟监管一体化的成功所隐含的影响。

3. 欧洲的体制融合

由于体制融合的迅速发生，欧盟监管投资服务和保险行业机构的作用正在发生着重大的变化。在对投资服务和证券的监管上，已经采纳了莱姆法路西委员会关于建立统一协调的欧洲证券管理的四层次规制结构。① 第一层次是指欧盟框架的立法和基本措施，由理事会和议会按照标准的共同决策程序来决定是否实行。这两个机构还要根据欧盟委员会的建议，针对第二个层次做出的实施细则的性质和范围取得一致意见。第二层次是欧盟的实施细则和非基本措施，由欧盟委员会和 ESC（欧洲证券委员会）确定、提议和实行，而欧洲证券监督官委员会（CESR）将承担咨询的作用。第三层次是各个监管机构之间加强合作来提高实施的水平，实施方案要能够使日常改进前后一致，并使第一层次、第二层次实行的立法能够得到有效实施。这个层次包括各成员国和 CESR。第四层次是指执行，包括欧盟委员会与成员国采用各种战略，保证执行的有效性和统一性。

ESC 和 CESR 已经开始行使管理权力，并通过在监管标准制定过程中增加灵活性和有效性，而取得初步成功。莱姆法路西项目本质上是依赖于现有的欧盟委员会系统的程式，该程式是《罗马条约》第 202 条为发展欧盟证券立法而列明的，这些立法是以各国财政部长和监督机构提出的建议为基础并咨询了行业意见。欧盟 FSAP 认识到莱姆法路西项目是实现《欧盟条约》的目标——为金融服务贸易和资金流动提供一个内部市场——的基本因素。②

人们批评莱姆法路西项目的体制结构反应过于缓慢，而且易受各国权力机构的保护主义的影响③，这些缺点是实现 FSAP 目标的障碍，从而表明建立一个单一的欧盟证券管理机构是必要的。然而，这些倡导增加欧盟证券管理集中化的人士，并没有充分考虑这一问题：欧盟经济（包括加入国经济）在金融市场结构和实践上的一致性和一体化程度，是否可以

① 关于欧盟证券市场更有效监管的欧洲理事会 2001 年 3 月 23 日决议，2001 年 5 月 11 日的 OJ L 138/1 第 3 段。欧盟经济与财政部长任命欧洲证券市场监管哲人委员会（“哲人委员会”），来设计完成并实现 FSAP 的策略。

② 欧盟 FSAP 是以这样的一个观念为前提的，即实现金融服务市场一体化的基本因素是减少金融服务跨境贸易的各国监管壁垒。

③ G. Hertig 和 R. Lee：《关于欧盟证券监管前景的四个预言》，载《国际银行法律和管理》，2003（1）。

达到强化在欧盟水平上的证券监管的集中和一致的要求。事实上，欧盟金融市场间缺乏一体化，尤其是在股权和零售金融服务等领域更是如此，因此欧盟（包括加入国）并不是一个合适的经济区来实现单一的证券管理机构。这是建立在这样的认识基础上的，即金融监管机构的制度设计和管理范围应该部分依赖于其管理的金融市场的一体化程度。换句话说，管理机构的领域应该就是市场的领域，而金融市场的领域则部分地依靠一体化程度来决定。

尽管莱姆法路西项目通过增强委员会系统的权力，使得监管的决策速度加快而且更加具有一致性，但是其在本质上来说是一个监管程式，并不必然涉及欧盟证券立法的相互协调，因此与欧盟政策制定过程中强调政府间协商的传统观念并没有重大背离。尽管在早期开展莱姆法路西项目时，引发了关于委员会各机构的立法权力范围的争论，但是莱姆法路西使决策制定流程化，需要决策前的咨询以及决策过程的透明化，而且并没有损害各国管理机构和市场参与者在证券市场管理中所发挥的关键作用。部长理事会和议会认识到了莱姆法路西项目在初期取得的成就，并批准在欧洲其他金融部门（如银行、保险、金融集团）实行该项目。尤其是在 2004 年 1 月，理事会通过了专家的提案，同意针对在欧盟成员国开展经营活动的银行建立一个完全相同的四层次审慎监管的体制框架。同年，对于保险公司和金融集团监管的类似制度也得到批准。

尽管欧盟金融市场缺乏一体化，欧盟各个条约的目的都是要建立货物、服务和资金的完全互通的内部市场。要达到这一目的，就需要欧盟在体制设计以及协调各项原则和标准上具有一定程度的监管权力。实际上，金融监管的制度设计应该具有灵活性，能够对金融市场的发展随时做出反应。在欧盟金融发展的现阶段，欧盟的各个监管机构应该鼓励实行双层的金融政策，以便将欧盟金融监管的制度设计和监管范围与欧盟金融市场的一体化程度结合起来。也就是说，在欧盟层面上设计的宽泛原则应该由各个成员国来完成，这样各成员国可以考虑成员国间经济、制度和法律上的差异，结合本国法律具体实施。实际上，在莱姆法路西框架之外进行的努力并没有考虑欧盟金融市场的一体化发展水平，可能会损害金融发展并减少欧盟资本市场的总体效率。

## 3.6 北美自由贸易协定

北美自由贸易协定（NAFTA）是一个区域性条约，促进加拿大、墨西哥、美国自由贸易区的形成。[①] 协定建立了一个包括各种规定和原则的规制框架，对三个成员国之间的贸易进行管理，包括金融服务贸易。NAFTA的目标在于消除商品和服务贸易壁垒，为公平竞争创造良好条件，并增加跨境投资的数量。它的成员国需要遵守由签约国或签约国私人机构（包括公司）提出的具有法律约束力的争端解决办法。尽管NAFTA没有建立一个正式的国际组织，但是它由秘书处承担争端解决职能。NAFTA在体制上的管制主要由签约国的各种监管机构负责，就扩大市场准入进行不断协商，就审慎监管实践进行不断的协调。

### 3.6.1 NAFTA法律框架

NAFTA第14章包含了对金融服务跨境贸易和对金融机构投资进行监管的条款。适用于签约国管理实践的最主要原则是国民待遇、最惠国待遇和市场准入。这三个原则的适用范围十分广泛，涵盖了签约国对其境内的、由其他NAFTA签约国的投资者拥有或控制的金融机构进行监管所采取的一切措施。它也同样适用于拥有或寻求拥有这些金融机构的投资者的待遇，以及适用于不同NAFTA国家公民之间的金融服务跨境贸易。[②]

第1403项条款鼓励市场准入，即要求NAFTA成员国允许某一签约国投资者在另一签约国领土内成立金融机构。[③] 这意味着NAFTA成员国的金融服务提供者和公司可以在其他NAFTA成员国从事银行、保险、证券及其他金融业务。但是，成员国可以自主要求其他成员国银行或金融公司

---

① 加拿大—墨西哥—美国，32I. L. M. 289，最后草案修订稿，1992年9月6日，实施，1995年1月1日。NAFTA包含22个章程和几个附件，总计超过3 000页。见美利坚合众国政府、加拿大政府、墨西哥合众国政府间的北美自由贸易协定（1992年12月17日）。

② NAFTA，第1401（1）（a）—（c）项条款。

③ 第1401（5）项条款将另一NAFTA国的投资者规定为在该国领土内从事提供金融服务。

在东道国管辖区内建立子公司，作为开展业务的前提。[①] 允许东道国对其他成员国的金融公司在本国境内的运营开展全面的监管，包括在资本充足、支付系统管理、破产、公司治理等方面。而且，各成员国必须允许其境内居民购买其他成员国境内的服务提供商提供的服务（条款 1404 (2)）。但是，这项义务并不要求各成员国允许这些服务提供商可以在缺少充分监管和注册的情况下在东道国境内开展业务和提供服务。

国民待遇原则和最惠国待遇原则是指，要求 NAFTA 成员国必须按照非歧视性原则向其他成员国的金融服务提供者和投资人提供市场准入。[②] 国民待遇原则是指 NAFTA 成员国向金融公司实施的监管要求，“不得高于”在同样情况下对本国企业的监管要求（条款 1405）。不管对本国金融企业和外国金融企业提出相同或不同的监管要求，只要这种要求提供了相同的竞争机会，那么就意味着通过了“同样情况”检验（条款第 1405 (5)）。如果一个国家对其他 NAFTA 成员国的金融机构和跨境金融服务提供商提供的待遇，没有使它们提供金融服务的能力，与同样情况下的国内金融公司的能力相比处于竞争劣势，该国就提供了公平一致的竞争机会（条款 1405 (6)）。在确定是否提供了相同竞争机会时，争端解决小组需要考虑市场份额、盈利能力、公司规模等经济因素（条款 1405 (7)）。[③]

NAFTA 最惠国待遇要求成员国向其他成员国的金融公司提供的待遇不得低于它在相同情况下向其他国家（包括非 NAFTA 国家）金融机构提供的待遇（条款 1406）。如果东道国以协议或约定的形式承认他国（NAFTA 国和非 NAFTA 国）的审慎监管标准水平较高或达到了一个统一协商的标准，那么东道国向这些国家的金融公司提出的监管要求比较宽松，则不视作违反此原则。目前尚不清楚这是指协商一致的国际标准（比如巴塞尔协议）还是指基于双边或区域性协商为基础的可接受的一致

① 值得注意的是，根据第 1403（1）项条款规定，每个成员国都承认这样一个原则，NAFTA 成员国的投资者可以选择自己在他国建立金融机构的法律类型，除非第 1403（4）(a) —（b）项条款列明的例外。

② 第 1405（1）项条款在相关部分表明“每个成员对其他成员国投资者的待遇，在同样情况下，不得低于它对本国投资者的待遇，包括对本国境内的金融机构投资，以及金融机构的建立、并购、扩张、管理、执行、运营、销售和其他行为”。

③ 如果 NAFTA 成员国的监管标准在法律上并不歧视外国金融机构，那就符合东道国原则。然而，法律上的国民待遇原则并不自动等同于实际上的国民待遇原则。

性标准（条款1406（2））。当一国承认其他成员国或非成员国的审慎监管标准，进而向这类国家金融公司提供与其他国家相比更有利的待遇时，提供优惠待遇的该国必须给予其他NAFTA成员国足够的机会来表明它们也已经达到或将达到在管理、监督和实施等方面的相同水平（条款1406（3））。而且，如果一个成员国通过国际协议或约定的形式承认他国的审慎措施，该国必须向其他成员国提供充分的机会来协商并加入此协议或约定（条款1406（4））。

这需要同GATS的金融服务附件第3段（c）进行比较，此条款规定WTO成员向已经加入审慎监管的国际协议或约定的其他成员的公司提供优惠待遇时，需要向其他WTO成员提供协商加入的机会。另外，NAFTA最惠国待遇要求并不会使巴塞尔委员会的联合监管的原则失效，因为对于那些总部位于遵守资本协议的国家的外国银行，巴塞尔委员会成员国可以对其全球经营活动给予更为宽松的监管要求。

NAFTA对公司董事会构成和高层管理设立了最低要求。例如，不允许一国政府对另一国家金融机构高级管理岗位或其他关键人员的国籍做出要求（条款1408（1））。相反，NAFTA规定，可以要求金融机构董事会的董事成员中，属于东道国国家的公民或者在东道国国家居住的公民必须占有简单多数（条款1408（2））。

NAFTA条款1410中所包含的审慎例外与GATS审慎例外相似，允许成员国不按NAFTA义务规定，实施一些审慎监管控制措施。[①] 成员国可以采取适当的审慎监管方法来保护投资者、存款人、金融市场参与者、保单持有者和保单索赔者、金融机构或跨国金融服务提供者对其负有信托义务的任何个人（条款1410（1）（a））。同样，它还允许成员国可以采取任何必要措施，来保护金融机构和跨国金融服务提供者的经营安全、稳健以及完整（条款1410（1）（b）），同时授权成员国可以采取必要措施来保证金融体系的完整和稳定（条款1410（1）（c））。[②] 一个成员国可以通

① NAFTA审慎例外原则对成员国采用各种监管措施提供了非常大的自主权，这可能使它们背离《条约》第14章及第5部分所规定的义务。第5部分包括服务贸易、投资、垄断和临时使用雇员。

② 而且，NAFTA的要求并不适用于实施货币或相关信用政策、汇率政策的中央银行或其他公共机构实施的非歧视性措施。

过监管控制措施来限制其他 NAFTA 成员国的银行或跨国金融服务提供者的金融调拨，这些监管控制措施的使用以非歧视原则和善意原则为基础，并且有助于提高本国金融机构或金融服务提供商的经营安全、稳健以及完整。NAFTA 审慎例外的用词很宽泛，这就为成员国提供了很大的自主选择监管措施的空间，这些措施可能会严重限制金融服务的跨境贸易，遵守条约的义务也变得不那么严格。例如，如果美国财政部认定墨西哥在限制洗钱和金融恐怖方面监管不力，在《美国爱国者法案》的授权下，美国银行监管机构可以对使用美国银行系统的墨西哥银行采取特别监管措施(Alexander，2002)。

另外，NAFTA 为成员国提供了一个协商框架，来确定分阶段实施的期限和不同金融服务部门开放的承诺清单。NAFTA 允许成员国将某个具体金融部门列入特定的例外和义务限制范畴。值得注意的是，如果一国没有将具体的金融部门列入特定的例外和义务限制清单，那么就要完全履行协议规定的关于该部门的全部义务。这种要求提供不承担条约义务的例外和限制的积极清单的方法与 GATS 的规定相反，后者规定成员只有在承诺清单中清楚表达将会根据国民待遇原则和市场准入原则而开放的金融部门，才被要求履行承诺。这种 GATS 中的消极清单方式提供了一个逐步实施开放义务的过程，成员国在实施国民待遇和市场准入义务时享有更多的控制权力。NAFTA 则与此相反，它的前提是全面开放，如果出现例外或限制则需要进行协商。这种协商框架，有利于那些对贸易政策目标充分理解并具有很高专业知识的国家，不利于那些并没有认真思考开放义务会造成怎样影响的国家。

NAFTA 协商框架，允许墨西哥在开放承诺上可以比加拿大和美国的速度慢。尽管墨西哥已经同意允许加拿大和美国金融机构在本国境内建立完全独资的银行、证券、保险分支机构，但是仍然保留了一些安全保障条款，包括总市场份额限制和单个市场份额上限。例如，加拿大和美国的银行的总市场份额的限制是墨西哥银行业全部资产的 15%。同样在证券行业，单个加拿大或美国公司的总市场份额限制是墨西哥证券业全部资产的 20%。在银行并购方面，墨西哥政府也列出了限制加拿大或美国的金融服务提供者在并购墨西哥银行时的限制条件，即并购导致的加拿大或美国公司拥有一个或多个墨西哥银行的资产不能超过墨西哥所有商业银行总资产的4%。这种限制可以保护墨西哥四大银行免于被加拿大或美国公司控制。在保险行业，这种总量和单个个体的市场份额限制已经被逐步取消。

尽管NAFTA允许墨西哥在开放金融服务贸易上遵循更加循序渐进的办法，但是在实质上还是受到了美国金融集团的扩张主义倾向以及它们意图进入快速发展的墨西哥市场的驱动。NAFTA的自由贸易原则和对东道国监管控制的重视，将导致NAFTA区域内跨境金融贸易的进一步开放。加拿大和墨西哥银行需要在美国美元市场上开展经营活动，就意味着进一步的金融开放必将导致NAFTA金融市场进一步由美国金融机构和公司所统治。美国银行、证券公司、保险公司拥有竞争优势，可以在国际金融市场中收获丰厚。此外，对金融犯罪的高度关注，风险对资本标准的影响更加敏感，将导致更加复杂的银行监管标准和审核控制，会使墨西哥银行与美国和加拿大的同行相比在成本上处于不利地位。

### 3.6.2 监管影响和东道国原则

与欧盟的母国监管原则不同，NAFTA实施东道国监管原则，强调金融机构运营所在地所属管辖范围的国家监管标准的主要地位。正如已经讨论过的，尽管NAFTA第14章规定了签约国开放金融市场的义务，另一NAFTA签约国的金融机构在当地经营时则适用东道国监管原则。在条约第1419项条款审慎例外中特别强调了东道国监管原则，允许成员国在实施审慎监管方法或政策时，不履行NAFTA规定的义务。审慎例外条款赋予了当地监管机构广泛的自主空间，这进一步增强了东道国的监管自主权，使另一国或NAFTA国家的私人机构更难对使用审慎监管措施提出挑战。这将增强美国监管机构的权力和影响力，它们可以要求加拿大和墨西哥金融公司遵守大量的美国监管要求，表面看起来是审慎措施，但最终的效果是使加拿大和墨西哥公司更难渗透进美国市场。已经存在的例子是关于遵守1999年《美国金融服务现代化法案》。

NAFTA的每个联邦成员国都要保证各州或各省不得违反国民待遇原则和最惠国待遇原则。也就是说，任何一个签约国对待其他签约国的待遇，不得低于其对任何第三方国家（包括NAFTA和非NAFTA国家）的待遇。[①] 国民待遇包括两个方面：(1) 证实国民待遇的实践与原则是否相符；(2) 国民待遇原则和互惠原则的关系，包括 A 国给予 B 国银行的国民待遇，以及这种待遇是否在经济上等同 B 国给予 A 国的国民待遇。第二点十分重要，因为美国银行和证券业的监管比加拿大、墨西哥、欧盟的相关规定严格得多。因此，美国实施的国民待遇原则与其他国家实施的互惠原则不具有可比性。美国在国际金融市场中的领导地位和美元的储备货币地位，都增强了美国监管者的谈判筹码，他们往往坚持根据国民待遇原则而采用较高监管标准。

因此需要着重提出的是，国民待遇原则和最惠国待遇原则并不等同于互惠原则。第二银行指令直接涉及国民待遇原则和互惠原则的差异，它要求欧洲共同体委员会向部长理事会递交提案，在其他国家得到“有效的市场准入，并与委员会给予的该第三方国家信贷机构的准入权力相等”。[②] 由于美国金融市场的巨大规模和美元的地位，美国在谈判中具有优势，使其能够拒绝欧盟提出的实施互惠原则的要求。

国民待遇原则的一个缺点就是，金融服务提供者可能会进行监管套利。例如，在同等条件下，金融服务提供者可能会从管理严格地区向管理宽松地区转移。另外，寻找管理宽松地区的做法，又受到消费者向稳定的金融机构购买产品的意愿的限制。信誉好的银行可以比信誉差的银行支付更低的银行存款利率。银行信誉的建立，不仅依靠保持较高的存款准备金率，还可以通过选择一个能够提供可信的存款保险体系以及审慎监管标准严格的国家和地区来实现。例如，美国美元存款市场中的离岸金融中心对美国银行系统带来竞争威胁，但这种威胁可以通过信誉因素加以限制 (Herring and Litan，1995：81)。另一方面，欧洲美元市场早期增长很少受到信誉因素的限制。伦敦和卢森堡实行的美元存款的最高利率，不是由金融机构较高的违约风险预期决定的，而是由于美国对在美国境内的金融机构存款利率设置上限的规定造成的。

因此，必须对增强信誉的规定和完全反竞争的规定做一个重要区分。

---

① NAFTA，第 1405 项条款。

② 其能够继续坚持比欧盟更严格的监管标准，以及国民待遇原则和最惠国待遇原则将成为主流，对此美国十分担忧。

由于存款保险和监管质量的差异而形成的监管压力上的差异，可以增强银行系统的信誉，不会造成监管套利，但是为利率设定上限会导致监管套利。必须认识到，监管严格的国家担心采用东道国原则会形成（金融机构）都跑向最低监管标准（国家）的状况，因此它们寻求对监管进行国际协调来减少监管套利的影响。

## 3.7 总结

全球银行体系一体化程度的加强，以及几个重要国家与货币相关的支付系统的进一步融合，表明建立一个更加协调的金融监管全球治理结构是非常必要的。在这方面，现行的金融监管的国际法律框架，不能涵盖有关系统性风险管理的大部分行为。国际货币基金为存在收支失衡的成员国提供短期流动性，并为身处金融危机的具备必要条件的成员国提供一揽子救助计划。IMF 和世界银行运用条件贷款项目作为手段，促进借款成员国实施促进系统稳定的金融改革。尽管 IMF 和世界银行对成员国进行管理，但是它们没有权力为审慎监管制定标准，或要求成员国采纳这些标准，除非作为条件贷款项目的一部分。IMF 对资金跨境流动没有管辖权，除非资金流动是确保经常性国际交易活动能够正常开展而进行的资金调拨。

世界贸易组织在监管的争论中起到的更多的是边缘作用。GATS 要求 WTO 成员按照承诺清单开放本国市场。当资金流动在跨境服务交易中起到辅助作用时，它对资金流动有管辖权。成员可以根据审慎原因不履行开放承诺。WTO 没有对审慎原因进行定义，但是它可能向其他国际监管机构，如巴塞尔委员会寻求指导意见。大多数的 WTO 成员基于责任性和合法性对此产生了很多质疑，因为这些成员极少或根本没有参与资本协议和其他银行监管核心原则的制定。

虽然国际监管体系存在差距，但是本章讨论的这些国际或区域性组织和机构还是取得了一定的成绩，其中包括允许国家就监管行为和政策进行协调，进而改善对系统性风险的管理。效率高且有成效的国际金融监管需要国家间在广泛的多边体制框架内进行密切合作和协调。国际经济组织构成了这个框架的一个重要部分，但是现存的框架缺乏一致性、责任性和合法性，因此应该进行重构来实现有效监管目标。实际上，改革国际金融机构的治理结构，将会重新确定这些机构在金融监管领域开展的各项活动的局限性和可能性。通过建立更加有效、负责、合法的决策制定结构，国际金融机构会提高国际金融标准，进而提高金融监管的总体效率。既然我们已经从法律范围和治理框架上分析了金融监管的国际法律框架，下一章将转向各种可能的理论解释，包括如何让国际规范和标准出现在国家监管制度中，以及是否有必要建立一个对管理系统性风险具有约束力的国际法律框架。

# 第4章

# 国际软法和有约束力的国际金融监管的形成

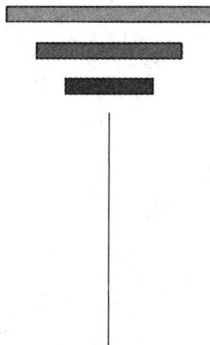

大部分银行业监管的国际标准和规则最初是各方自愿遵守而且完全不具有约束力。而目前银行业监管的一些国际标准和规则的条款日益精确，并通过政府和市场两方面激励和制裁的作用而逐渐具有了约束性地位。巴塞尔协议中声称的自愿性国际金融标准的设立过程就证明了上述观点。这些标准最初的目的只是应用于G10，但如今在国际货币基金组织（IMF）和世界银行（World of Bank）通过监督和条件贷款项目的推动，它们已经被许多国际货币基金组织和世界银行的会员国所使用。这些国际标准发展的非系统性及其在发达国家和发展中国家的不均衡应用已经催生了一个涵盖广泛，但协作松散的国际金融监管体制，这显然不能充分应对当今全球化的金融市场所面临的威胁。

正如第3章所述，有约束力的国际法规仅监管国际金融体系中有限的几个领域。大部分用于金融监管的国际规则、指南、标准及其他安排在法律上都不具有约束力，因而被统称为“国际软法”。本章探讨国际软法的理论框架，以及其如何涵盖了具有法律约束力和不具有法律约束力的国际金融监管规则和标准。本章采纳的理论框架所分析的范围不仅包括国际公法的传统渊源及原则，还进一步探究了各国的经济行为，因为它们也是影响银行监管国际准则及标准的发展的相关因素。

本章分析国际软法和有约束力的金融监管国际准则的形成。如前几章所述，国际金融监管可包括一系列规范性和制度性的协议规定，其涵盖的范围上至具有约束力的“硬法”（如 WTO 条约义务），下至多种形式的不具有约束力的软法的规则（如巴塞尔协议）以及兼有软、硬法的某些特点但不具有法律约束力的制度协议规定（如 IMF 协议）。在国际经济监管的其他领域也有这样的制度协议规定，比如经济合作与发展组织，它在修订公司监管、反贿赂、反腐败的跨国标准方面做出了很多努力。读者从本章的内容可以得知，在推动银行监管国际准则和标准方面，国际软法通过一个灵活机制而发挥其作用，但全球金融市场的日益一体化要求各方更加通力合作，以确保国际标准适用于所有国家和金融体系，并且标准的制定过程是问责的而且合法的。我们在本章中研究国际软法在银行业监管中发挥的作用，尤其是它在巴塞尔协议和金融行动特别工作小组的反洗钱标准下的应用。我们认为，为银行业监管而发展出的特殊形式的国际软法与全球治理的原则相背，因为此标准的制定都由 G10 和经济合作与发展组织（OECD）国家掌控，但由于很多正式的和市场的激励机制，使得很多其他国家也受制于这些标准，这就削弱了标准应有的有效性和合法性。

虽然软法曾经是银行业监管的国际标准的一项很有用的发展手段，但全球化下的金融市场需要一个更加具有一致性的国际法律框架，来更有效地管理国际经济组织使用的比较正式的激励措施，并把国际金融市场的压力转化为更有效的金融监管。这都需要在国际金融机构（IFIs）和国际经济组织间建立更紧密的体制上的联系，使得更多的国家能参与到国际标准的制定中来。审慎监管有不同的方法，因此我们应当重新考虑 G10 强加给那些不符合 G10 监管标准的国家的银行的歧视性贸易壁垒，这些壁垒限制了这些银行进入其国内市场。此外，我们还需要更多的实证数据来分析某些审慎监管机制能够在多大程度上吸引国外投资和国外资本进入本国金融行业。第5章将提到，我们可能需要一个多边协议框架，以确保监管主要金融体系的大部分国家能遵循资本充足率、收支体系监管和反洗钱要求的基本原则。这将在竞争者间构建一个公平的竞争平台，增强市场信心并且促进对监管机制的遵守。而且，它将提高金融风险的定价成本，从而产生一个更有效率、更加稳定的金融市场。

## 4.1 国际公法的局限性和软法

要分析国际软法的概念必须结合对国际公法起源的研究。人们越来越认识到，国际公法的传统来源，如国际法院规约的第38条款（1）（a）—（d）中列举的[①]，在解释和描述国家间关系的诸多领域的规范性发展方面十分有限（Wellens 和 Borchardt，1989）。国际法的传统来源可分为以下几方面：（1）明确各国权利和义务并由各国明示接受的条约；（2）有证据表明是国家采纳的普遍做法并且为国家接受作为法律的国际惯例；（3）世界主要法律体系中的一般法律规则；（4）包括司法和仲裁判定在内的附属来源（国际法院规约）。其中最常被作为国际软法的是条约和国际惯例（国际习惯法）（Openheim's，1996）[②]。条约在国与国之间形成具有法律约束力的权利和义务。其形式可分为多边、地区或双边协定。多数条约（虽然不是全部）都包含实施或争议解决的程序，允许一国根据条约，在别国不履行义务并由此可能引发本国责任和/或赔偿的情况下，援引国家责任来执行相应措施或处理争议。

国际惯例主要表现为习惯性的规则或原则，但这些规则或原则必须具备以下要素作为支持：（1）同特定规则或义务相关的一个普遍的或一致

① 见 D. J. Harris：《国际法案例和材料》，附录1中提到的国际法院规约第38条第1款（a）—（d）（London：Sweet and Maxwell，1991），990～1002页。第38条第1款中提到的国际公法的传统来源包括：

（a）不论普通或特别国际协约，确立诉讼当事国明白承认之规条者；

（b）国际习惯，作为通例之证明而经接受为法律者；

（c）一般法律原则，为文明各国所承认者；

（d）司法判例及各国权威最高之公法学家学说，作为确定法律原则之补助资料者。

② Oppenheim 在《国际法》一书中提到“惯例和条约是国际法最主要也最常用的来源”（Jenning's and Watts，1996，24页）。

的国家实践；（2）被国家采纳的法律确念（opinio juris）（同上：26－27）[①]。国家实践构成了国际习惯法的基础。它包括国家行为或作为的方式，这其中包含一国（或多国）形成或维持具有法律约束力的习惯性规则所必需的实质的和主观的要素（Mendelson，1995：177）。实质要素表现为可观察和明示的实际行为（如行政决策和监管规则的采纳），而主观要素包括一国的态度或意图，这可能表现为某些行动或行为，比如由各国或政府首脑发表的官方声明、外交信函或在国际机构的投票等，表明该国同意或认可其具有法律约束力的义务[②]。各国具体实践即国家惯例的实质要素，而主观要素在于该国的同意或观念，认为其采取的作为或不作为或是他国采取的这种做法都是符合国际法要求的。为保证法律上的有效性，该国若是被动接受该惯例或是默许其实施并不能充分说明该国信守此习惯性做法，必须能证明其主动地、有意地做出努力强化或发展国际法的某项规则。

由于缺少有约束力的国际法律承诺来执行巴塞尔协议及其他国际金融标准，这些标准被排除在国际惯例和国际条约的范围之外。但是，100多个国家都声称其已经执行了1988年巴塞尔资本协议，并且在为执行Basel Ⅱ做过渡安排。我们不要忘记了，欧共体早已将巴塞尔资本协议纳入欧盟法律体系，同时承诺要执行Basel Ⅱ。国家惯例同巴塞尔协议及其他国际金融标准日益取得一致，这表明可能存在没有约束义务的国家的一致行为，也就是国家的一个整体惯常做法，其初衷并不是要形成国际法的习惯性规则。[③] 从这个意义上来说，国家惯例的主观性要素不包括其认为必须承担法律义务。不承担法律义务为监管者和标准制定者提供了必要的

① 详见《尼加拉瓜境内和针对尼加拉瓜的军事和准军事活动》（尼加拉瓜诉美利坚合众国），国际法院报告（1986），97页，第183段（遵循确定“国际惯例规则”的规定，该法院必须寻求各国的统一做法和法定义务）。Lotus案，常设国际法院，Series A，No. 10（1927），18页（强调义务的自愿性或以各方同意为基础的性质）；北海大陆架案，国际法院报告（1969），3页，第71—72段和第78段（强调以观念为基础的法律确念特点）。

② 主观因素一般可通过两种方式得以实现：（1）通过国家参与的自愿协议或其同意受某项惯例或义务约束；（2）国家相信其采取的行为是法律允许的或是具有义务性的（Mendelson，1995：184，195）。

③ Lotus案，常设国际法院，Series A，No. 10（1927）。事实上，巴塞尔协议和其他国际金融标准就代表了Mendelson（1995）所谓的义务，各国在其义务中明确表示，即便它们可能以某种方式采取行动，但它们不认为所采取的行动受任何法律义务的推动或者说它们的行为应当作为一种先例来限制它们未来的行动（Mendelson，1995：198－201）。

灵活性以快速应对金融市场的发展，并且以符合其本国司法要求的某种特殊形式来执行不具有法律约束力的标准。这就解释了国际软法为何能作为改革国际金融监管的一项可行性工具。

国际法的其他来源还包括一般法律原则，这些原则的有效性是来源于在世界占主导地位的法律体系和诸如司法裁决和主流国际法学家的著作等。一般法律原则主要源于私法原则，如禁止翻供原则、赔偿原则和管辖原则（Harris，1991）。然而，公共行政法在诸多司法裁决中变得日益重要，这意味着被普遍接受的公法原理实际上可作为法律的基本原理，因而成为国际法的来源之一。一直以来都受到国际软法原则极大影响的银行和金融监管，在很多国家都已经融入了很多公法原则。事实上，巴塞尔委员会和银行业监管的核心原则已直接影响并塑造了国家银行法律原则的发展，这其中包括针对高级管理人员和董事的责任规则，甚至包括定义一级、二级资本的规则。这些国内银行业法律原则快速地趋于一致可以被认为是构成未来国际法的一个来源①。

但是，就一般意义而言，国际公法的起源越来越被认为不能很好地阐释国家在多个国际关系领域中承担的国际义务和应履行的承诺。这在金融、环境、通信、技术和跨国公司集团监管这些领域表现得十分明显，因为在这些领域，不具有法律约束力的国际标准和法规在指导国家行为方面发挥了主导作用。国际组织和标准制定机构的活动大量增加，国家采用非正式的、法律上无约束力的协议来缓解和调控其对外关系的做法越来越多，这些都标志着人们正在远离正式的国际法律制定，而转向非正式的软法技术来设立标准和贯彻执行。因此，国家行为和行动也正在以“可允许的、可规定的、可禁止的方式”，日益受到前所未有的、大量的非国际惯例或非条约协议的影响，而且正在通过各种国际组织和机构被各国所采用。

① 该观点认为国际软法原则和规则在国际层面已经融合，并且已经渗透到世界主要国家的国家法律体系和国内监管当中，因而能产生公共监管法律的一般原则，并与国际公法的法源相关。

## 4.2 国际软法和有约束力的法规的形成

国际软法指的是国家实践中的法律规范、原则、行为规范和交易规则，它们通过正式或非正式多边协议形式表现出来（Wellens and Borchardt，1989）。软法通常是表示认定同意国家实践的基本标准和规范，但没有必要的法律确念来形成国际习惯法框架下有约束力的义务。基于这些特征，软法可以被定义为这样的国际规则，即由一组受特别影响的国家所建立，这些国家表达了共同的意愿来自愿遵守该规则规定的内容，目的在于将这些规则潜在地纳入国家法律或监管中。软法的另一个重要特征是政治上的讨价还价贯穿于签约国及其国民对规则的解释和具体应用的过程中。

国际软法为各国提供了灵活性，它们能采取措施监管国际关系中复杂而敏感的领域。软法允许这种安排——通过各国之间以及各国和国际组织之间的非正式磋商和协商而形成的标准和实践，各国可以在自愿的基础上执行。如何在软硬法之间找到恰当的组合来监管某些特定领域，关键的一点是软法在形成国家行为的国际准则过程中所起的作用。在促进银行业监督国际标准的发展过程中，很重要的一点是确定软法发挥了怎样的作用。这些不具有约束力的国际准则形成并确定了主要国家的监管实践，并按照尊重国家主权和独立的方式（至少在理论上来说）最终纳入到国家法律体系。

由传统上公认的法源（如公约、统一的国家惯例）之外得出的国际规则和义务，在国际经济法学家之间引发争议。但这些顶尖的国际金融法学家们都承认这些规则和义务在影响国家监管做法方面的重要性（Gold，1982）。事实上，当 Gold 在评价一些 IMF 货币监管条例是否构成软法时，他将软法定义为：

*软法的核心要素是期望接受这些（法律）文件的国家能正视它们做出的承诺，并给予适当的尊重。还要求某些其他因素，第一，共同意愿在规定的软法中是得到各方默许的，而且一旦在软法中阐明，就应当得到尊重；第二，软法一旦制定出来，其合法性是不容争议的；第三，不能因为*

不遵守软法的行为本身不属于违背义务，就剥夺了软法具有法律的特性；第四，尊重软法的行为不能被认为是无效的(Gold，1982：156)。

依据此定义，国际软法的核心要素包括：（1）各参与方是否实际达成共识，表明要共同遵守并执行相应的原则；（2）各参与方是否有意向将这些原则纳入硬法体系。为了实现第二个要素，参与国必须考虑软法准则同国家、地区“硬”法执行程序的多重关联。

将 Gold 对软法的定义应用到国家银行业监管中，就意味着如果参与制定文件或报告的各方共同意愿可以表明其至少具有准合法性，同时其中主张的这些标准和原则需要被遵守，那么某个特定文件或报告都可能成为软法（Norton，1995：216）。根据这个定义，讨论的标准或原则是否具有规范性取决于它的合法性，而这种合法性来源于采用标准各方的共同意愿。我们可以推断出，采纳该标准的各方持有共同意愿必须建立在它们同意遵守该标准的基础上。因此，如果一国事先没有同意，他国却要求其必须遵守某项标准，这是不合法的。一国是否同意可依据其做出的积极行动或消极认可。无论是二者中的哪种情况，该行为都必须是自愿的，不能被胁迫或引诱。对各方同意的强调，可以表明其确认软法义务的意愿，这跟国际法的自愿主义理念相贴近，后者也强调在确定国际法律义务有效性上国家同意的重要性。

软法的概念可以从很多视角和不同学科来分析，这表明它作为社会科学概念的复杂性。国际法学家曾援引法典来分析国际软法原则，其关注的是法律体系的主要要素，包括规则的准确性、义务的程度、合规裁决的授权、制裁和执行（Wellens and Borchardt，1989；Abbott et al.，2000）①。这些要素都不是静态的，而是随着国家间关系和国家实践的发展而演进。这些要素也常被用于评价一国国际义务和承诺的法律范畴和效果。

规则或标准的精确性对于确定一国法律权利和义务的内涵及外延十分重要。例如，规则或标准的精确程度能够限制一国在确定其应当如何遵循某特定义务或承诺时的自主权。即便并不存在要履行的国际法律义务，如果软法的规则越精确、越具体，对于义务的执行者来说就越具约束力，因

① Abbot 等.（2000）运用精确度、义务和放权这三个要素来衡量一组国际规则或准则具有的立法国际化的程度。

为在规则中更加清晰地界定了期望。相反，规则内容的模棱两可和表述含糊可能会加深参与国对其权利和应履行义务的误解，因而可能背离各方制定协议的最初目的。因此，软法的规则倘若缺乏精确性会导致各方能更轻易地逃避承诺，并且可能破坏协议各方对协议的履行。在政治敏感的领域，如军备控制或银行监管，参与国可能为了在承诺的解释和履行上保持最终自主权，而故意达成内容含混的协议。一项规则缺乏精确性还可能是由于规则本身的不成熟，或是参与制定规则的国家在规则的实际应用方面经验不足。但是，对于有争议的热点问题，规则的最佳精确度可能要求适度的语义模糊以尊重各方政治上的不同意见，而这些不同意见可以成为未来进一步协商的基础。而规则倘若太精确也可能并不合适，尤其是当参与国还不明确将来各自应履行义务如何解释的时候。在规则中保留适度的模糊能够让参与各国在实际履行中慢慢领会个中含义，一旦它们意识到各自义务的内涵时，规则的表述就能更精确一些。

第二个要素是义务的程度，这可以从法律上具有约束力、内容十分精确并具体的义务，一直到语义模糊、内容发散的劝告性准则“在法律上不构成强制须履行的权利和义务”，但以较软的形式形成承诺和期望①。软约束义务的形式之一来源于法律上对各方无约束力的承诺，这些承诺对于各国构成间接压力，可能会限制其行动的自由，但从严格意义上说，其并不构成具有约束力的国际法律义务。相比之下，国际法中一项具有约束力的义务只能由具有权力的各个国家或国际组织制定，而此项义务的执行对象必须认定该义务的制定方对其具有强制约束力（Schachter，1977）。大部分国际准则和原则并不受国际法的约束，因而形成一种形式较软的义务或承诺，来塑造和影响国家行为。虽然可以说软法的内容不构成任何义务，但是比较正确的观点是软法的多重维度包含了不同程度的义务或“松散承诺”（Wellens and Borchardt，1989）。义务的程度通常取决于规则或原则的精确程度，因而，精确性和义务这两个要素在某些情况下是相互决定的。

第三个要素是授权（delegation），是指参与国能在多大程度上接受第

---

① Wellens and Borchardt（1989），270 页。

三方对其申诉或争议的解决。这当中可能还涉及规则解释、规则制定和相关的事实采集工作。能够在多大程度上授权给第三方来裁定申诉或确定权利或义务，取决于体制结构。在国际公法中，仲裁庭和司法机构所做出裁决的基础是如何认定权利和义务。相反，国际软法的文件规章通常规定争议和申诉应通过双方协商解决，而无需让独立第三方做出裁决（Aust，2000）。在没有第三方解决争议的情况下，各国和相关国际机构就主要担负起这两项责任——评定是否遵守了软、硬国际准则，以及要求其他国家负起责任来履行承诺。授权给独立机构处理争议的程度越深，就越需要有一个更加合法化的国际框架，而授权的程度越浅，则只需要一个相对较“软”而且合法性不强的框架，其更多地依赖于政治协商和为解决争议而做的妥协。

第四大要素是制裁，包括直接的和间接的，其定义为因某一国或其国民的某些行为不符合国际软法准则，而扣留其利益或施以惩罚。我们回想一下，依照国际法框架，可以由于权利及义务的执行情况而实施制裁，但是这在软法的情况下并不适用，因此并不构成正式意义上的国家责任。但是，国际软法规定了不同程度的软责任，包括程序上的一些要求，例如汇报、磋商和强制性协商以保证软法准则和规则的善意解释（Seidl - Hohenveldern，1979）。后面将会提到，通过法定的和市场的激励以及间接制裁的形式，国际金融软法提供了一种特殊类型的软责任，极大地影响了国家经济行为。根据一些因素，这些制裁的强度和范围在不同国家有不同的变化。对同一类违反某项准则的行为而实施的制裁，在不同国家也不相同。

基于这些描述性框架，我们发现硬法和软法之间没有明显的区分。相反，这当中存在一个变化的频谱，在这个范围内上述四种要素——精确性、义务、放权和制裁能够以不同的程度演变，有时这种演变还是各自独立的。国际软法提供了一个由规则和原则构成的体系，在这个体系中一些要素发展得比较成熟，而另一些要素则只是发展到了某一阶段。例如，国家可能为刻意追求一些政策而达成协议，最初协议的性质是不具约束力的，而随着信任加深以及国家之间在某些特定领域的协作增多，协议就演变成具有约束力的义务。但正如布雷顿平价体系崩溃所表明的，这种演变过程也可能转变方向而导致国际法律义务软化，甚至完全消失。

银行监管中有约束力的国际标准的形成过程，就是这些要素的不同组合的检验过程，从而决定软法的程度和范围。国际软法提供了一个灵活的机制，来确定软法与硬法在监管某个特定领域的恰当组合。从概念上说，制定银行监管国际准则和规则的过程已经涉及了某种特定形式的国际软法，该软法内容精确，但没有约束力，是由主要国家的监管当局通过磋商达成的。这种特定的软法形式也为参与国提供了必要的政治灵活性，它们能够将国际规则和标准吸纳进各自的国家法律体系，同时又考虑了民族国家的主权。

在此讨论的概念性框架表明，在修订国际经济准则和规则方面，各国应当灵活组合软法和硬法来处理某些国际焦点领域。例如，各国应当确定国际体系的具体威胁，随后就国家层面应该采取哪些措施达成政治上的一致。对所采纳标准的精确度和义务程度十分重要，同等重要的是避免采用毫无灵活性的同一的履约办法，而必须考虑各国经济和法律结构的不同。

另外值得一提的是，国际软法在国家和区域法律体系中具有某些特殊的法律效应，也产生相应的法律效果。国际软法可以作为各国在现有体制结构中持续磋商的基础。以书面协议形式公布的软法还可能包括一些劝告性的言辞，如“所有参与国都必须致力于合作”，其能够取消一国自由决定国内司法不合作的权力。而且，软法规则和原则可用于解释条约条款或国际习惯法，而且能规范或约束相关国家在国家立法实践上的发展。国际软法在银行业监管中呈现出一种特殊形式，即主要发达国家已开始实施自愿履行的、不属于国际法传统法源的国际协议和规章，其目的在于使所有国家将这些标准纳入其本国的监管体系并采纳和执行。例如，巴塞尔资本协议和银行业监管的核心原则就具备了特殊的国际地位，作为规范性基础被国家司法采纳并在监管实践中实施。大多数国家都承诺将遵循巴塞尔资本协议和核心原则，并将其纳入国家法的范畴。而欧共体已承诺将通过指令形式把执行资本协议列入欧盟法律。

尽管国际软法一直被指责在条款上相互矛盾，而且是一种不当企图，想让某些本应属于政治层面的国际关系领域变得法律化，但它为参与国提供了一个灵活机制，让其能在复杂而政治上敏感的热点领域衍生准则和标准。而在这些热点领域，双方合作或制定标准来监管国家行为能够带来十分可观的利益，并且能降低各国追求各自目标的交易成本。软法鼓励各国协商和交换信息，这有助于各国能更加充分地理解彼此的国家利益，也为效果更好、效率更高的合作框架提供良好基础。各参与国可以根据各自情况，组合硬法和软法来监管其行为并推动国际准则的建立。国际软法的确来源于国与国之间的协议，而且因为各国间存在根本差异，这些协议的内容在条约或其他强制执行的协议中是不可能存在的，而且它们也不愿被这些技术层面所规定的法律义务约束，损害它们本国的利益。

## 4.3 有约束力的国际软法准则形成过程：以巴塞尔委员会及金融行动特别小组为例

在国际银行业监管领域，金融监管的国际规则涵盖了多种类型的“软法”原则和规则，这些原则和规则在巴塞尔委员会的支持下，为G10的银行业监管者采纳。这些软法协议的压倒一切的目标是降低国际银行体系的系统性风险，促进银行机构间的平等竞争。要完成这一目标，就必须劝诫其成员国及有国际银行开展业务的其他国家在信息交换上相互合作，并且在监管活动中相互协调，如对所有在国际上十分活跃的银行设立资本充足率标准。

虽然巴塞尔规则和标准在国际法律上并不具有强制执行力，但它们仍受到许多法定和市场措施的影响而使其变得具有制裁力却又不失软法的地位（Giovanoli，2002）。例如，国际货币基金组织（IMF）将巴塞尔原则作为良好银行业监管的基准标准，在条款IV的监督项目下使用该标准来评估IMF各成员国。IMF还有权决定是否将遵循资本协议和其他国际银行业标准作为接受金融援助的条件之一。同样，世界银行也将巴塞尔协议作为其贷款项目的基准，并表明“国际社会将期望所有的国家都采纳并执行巴塞尔委员会的建议”（2001）。此外，市场力量也可以对那些不遵守巴塞尔标准的国家施加制裁，制裁的形式就是投资该国的资本要求较高风险溢价。因此，毫不奇怪，即便实际上大多数国家对该标准的制定根本没有或只有很少的影响，仍有100多个国家声称已将巴塞尔协议纳入其国内银行业监管体系中（Hawkins and Turner，2000）。国际组织使用的制裁以及金融市场施行的资本成本的惩罚都削弱了巴塞尔协议所谓的自愿性质。而且，法定的和市场的制裁能够在多大的范围内用来对各国（尤其是发展中国家和新兴市场经济国家）施加压力来迫使其遵循这些所谓的自愿国际协议，就会产生一个问题，也就是说各国要遵守并执行国际金融标准的义务，其本质到底是什么。

大多数国家都面临某些约束和压力，必须遵循巴塞尔协议。其中最重要的包括正式部门的约束、市场约束、市场准入要求、声望、国际溢出效应和规模经济（Ward，2002；Giovanoli，2002）。Alexander 和 Ward（2004）分析了这些因素是如何影响国际银行业准则的演变的。

## 4.3.1 正式部门的约束

正式部门的约束表现为国际货币基金组织或世界银行以金融援助项目的形式，来要求或劝导申请国在经济或监管方面作相应调整以作为其得到援助的条件。IMF 条件性项目通常采用备用安排的形式，IMF 允许某成员国从 IMF 一般资源账户中购买一定份额并使用一段时间，条件是该成员国必须承诺遵守备用安排中规定的条款（IMF，2004b）。备用安排的条款会要求接受国家采纳并执行银行业监管的国际“最佳实践”，以作为其提款的条件。世界银行也在其金融部门调整贷款中加入条件，要求获得贷款的国家承诺遵守最佳国际标准，如有效银行业监管的核心原则（BCBS，1997）。巴塞尔核心原则联络组（CPLG）于 1977 年采纳核心原则作为银行监管者的国际基准。IMF 和世界银行也常常运用核心原则评估方法来评估开展第四条款的监管项目的成员国，并且确定一国能否在备用安排或其他金融扶持机制下，继续获得提款资格（IMF，2000b）。[①]

核心原则阐述的内容十分宽泛，目的在于让各成员国在执行和理解方

---

① 执行国际货币基金组织 CPAs 已经 50 多年了，最近的几个案件涉及阿根廷、加蓬、土耳其和乌拉圭。例如，2000 年，安哥拉再次确认其承诺遵守巴塞尔资本协议和核心原则并作为会员监督机制的一部分（IMF，2000c）。2002 年，土耳其政府同国际货币基金组织达成获得 128 亿美元特别提款权（相当于 170 亿美元）的备用方案。2002 年 1 月 19 日，土耳其在其发布的意向书中承诺将依照巴塞尔资本协议对其财务有困难的银行再融资，并将遵守其他核心原则的要求。乌拉圭的备用方案表明，乌拉圭承诺采用同核心原则相符的银行监管机制，这样就可以使用 21.3 亿美元的特别提款权（IMF，2004c）。

面具有灵活性。例如，核心原则里的第八条写道：

*银行建立并遵守合适的政策、惯例和程序来评价资产质量和贷款损失储备金的充足性，并能达到银行业监管者的要求。*

相比之下，核心原则第六条中则更具有规定性，其鼓励各国为那些“在国际上活跃的银行”设立资本充足率的最低要求，而且不得少于巴塞尔资本协议中规定的数值。例如，一项针对成员国银行的IMF紧急资本重组计划就很可能采用CPA，以确保该国的监管机制能够要求银行遵守巴塞尔协议（IMF，2004c）。然而巴塞尔协议Ⅱ会在执行协议方面造成模糊，因为依据支柱1和支柱2，它允许成员国享有自由酌情处理权。但IMF和世界银行会给予这些受巴塞尔协议约束的国家多大的自由处理权，则并不清楚。同时，也不清楚各国由于遵照了国际金融机构金融援助计划的条款，而导致协议的具体执行会存在极大差异。尽管核心原则的概括性或许能同巴塞尔协议Ⅱ赋予成员国的自由酌情处理权相契合，但也存在潜在矛盾：其一，核心原则和巴塞尔协议Ⅱ在执行方面存在的矛盾；其二，它们同IMF和世界银行的部门项目的要求之间的矛盾。

虽然世界银行不断运用金融部门调整贷款来影响国家的监管政策，但是自20世纪90年代起，它开始更多地将条件贷款机制运用于银行私有化和资本重组项目中，而不太用于审慎监管（Cull，1997）。调查显示，20世纪90年代前63%的调整贷款都附带银行业监管的条件，而有88%附有同审慎监管相关的限制条件。相比之下，1990—1997，79%的贷款附带的限制条件同银行业监管相关，而71%的附带限制条件同审慎监管相关。附带银行业监管和审慎监管条件的贷款所占比例，比附带银行私有化和资本重组条件的贷款比例要小，后者的贷款比例都超过90%。此外，由于针对巴塞尔协议Ⅱ产生了争论，世界银行担心发展中国家可能没有太大的意愿来采纳和执行巴塞尔协议Ⅱ（Ward，2002），而这也可能成为未来世界银行条件性贷款项目的焦点。世界银行监管在所谓自愿性国际银行准则方面发挥的重要作用，引起了人们对标准制定过程合法性的质疑，同时提出一些重要问题，比如向发展中国家输出国际金融标准是否合适，因为这些标准是由富国针对最复杂的金融市场制定出来的。

### 4.3.2 市场约束

遵守国际金融标准能够降低主权国家及其金融机构的筹资成本，这是市场约束想要达到的目的。但是 Kenen（2001）根据金融稳定性论坛的两份报告，对使用市场约束提出了批评（2000a，2000b）。报告指出，市场参与方和评级机构更关注是否绝对遵守了国际标准，而不太关注在执行该标准上所取得的进步。金融稳定论坛的报告表明正式激励是必要的，因为谁也不能保证市场参与方在进行决策时，总是会考虑到遵守国际标准的需求。而且因为委托人同代理人的关系特点，市场参与方一般只愿意考虑风险能够给其带来的收益，而不太关心整体上会带来的损失。这种倾向就可能使他们不太注重一个国家是否合规，或是在这方面取得的进步。这就导致许多不发达的金融体系忽视更新监管标准和改善落实情况的需要，最终导致国际金融市场产生大的负外部性（Kenen，2001）。[①] 市场约束充其量只能鼓励参与国表明其执行了国际标准，即便它们实际上并未执行。

### 4.3.3 市场进入限制

一国当局决定实施市场准入限制很可能对更多的国家产生影响，使它们决定采纳国际标准。比如，巴塞尔协议要求东道国应该以确定母国机制是否适当为目的来审查母国的监管机制。核心原则和资本协议将“适当”定义为遵循巴塞尔委员会框架以及其他相关的国际标准。在欧洲经济区（EEA），第二银行业协调指令允许成员国对欧洲经济区以外的、未达到欧盟标准的国家的银行（例如，其支行或代理机构）实施市场进入限制，但对非 EEA 的银行的待遇在任何情况下也不能超过 EEA 国家的银行。

也是基于同样目的，美国 1999 年金融服务现代化法案和 1991 年外国银行监管促进法案赋予了美联储对外国银行发行银行业执照的权力，必要条件是这些外国银行受到了“其母国适当的权力机构在并表基础上的综合性监督和管理”，而且它们在全球范围内资本金充足、管理状况良好。如果“外国银行所在母国中适当的权力机构正在积极致力于建立各种计

① 此外，因为 IFI 的评估没有公开发表，因此市场参与者不能使用它的评估（除了被评估国要求这样做）。

划对该银行实施并表监管”，① 美国监管者可以放宽要求，允许这些银行可以不受并表监管的限制。只要当美国监管者认定外国银行所在母国未能在综合监督或管理该银行方面取得“显著进展”，他们有权取消对该银行发放的执照。此外，根据美国1999年金融服务现代化法案，美联储有权先对母国银行监管机构的资格进行评估，包括其是否应用并执行诸如巴塞尔资本协议这类的国际标准，然后决定是否允许该国银行能够作为金融控股公司在美国从事银行业活动。

欧盟金融集团指令要求英国监管机构判定第三国（非欧盟国家）监管机制是否具有同等效力。如果第三国机制不能通过此同等效力考核，欧盟金融集团指令要求英国监管当局启用本国的机制来监管第三国金融公司的运营，并以此为条件对第三国公司发放执照，允许其在英国市场上经营。

美国、英国和欧盟在此领域的监管实践受到了FSF报告（2000b）的支持，报告中称：

*应当鼓励国家监管当局更多地考虑外国是否遵守相关的标准，以此作为其进入本国市场的决定因素之一。*

同巴塞尔协议框架及其他相关国际标准相比，发展中国家和其他非G10国家采用的监管机制虽然不必完全一致，但必须至少是同样严格，才能够被确定为“合适”。因此，获得市场准入的最好办法，是在具体的监管政策上采用国际准则。除此之外，非G10国家的银行也可能很愿意游说它们的政府去采纳巴塞尔协议框架，因为这样一个综合性的监管机制能限制市场准入，从而减少国内银行业市场的竞争。愿意这样做的银行通常都规模大、业务复杂，具备符合监管要求的资源。它们的强势市场地位能够限制竞争并阻止外国银行进入本国市场。②

受非G10国家管辖的银行倘若想进入G10的市场还有一个方法，即在东道国设立一个子公司。对于那些英国监管当局判定监管机制不合适的

① 联邦储备委员会也应当考虑到外国银行所在母国的主管机构是否遵守国际反洗钱标准（例如，《FATF四十项建议》）。详见《美国爱国者法案》，第3条，第327款。

② 根据WTO服务贸易总协定，一个国家有义务开放本国的金融市场。这种做法将对开放承诺产生影响。

国家的银行，英国 FSA（英国金融服务管理局）事实上就要求它们成立本地化的银行（Ward，2002a）。如果该外国银行已经在东道国设立了分支机构，但其母国监管者之后又被判定为不合适，它就必须把分支机构转变为子银行或是撤离东道国市场。

## 4.3.4 市场信号

许多国家都把遵循巴塞尔标准视为良好监管实践的标志，认为这样能够提高它们在市场参与者中的声望，并且帮助它们从银行和资本市场以更低成本取得融资。在 G10 国家之外经营的银行和其他金融公司愿意采纳巴塞尔协议Ⅱ和其他国际标准，除了融资成本低和风险管理更便利两个原因之外，它们还想向世界发出信号，表明它们已经步入最新、最复杂的模式，并且得到了 G10 监管者的批准。

另外，监管者希望被人们看做是成熟而先进的，尽管采用巴塞尔协议框架意味着监管成本高，但基于信号的作用监管机构也可能这么做。如果我们假定存在两种类型的国家，一个因其监管和金融体系相对不发达，采用资本协议的成本较高，而另一个国家由于其经济体成熟，因此采用该协议时的合规成本很小。但通过执行巴塞尔协议，两类国家都能向他国发出信号，表明自己是成熟而先进的监管者。但这种方法明显效率很低，因为相对不发达的国家和地区应该采用更适合本国经济和金融发展的监管框架。

如果只是出于发信号的目的，那么有一个解决方案，就是允许非 G10 国家的监管者们采用一种“更简单、更粗略的”巴塞尔框架（Ward，2002）。例如，这种框架不会要求非 G10 国家的银行采用更复杂、技术要求更高的巴塞尔协议Ⅱ支柱 1。在金融犯罪领域，根据《FATF 四十项建议》，可以允许银行采用不太复杂的报告来满足公开和透明度标准，这与其经济的发展水平和成熟程度相一致。这样它们就能向世界表明它们开展的反洗钱监管措施是充分的。

## 4.3.5 跨境外部性

如果一个国家或地区所执行的体制与 G10 国家的体制相比，标准更宽松，那么就可能发生负外部性的溢出，即从监管宽松的国家向别国溢出。这就可能导致银行在不同体制间套利，而看起来标准低的体制得到了风险低估的金融资产。这就是一种逆向选择。

此外，根据支柱1中的IRB方法所计算的某项资产的资本要求，如果低于按照标准法所计算出来的资本要求，那么根据巴塞尔协议Ⅱ的要求，监管者就将被迫采用这个复杂的内部评级模型。这对欠发达国家的银行和金融市场或许没有益处。

### 4.3.6 监管成本

监管体制的设计会引发高固定成本，因为要设计这些监管政策，就必须找到具备高水平专业技能的监管者和员工。这对于发展中国家的监管者来说成本更高，因为他们通常只有少量的技术熟练员工，监管体制的设计成本相对较高。因此，使用一个全球体制可能是一种成本相对较低的选择，因其随手可得。不管怎样，贯彻落实的成本使很多国家望而却步。

执行也需要具备一定的技能和其他体制性成本。如果同其他监管当局协调与合作而形成一个国际机制，那么它的执行成本就相对较低。一个规则精确清晰的国际机制在执行的时候对技能和资源的要求较少，而对一个包含大量标准的机制在解释和执行时则需要更高的技能，因为其本身具有笼统而模糊的特点。精确的规则更容易被复制，而且与内容宽泛的标准相比，这些规则更容易理解，在操作上也没有那么多自由酌情权。对于一个国家来说，直接采用国际机制比起建立本国的机制，成效更快，尤其当国际机制是由一组规定性的规则组成，并能应用在不同的国家和地区的时候。但是，引进外部或国际规则常常导致落实成本更高，可能带来的执行成本也很高。

G10以外国家的大部分监管者们认为，巴塞尔协议和其他国际标准是软法律。前文概述的正当约束和市场约束给这些国家造成压力，对国内政策造成不适当的影响。IFIs的各项评估和贷款计划，G10国家的市场准入决定，这些都形成真正的激励和制裁。IMF和世界银行的条件可能会考虑到一个国家的进步，而不是看它在某一时点上的实际遵守情况。相比之下，核心原则评估则考虑实际执行情况。美国和英国监管标准，要求国外的体制或者同美国或英国的标准对应，或者同国际标准对应。尽管 IMF 和世界银行允许各国分阶段实施标准，欧盟和美国的市场准入规则也刺激外国监管者以更快的速度执行标准，但这样可能会威胁到金融稳定。

讨论到这里，我们可以看到，采纳 IFI 标准，尤其是巴塞尔协议，或许不能促进非 G10 国家金融市场的有效发展。国际软法框架要求必须考虑问责性和合法性的问题。事实上，采纳巴塞尔框架中的标准和规则，可能造成治理问题。巴塞尔委员会已经尝试解决，这体现在核心原则上。巴塞尔委员会成立了核心原则联络集团（CPLG），构建一个论坛来同非 G10 的监管者讨论这些问题，让某些非 G10 国家参与到核心原则的决策和发展的过程中来。但 G10 在发展巴塞尔资本协议上仍保留绝对权威。尽管非 G10 国家能在巴塞尔委员会上发表言论，但该委员会没有义务考虑这些言论。即便如前文中提到的，这些标准正逐渐在全球范围得到应用，但标准的设立过程仍掌握在 G10 手中。

上面讨论了各种因素，表明国际金融软法能从很多方面影响国家行为，包括通过国际经济组织设立的正式激励，以及通过提高在国际股票和债券市场上的融资成本而形成的市场约束。这些正式的和市场的激励，在不同国家和不同行为的情况下表现出不同的强度，应用起来缺乏同一性。这些做法常常违背了小国和发展中国家的利益，相比之下，政治和经济上具有影响力的大国就不同，它们通常有能力来减小或限制因为不遵守软法准则而引发的成本。

### 4.3.7 金融行动特别工作组

金融行动特别工作组的国际反洗钱标准的发展，比起国际银行业标准的发展来说，是一个更具有包容性的过程。它包括了很多国家的监管者，增加了同行评审的过程，这个过程包括协商和对各种法律条例的相互评估。这样做的目的，是希望最终通过的标准能够广泛反映各个经济体和不同法律结构的状况。

金融行动特别工作组 1990 年才成立，但它在反金融犯罪和反洗钱国际准则的发展中发挥了突出作用。尽管 FATF 拥有的会员数目有限，其法律地位也不正规，但 FATF 在设立国际标准和规则上已经抓住了关键，能够不仅让其会员遵守而且让所有其他国家采纳，否则就对其制裁。尽管FATF的建议中并没有反映具有法律确念的所有国家的共同实践，因而不能看做是国际习惯法，但它对于世界许多主要经济大国和新兴经济体国家的政策和法律的形成发挥了重要影响，并且使大家更加意识到洗钱行为对系统稳定与金融系统完整性构成的威胁。此外，FATF合规审查程序和对非合作国家的确认，已经形成了一个有限度的法律机制，具有实施制裁的威慑力。未来这一机制有可能发展成为更加综合的国际法律框架，来控制金融犯罪。在制定反洗钱政策以及金融机构信息披露与透明的国际标准的发展方面，FATF已经成为最重要的国际机构。①

因为FATF在体制上需要能够进行制裁，这意味着各成员国承担的义务程度很高，因此与巴塞尔委员会框架相比，FATF在标准和规则的建立和执行上进行了很多的努力。所谓的《FATF四十项建议》已经不是无约束力的自愿性标准，而成为具有约束力的原则，具有实施制裁的威慑力。正如第2章里讨论过的，2000年6月，FATF对其确认的15个国家和地区威胁要实施制裁，结果其中大部分国家对其法律体系做了必要的更改以符合FATF的要求。没有符合FATF要求的国家和地区都被FATF列入黑名单，并受到进一步的制裁，即禁止经合组织国家的公司在这些国家和地区内开展经营活动。2001年10月，FATF通过反恐融资案，要求所有经合组织成员采取严格管制措施，防止第三国中介机构和专业人士为那些指定的恐怖分子提供交易的便利。FATF反恐怖主义融资制裁同时得到联合国安全理事会1373号决议的支持。

尽管FATF很大程度上使用了巴塞尔委员会的做法，但它更加雄心勃勃，要求其成员国对不遵守规定的国家或地区施以制裁。因此，FATF比巴塞尔委员会更进一步，其强调其成员国执行FATF标准的重要性。1991年，FATF发表一份声明，表明其成员国已经同意进行相互评估来确保四十项建议能真正落到实处（FATF，1996b）。其成员国还同意扩大工作组

① FATF将其国际规制范围延伸，包括同地区性反洗钱机构在调查和信息交换方面进行更紧密的合作与协作（FATF，2001c：9－11）。这些地区性机构包括加勒比金融行动特别小组、欧洲理事会、南美反洗钱金融行动特别小组。而且，主要的国际金融机构（如IMF、世界银行）和国际监管机构（如巴塞尔委员会和IOSCO）也于2001年宣布，它们将采用FATF的四十项建议作为执行标准。

的成员，影响非会员国使其遵循这四十项建议（FATF，2003）。FATF 工作中的重要组成部分就是致力于推动各国遵循四十项建议，并且号召非会员国或地区参与反洗钱。作为日常工作的一部分，FATF 对各成员国是否遵循四十项建议开展实地同行评估。评估小组由各成员国的法律、监管和执法专家组成，他们视察目标国并全面调查反洗钱的各项基础建设情况。评估的结果会在报告中发表，在 FATF 会员国内部传阅。

此外，在形成具有约束力的国际金融准则的过程中，多边协议框架发挥了间接的影响。针对腐败、金融犯罪和恐怖主义的条约包含了一些语句，表义故意模糊不清，因为这样就不会对参与国形成具体而明确的义务，避免其侵犯国家敏感政策。鉴于国家在执行中拥有自由酌情权，人们普遍认为四十项建议是自愿性软法标准，但是一些反腐败和反洗钱的多边条约却会参考这些国际软法标准，来明确那些内容含糊的条约条款。例如，《联合国打击跨国有组织犯罪公约》（2000）（《Palermo 公约》）在处理有组织犯罪和金融犯罪方面至关重要。其中第 7 条指出，一国有义务执行反洗钱措施，而第 7 条第 3 款表明“构建国内管理和监督机制”，指出“号召各国使用地区、跨地区和多边组织的各项动议作为指导方针”。该条约的注解表明，相关的多边和地区组织的动议包括四十项建议和 FATF 区域性组织采纳的多种标准。随后发布的执行计划同 FATF 的标准相互参照以明确在该公约下的义务（Gilmore，2003）。同样，《联合国反腐败公约》（2003）在第 14 条第 4 款和第 5 款中包含相同的表述，而且在注解中参考了《FATF 四十项建议》以及地区协议。

在形成有约束力的国际金融准则上，《Palermo 公约》和《FATF 四十项建议》是一个重要标志，表面看似自愿性的 FATF 标准成为多边条约下确定具有法律约束力义务的标准。在某种意义上，可以认为它以不合法的形式成为国际法。在全球监管的问题上，这就带来很多问题，即国际金融标准制定的立法相关性，以及必须保证决策制定过程的问责性和合法性。

应该看到，FATF 在经合组织的机构支持下所做的努力有助于发展和规范国际反洗钱准则和标准，也有助于将这种标准从自愿性建议转变为日益具有约束力的国际机制。虽然这些要求被称为建议，但其精确度高、义务程度高，所以其法律相关性逐渐增强。尽管不像独立的法庭或仲裁庭那样具有独立性和强制力（例如WTO争端解决机制），同行合规评估也表现为一定程度的授权。不管怎样，公布标准的这些国家同时也来做同行评审，这种做法与巴塞尔协议框架相比，合法性更高，问责性更直接。

各种程序和合规性评估的使用，使得所有被评估的国家和地区都有机会对其体系中的标准和各种计划的未来发展提出建议，从而提高了标准设立和执行过程的合法性和问责性。①

但是，FATF机制也存在严重缺陷，这在第2章里讨论过。尽管各地区的检查组能够同当地国家的官员就其各种需要和能力展开对话，但所采用的标准基本由经合组织成员国确定。尽管在透明度和问责性方面取得重要进展，但是因为不遵守标准的国家和地区会面临被制裁的威胁，那么FATF标准设立过程还应该增加合法性。在对巴塞尔委员会和FATF的治理上都存在缺陷，这表明还要进一步完善国际标准的制定过程。

国际金融监管的核心内容和监管范围主要受世界主要金融体系监管者的影响，因此其形成的标准和规则并不来源于传统的国际公法法源，而是各参与国不断博弈的结果，并通过执行中的“软”技术来对国家构成间接压力，迫使其接受这些标准。这些间接的压力包括多种正式的和市场的激励，它们在国家监管实践的形成演变中发挥关键作用。现行的国际金融监管机制主要来源于这些渠道，这对于我们理解一些担心很重要，因为大多数受此标准约束的国家在标准的制定与颁布中，既没有发挥作用，也没有同意接受这些标准。正如亚洲金融危机所引起的后果表现出来的，这些标准通常会导致许多国家的监管不力和经济政策失调，因而减缓经济发展和增长速度（Stiglitz，2001）。改革的努力方向应该致力于建立更有问责性及合法性的决策结构和制度结构，建设一个不太依赖正式激励和市场激励的监管框架。

此外，国际银行业市场的相互依存程度以及一体化程度日益加深，现有的国际软法框架不再是构成有效银行业监管标准的次优安排。一体化的增强和跨境活动的增多，需要国际范围内加深体制和法律的融合，以促进更有效率、更能承担责任的国际监管的实现。这就要求根据大多数国家的

① 例如，向每一个成员国发放内容详细的调查问卷（FATF，1990）。依据反馈的意见，做出一个“合规格”，并对各成员国遵守某项具体建议的情况进行总结。

集体意愿构建具有约束力的银行业监管国际规则，并通过这种国际软法的发展进程来使各国共同前进。各国还可能将违规的裁定权交给某个国际金融监管当局，但保留最终执行权，包括制裁在内。

## 4.4 结论

由银行业和金融监管的国际监管准则的绝大部分的发展引发了重要的规范性问题，并摆到了国际金融法学家面前。问题涉及国家监管实践的参照依据和国际公法的传统来源在解释这些领域的国家行为方面所起的作用。国际软法可以被定义为：由一组受特别影响的国家所建立，这些国家表达了共同的意愿来自愿遵守该规则规定的内容，目的在于将这些规则潜在地纳入国家法律或监管中。本章认为，即便国际软法能为国际金融监管标准的发展提供一个灵活性框架，有效的金融监管体系还是要有更“硬”的法律标准，并在其跨境活动中清楚地告诉市场参与者他们应该做什么，并在世界范围内保持一致。使用正式激励、市场激励及制裁的现有框架，在促进各国遵守国际标准上发挥的作用是不系统的，而且在发达国家和发展中国家的应用上又是不一致的，这就削弱了它的问责性和合法性。因此，应当修改国际软法工具，纳入一些法律上有约束力的银行业监管标准，这些标准能够灵活应用到不同的经济体系以及各个体系的内部。

此外，正式激励和市场激励的效果是构建了一种规范性意义的义务，影响在银行监管和反洗钱监管领域内的国家行为发展。然而，国际监管的最优标准一直很难出现，因为统一的国际标准在不同经济体系中具有完全不同的效应。这就是为什么现有的巴塞尔框架和 FATF 建议，站在经济学角度来讲对许多国家或许并不合适。而且，这些标准的颁布、使用以及在 IMF、世界银行监管下的实施，整个过程都存在政治合法性和问责性的问题。由小范围的国家制定了标准，然后通过这种特殊类型的国际软法而在更大的范围内实施，从全球治理的角度来讲这当然会存在问题。而且这个让国际标准更具有约束力的立法过程是否能成为有效监管系统性风险的法律框架，这也同样是一个疑问。

# 第5章

## 实行体制和法律改革，改善全球金融体系

本章提出这样一个论点，有效的国际金融监管需要建立一个条约性的体制，它能够将有效监管的有法律效力的原则（即资本充足率、并表监管和最后贷款人职能的安排）和由此得出的不具法律效力的软法的各种法规（资本充足率公式和执行的协调）的发展框架，结合在一起。要实施具有法律效力和不具法律效力的这些标准和规则，就需要一个国际机构来推进并进行监督。该国际机构还可将修改软法国际准则和规则的过程授权给现有的国际机构，如BIS委员会、IOSCO、IAIS和FATF。建立这样的国际权力机构的条约框架，必须包含相应的程序，这些程序必须能确保该机构对签约国的政治上的问责性和合法性。

分析国际软法并决定适当模型或方法来管理国际经济关系时面临一个两难处境，也就是说对不同环境下某一特定领域的国家行为进行管治时，软法和硬法应该怎样进行组合。在软法框架下为各国提供了一个灵活手

段，国家间可以达成协议以建立实践活动的规章和标准，但同时国家也可以自由行动，允许它们为了实现政策目标和国家利益，在必要的时候改变（已经达成的）实践做法。正如第4章所述，虽然软法在法律上没有约束力，但是它在形成和限制国家行为方面发挥了重要的规范性作用，而且在影响国际法律准则和国家法律规章的发展方面通常具有极大的法律效力。此外，软法也被用来作为对外经济政策的工具，这可以通过国际关系的理性制度理论和新自由制度理论来进行全面充分的分析。根据这些理论，各个国家在无政府的国际政治体系中都是单一的参与者，它们试图通过同别国达成谋求共同行动利益的协议，来规避由单方追求政策目标产生的高额交易成本。国家间达成协议使主权国产生成本，因为其自主权或行为的自由性或许会受到限制。在理想的状态下，国家从共同行动中获得的利益会超过一国由此承担的主权成本。软法的重要性在于，如果与签订协议时所预测的情况相比，承诺或义务所带来的收益低或者成本高，那么国家享有单边行动的自由来解除或修改其承诺或义务。软法的这种特点降低了一国主权成本。软法还为国家提供一种机制，能进行持续不断的谈判，在国际政治中做到“干中学”。

在讨论改革国际金融监管的规制框架及其功能之前，我们先来分析国际关系中的交易成本和主权成本，以及在集中各国的主权来建立正式或非正式的体制结构时，它们如何影响了国家的思考。接下来我们考虑监管国际金融市场的体制改革。我们建议，必须在一个宽泛而有约束力的条约框架内建立一个特定形式的“软”法律，国家拥有必要的政治灵活性，来决定将国际标准和规则纳入其法律体系。随后，各国可以在这样的一个框架内继续努力，基于大多数国家的集体意愿，在有约束力和非约束力的标准和规则间找到适当的组合，形成金融市场的国际监管。国家可将对标准的解释及违反规定的裁决授权给国际金融组织，但国家须保留实施和执行这些标准的最终决定权。

## 5.1 克服障碍：理论的视角

在一个自由的国际金融体系中，每个国家都会面临风险，而这些风险可能完全来自其管辖范围之外的行为。即使是经济和政治上都很强大的国家也可能面临来自贫穷国家的金融危机的风险。对如何管理风险的问题处在两极的反应分别是：一是富国或强国试图操纵贫穷弱势的国家，为的是免遭后者的外在威胁；二是通过所有国家间的合作，在国际范围内管理风险。国际监管的所有程序就处在这两种做法之间。除了第一种极端做法，国际监管包含了某些主权的让渡，不管是在发起磋商时，还是在促进政府间协商便利的阶段。

建立国际经济权力部门和程序的条约主要分为两大类：（1）产生超国家组织的条约，该组织有权制定准则以及对成员国实施制裁；（2）政府间组织的条约，成员国在组织中发挥主要作用，而该组织本身仅发挥行政管理和协调的作用。第一种类型代表了在国际范围内更深层次的主权让渡，而在第二种形式下，同意各项标准并施加制裁的最终责任仍然保留在成员国手中。例如，国际货币基金组织就代表了超国家层次的主权让渡，用来促进货币稳定和经济增长。IMF中的协议条款产生了超国家组织，此组织拥有法律上承认的权利和义务，使之纵向延伸至各成员国。相反，世界贸易组织协议产生的是横向政府间的权利和义务，国家仍然保留建立标准、施加制裁的最终责任。一个国家对另一个国家施加制裁，是通过WTO争端解决机制中的自我补救措施实现的。

在调整国家行为上，大多数多边经济条约发挥了关键作用，条约也包含相应程序以确保成员国承担某些责任。然而，条约中也显现出诸多难题，尤其在国际关系复杂领域的监管方面，因为它们所追求的国际目标通常具有高额交易成本。更值得一提的是，它们的硬法形态，会将国家封闭在限制性的承诺和义务中。但是由于信息不足或对未来条件和情况的不确定，根本无法比较准确地预测承诺及义务能带来怎样的结果。

## 5.2 交易成本

由于在协议磋商时各国都面临着很大程度的不确定性，因此都不愿意在不确定的情况下把自己束缚起来，因此出现了多种形式或各种级别的没有法律约束力的软法，并形成了国际准则。实际上，在国内法里，各方在商谈某个合约时也面临同样的问题，因此也倾向于形成不具有法律约束力的安排。交易成本之所以产生，是因为存在一系列的因素，如所涉及对象的复杂性、谈判的成本、文件的起草以及各方之间的协商问题(Caporaso，1993：61)。像政府一样，这样的或那样的因素都让私人主体很难同意承担具有法律约束力的及规定性的义务。相反，法律上不具有约束力的协议可以降低交易成本，因为这些协议通常只涉及那些规定性不强的义务，而且在规则解释上灵活，不过度限制一国的未来行为，尤其在不可预见的情况下。此外，软法协议中不太具体的承诺可增进各方之间互相协作而产生的利益，进而提高它们最终达成协议的可能性，并且可以作为现有协议继续谈判的基础。

另外，各国所处的国际上的无政府状态也为各国在追求自己利益时带来不确定性。国家是理性的自我主义者，它们追求权力和财富，通过同别国达成具有法律约束力和不具约束力的协议，来改善同其他国家的相对地位。然而，国家也会因信息不对称性受到影响，因此它们很难预见到协议可能引发的全部或大部分的后果。信息不对称性还会使人们很难了解，到底哪些方法对国家利益而言是最有效率和最具理性的。国家也缺乏完整的信息，来了解其他国家是否能够履行承诺，或者在追求同样的利益时会采用怎样的政策。国际机构扮演的角色就是使国家间的谈判更加便利，而且能作为衔接点使国家获得必要的信息，从而降低信息的不平衡，提高对相关环境的整体认识。然而在监管国际经济关系时，国际法并没有为各国提供一个强有力的平台。与国内法律体系不同，国际法中存在很多空白和不确定的地方，然而各国尤其在经济领域对国际法的期望甚高。例如，如果没有一个国际机构居中协调，大多数国家都会在国家监管体系的活动中面临非常高的交易成本。因此，各国为了避免高成本，会同意将其中某些权力和责任让渡给国际金融组织，这些组织履行必要的规则制定职能，同时对机构及市场实施监督。

一国在未来是否履行国际承诺或义务是不确定的，因此各国建立了各种规制结构，在政治协商的框架内监督履约的情况。由于将是否履约的权力让渡给由各国组成的机构而不是司法法庭，因此通过政治博弈能够迫使国家将未预见到的履约的高成本在内部消化。这可以说是一个最优方法，尤其适用于敏感的国家政策和监管领域。正如第2章所述，这些金融机构在这方面发挥了有效作用。这些金融机构开展监管和监督活动，产生各种信息，并在未来的谈判、制定技术规则和缓解纠纷上提供帮助。如果在一般性标准上取得一致，但并不非常精确地定义具体的规则和标准，国家可以灵活地解释和执行，这可以在一定程度上解决不确定性引起的高交易成本。各国还能采用一般性指导方针作为未来协商的基础，而随着时间推移和谈判的进展，规则就可以变得更精确了。其他方法还包括，采用精确但不具有约束力的规则，建立确定性承诺的框架，并可以在不同的环境下使用。通过这种方法，国家在保留了履约与否的最终权力的同时，又通过经验积累来学习和提高。这些方法允许各国之间通过政治协商来对协议框架进行认真分析，以获得协调带来的利益，使义务进一步地制度化，同时限制交易成本并降低在未来环境下的不确定性。

由于条约必须克服这些困难，所以它们是一种典型的妥协，而且不可避免地会缺乏弹性。此外，由于条约必须包括对其签约国的问责安排，因而它的进展速度很慢。在国际金融监管领域，这些都是让人觉得乏味的地方。因此，监管的发展走上了一条不同的路径并不让人觉得奇怪。在国际软法标准的发展上，有各国监管者组成的国际机构发挥了主要作用，诸如巴塞尔委员会、IOSCO、IAIS和FATF等。

## 5.3 主权成本

要达成有约束力的国际协议的谈判，主权成本是主要障碍，因为各方承担的义务会减少国家自主权和行为的自由性（Martin，1993）。这些成本会很高，尤其当某个超国家组织在经济政策或监管的核心领域承担了监管责任时更是如此。出于对主权成本过高的考虑，各国会选择达成包含软义务和不精确规则的协议。事实上，国际软法的确为国家提供了多种体制性的机制，以降低或控制主权成本。例如，通过限制对第三方裁决机构或法庭的放权，国家既可以从期望别国遵守软法中得到利益，同时它们还保留了心理上的优势，即它们知道任何关于它们违约的指控，都必须通过政治博弈和商讨的框架来解决。

很多人已经从不同的视角探讨了主权成本的概念并进行了分析（Keohane，1984；Abbott 和 Snidal，1998：10－12）。在不同的问题领域，主权成本会有所不同。例如，Abbott 和 Snidal 认为，主权成本在涉及国家安全的热点问题领域尤其高昂，而在经济或环境领域则相对较低。然而，我们认为，由于银行业监管是一个关乎经济健康和金融体系稳定的不可缺少的要素，所以在向超国家组织让渡监管权力时，主权成本会极其高昂。

根据各个国家间国土的大小、财富的多少和政治力量的强弱，它们付出的主权成本也不同。对于大国或具有霸权地位的国家来说，加入具有约束力的条约所要付出的主权成本比起那些相对较小也不太具有影响力的国家要高得多，因为这些强大的国家在实现它们的政策目标时通常具有更大的自主权和更多的能力。而如果这些强国承担某些国际义务，它们的自主性和追求政策目标的能力就遭到极大削弱。相反，较小的国家可以支付较低的主权成本，因为它们一般本身的自主权就不多，自由行动的权力也小，因此在达成某个国际协议或加入国际组织后，因为承担义务而丧失的自主性也少。虽然主权成本会削弱国家的自主性和行为的自由性，国家可以通过在某些领域实现国际合作及协作来获得巨大的集体行动利益。可以通过达成协议（根据硬法或软法）的方式实现合作，这样能更容易地对各国追求国家目标的行动进行协调。因此，国际协议和各项文件可以为各国带来利益（如降低交易成本），当然国家签署协议或与某个组织开展活动也产生成本，但利益会超过它们因丧失主权或行动自由而支付的成本。虽然大国签署某个协议而为自己带来高额的主权成本，但是如果大国利用这些机构实现它们目标的效率比它们单边实现目标的效率高很多，那么也会从加入某些机构或国际组织中获取更多的利益。软法制定过程允许强国和弱国合作。比如，共同建立某种特定形式的具有约束力的国际准则和规则，内容相对精确，而且把监督权交给国家政治机构。这样弱国得到预期某些行为的保护，而强国仍然保留对履约和进一步谈判的影响力。

关于国际金融监管，巴塞尔协议框架包含了一些相对内容精确但不具有约束力的准则，并把监管权力交给国家政治机构，以确保对标准的操作和执行。通过这种方式，主权成本得以降低。巴塞尔框架允许各国对其行为规则化并使用国家法规的形式来遵守国际软法。随着越来越多的国家采用这些标准，相应的义务就开始具备约束性，最终发展成为具有约束力的国际习惯法。国际准则的建立，在国家层面上提供了必要的政治和法律基础，最终认识到放权给某国际监管机构确保标准执行的做法，是能够带来利益的。这也就是国际监管当局能够发挥作用的地方，即监督履约情况、建议行动规则以及整合各国之间的执行情况。

巴塞尔协议框架和其他非正式的国际标准制定机构在国际金融市场监管的国际准则、规则的制定过程中，发挥了重要的作用。巴塞尔资本协议和“9·11”之后金融行动特别工作组的反洗钱建议，都是某种形式的软法，其规定清晰、明确，但主要靠主要国家监管者协商确定并且不具有法律约束力。国际软法的这种特殊形式为各国提供了必要的政治灵活性，让各国能在保持民族国家的主权的基础上将国际规则和标准纳入国家法律体系。通过多边协商以及对这些不具约束力的义务的逐步熟悉，各国边做边学，为实现各方同意的国际目标而共同努力。随着信任和期望不断接近，各国能最终将违反规则的裁决权放权给一个独立的第三方，以便能客观地遵循国际标准。由于国家可以允许保留包括制裁在内的最终执行权，国家主权也因此得到尊重。

当然，这里要解决的问题在于主要国家的主导地位。只有达成一致意见，有效的软法机制才会出现，而一个由主要国家强加给其他国家的、勉强的一致意见，则远没有各方同意的一致意见有效。弱小国家在其经济上（或者还在政治上）已经受发达国家的控制，主权已不完整，那么由这些G10 国家设计的法律框架的存在又能给弱小国家提供多少保护呢？这就会产生质疑——究竟保护的是哪一方的利益。

解决此问题“最明显”的方法就是增加这些小国在巴塞尔委员会的代表席位，这也存在风险——决策制定机制负担过重致使灵活性降低。金融稳定论坛提出了部分解决方案，包括在协商委员会中加入更多国家，这比较有吸引力，但这些委员会没有制定政策或设立标准的职能。它们发表报告，指出金融部门监管和政策中的缺点和存在的问题，但很少提出有意义的改革建议①。FSF 已经实质上成为一个讨论场所，虽每半年聚会一

① 2003 年，FSF 委员会发布关于离岸金融中心和从事高杠杆交易的机构。

次，但没有提出任何有建设意义的改革议程。我们需要一个更加整合的规制结构，来制定出有效的监管标准以控制系统风险。

最后，那些面临软法和正式的条约机制两难选择的国家可能得出这样的结论，两者各有存在的空间。条约确定了方法，通过这种方法建立一般原则来指导监管者，并建立一个机制来发展从这些原则中衍生出的法规。而发展这些法规的任务可以授权给一个不太正式的与 BIS 委员会相似的机构。

## 5.4 全球监管：机构和法律结构

我们现在回顾一下，布雷顿森林体系建立的最初目的和体制结构相得益彰，并使国际经济政策的制定更有效率、更具责任性。后来被放弃的国际贸易组织，其目的在于消除货物贸易、服务贸易和知识产权贸易壁垒，对货物或服务的交易进行管辖，而 IMF 协定条款主要涉及汇率稳定并维持收支平衡。世界银行在促进长期经济增长和发展方面发挥了统领全局的作用，它提供贷款，支持饱受战争之苦的国家开展基础设施项目建设。自从这三大组织成立以来，它们已经在多个领域扩展，并且已经互有交叉，结合它们缺乏在决策制定上的问责、在会员机制上的合法性，因此它们的有效性受到损害。相应的，在设计新的体制机构时，应该使这些机构的工作不仅相互之间，而且同其他设立标准的国际机构之间能更好地协调起来。改革国际金融监管的体制结构时尤其要注意到这一点，应该关注将各种 IFIs 和 IEOs（译者注：国际经济组织）的工作整合在一起，让其比现在联系更加紧密，实现高效率国际金融监管的目标。

要建立有效、问责而且合法的国际金融监管体制结构，可依据现有的国际经济治理结构开发出一套规范的体制框架来推动有效的金融监管。为达到此目的，我们建议在普遍会员制和有约束力的原则基础上建立一个多边框架的条约。条约将建立一个由全球金融治理委员会领导的国际组织，该委员会由各成员国代表组成。该条约要求成员国同意遵循恰当的金融监管原则，例如资本充足率、并表监管以及银行业机构的适当公司治理结构。对具体而明确的监管规则和准则的执行，将授权给专业机构。这些机构由来自发达国家和发展中国家的国家监管者组成，这些专业机构同现有的国际标准制定机构类似，但它们的会员制是向所有国家开放的，既有来自具有全局影响的经济体国家中的监管者做永久成员，也有来自较小的金融体系不太发达的国家的监管者按照期限轮流服务。条约也组建由治理委员会领导的规制结构，其成员由副部长级别的代表组成，他们一年至少会晤4次来监督专业机构的标准设立活动（见图5—1）。该委员会还负责批准由专家委员会建立的标准。然而，该条约有一个重要原则：如果认为遵循该标准会严重影响本国经济或金融稳定，那么允许该国不遵守该特定标准。尽管国家有权力做出上述决定，但在决定前应该鼓励该国同别国先行商讨。国家对于执行国际标准行使绝对控制权将降低主权成本，也能保护国家，使其不需要遵守不适合该国经济和金融体系的标准。

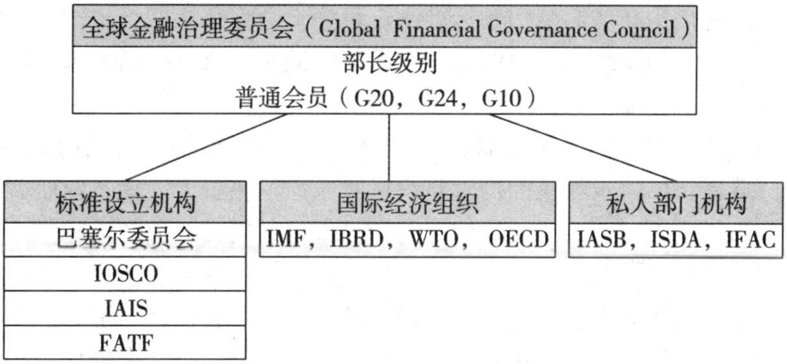


**图5—1　国际金融监管的规制结构**

全球金融治理委员会中有来自所有成员国的代表，该委员会得到条约授权，可以将制定金融监管国际标准和规则的权力下放给现有的国际监管机构。它也可以将监督和执行机制授权给会员庞大的国际组织（如国际货币基金或世界贸易组织），而将最终执行权力留给国家监管当局。国际组织的一些传统责任，如IMF在干预特定金融危机中所发挥的作用应当被保留，并且可以按照一些国际委员会的建议具体确定下来。例如，Meltzer报告（受美国国会委托）提议称，IMF不应去承担更大的提高金融稳定性的责任，而是回归到成立初的使命，即为遭受暂时性收支困难的成员国提供短期资金流动。世界贸易组织应当监管其成员按照减让清单履行承诺以实现金融服务跨境贸易自由化，应当监管其成员采用国际专业机构确定的、被国际普遍接受的审慎监管原则，确保成员不附加隐蔽的贸易壁垒来限制金融服务贸易。世界银行会继续通过长期贷款和基础建设援助，并为新型经济体国家监管者提供培训以保证按高标准执行金融监管。

国际监管机构如巴塞尔委员会，应继续致力于制定针对诸如资本充足率、并表监管这类问题的技术规则和标准。IOSCO 需专注于精确的和以市场为导向的会计准则以及审计师的诚信和独立性。FATF 应当承担更高级别的角色，处理洗钱行为以及解决第三方中介为恐怖分子集团提供金融支持所发挥作用的问题。这些国际组织，由于结构灵活，可以在专家环境中取得一致意见来发布标准和规则，标准和规则的整体目标是既能应用于十国集团，又能应用到国际金融体系中的所有经济体国家。尽管这些专业监管者组成的机构在体制结构和标准制定程序上会保留某些自主性，它们应当建立起一个和条约相一致的目标，即建立适用于所有国际经济体成员的准则和规则。

多边条约将采用国际金融监管的这样一个规制结构，并让所有的国家、区域经济体以及相关的国际组织成为条约的签署方。该条约涵盖审慎监管和市场行为的一般原则，但原则的详细阐述则由专业的国际机构去完成。这些国际机构的成员将会更广泛，包括发展中国家和新型市场经济体国家。十国集团和经合组织对标准设立的主导作用将由此结束。这些机构颁布的具体规则和标准提供给全体会员国的国家监管当局来执行，并受到相关国际组织和/或标准设立机构的监督。每个国家都能行使最终决策权，决定是否将在该国监管机制中执行。这可以减少国家主权成本，维护国家监管者在采纳有利于其金融体系的标准上的自主权。国际组织和 G10 之外的其他国家将禁止 IMF 和世界银行采用正式激励措施和制裁手段来促使各国遵守 G10 的规定和标准。如果一个国家决定实施某一个特定标准，需由相关国际组织以及（或者）所属的标准制定机构监管。

全球治理委员会和其他相关国际组织及机构有着另一个同样重要的职能，即支持并推广其颁布的多种国际标准，并同国家监管者进行持续对话和协商。从本质上说，委员会及其相关机构应当在金融监管政策的四个主要领域来帮助和发展国际标准，这些标准对于有效金融监管十分重要

（Eatwell 和 Taylor，2000）。这些领域分别为：授权和指导、信息和监管、合作和协作、执行和政策。以下会对这些领域一一介绍。

多国银行现在已经在相互连通的金融市场里开展经营活动，因此要在全球范围内有效地管理和控制系统风险，就需要标准制定流程是全球范围的，并对受其管辖的经济体是有效的、问责的及合法的①。无论这个市场是根据机构、产品、货币或者甚至是地理区域来定义的，这都会适用。此外，国际标准必须靠有效机制来支持，在国家监管者间分配监管权力，以便更有效地监管银行和银行控股公司的跨国经营行为。这应该确保控股公司的子公司持有适当资本，并且在集团框架中不维持过量的资本充足率。

### 5.4.1 授权和指导

授权公司在金融市场经营必须由一个发放许可证的体系来控制。只有当公司和个人能够证明它们有能力而且能够正当经营、采取了有效的监管和风险管理程序，并满足资本充足率和其他审慎监管标准之后，才能向它们授予许可证。倘若公司或个人达不到既定的标准，监管当局有权拒绝发证或撤销证书。

此外，监管当局应当同它们所监管的公司定期交流并提供指导。监管者应当为被监管公司的内部运营提供建议，促进与它们建立的良好关系。通过这种方式，监管者可以鼓励公司提供持续不断的信息流。此种合作关系要远比对抗性审查有效得多。

国际金融机构（IFIs）应当带头设立标准以便各国监管当局使用，用于确定是否向多国金融机构颁发许可证或授权其经营跨国业务。授权过程应当依照国家已经认可的巴塞尔并表监管原则规定的母国/东道国的安排进行。IFIs 应当承担起责任，确保各国符合共同授权程序，并在监管者之间达到信息充分共享。为减少套利发生，IFIs 应当对可以从事经营的金融机构、高级经理人和董事设立最低标准。应当允许各国针对机构和个人采纳更加严格的授权标准，从而在各个国家之间产生对超过最低标准的竞争。

---

① 详见 Eatwell 和 Taylor：《金融监管的未来：世界金融机构》，未发表的工作底稿，剑桥大学，1999。

## 5.4.2 信息和监督

信息披露体系是范围更广的监督任务中的一个部分。确保公司遵循监管标准和规则就必须要求有效的监督。一些观察家指出，监督在本质上就是一种情报活动（Eatwell 和 Taylor，2000：191）。要对金融市场结构的不断变化和市场的风险暴露程度做出精确评估需要监管者运用有效的监督技巧。此外，监管者应当比其监管的市场参与者的信息更灵通。相应的，监管者应当获得与其履行监管职能有关的机密信息。保护这类机密信息不被披露的传统法律特权不能用在现今的金融监管者身上。事实上，一旦监管者们掌握范围更广且更精确的市场信息，他们的地位将会得到极大提高，而且也会更加合法化。

信息和监督是有效国际监管的关键要素。国际清算银行和巴塞尔委员会为国际金融市场的发展及运作提供了大量信息，并且提供了银行业金融机构会计标准的很多建议[①]。通过提高信息披露的质量，IFIs 和 BIS 也对监督提供了必要的帮助，这样市场参与者和国家监管机构就能够得到关于国际投资、短期资本流动和流动性以及利率的最新、最精确的信息。关于金融公司掌握的信息哪些属于机密的范畴，各国都有不同的法律标准，有必要将其整合，并最终在决定与金融市场相关的哪些专有信息可以披露的问题上，采用同一种国际标准。

信息披露又引发了另一个问题——披露相关的金融信息时应该采用何种会计标准或会计体系。向公众、投资者、借贷者和监管者发布准确且相关的信息正是高效率市场和有效监管体系的基础。在 20 世纪 90 年代和 21 世纪初的公司治理丑闻发生后，国际会计准则理事会（IASB）[②] 和国际证券委员会组织（IOSCO）在改革国际会计标准方面取得很大进展。

---

① 巴塞尔委员会公布了《银行和银行监管机构关于银行年度报告中公共信息披露的指南》（巴塞尔，1998 年 9 月）；另见《提高银行业透明度》（巴塞尔，1998 年 9 月）以及巴塞尔委员会文件《贷款会计、信贷风险披露及相关事项的有效实践》（巴塞尔，1999 年 7 月）。

② 国际会计准则理事会（IASB）即是成立于 1973 年的国际会计准则委员会，其目的是整合商业和其他组织在会计报告中的会计原则。它是由会计行业的专业代表组成的独立的私人机构，不代表任何政府机构或国际组织。查阅网址：www.iasc.org.uk。因此，它不具备同巴塞尔委员会、IOSCO 和 FATF 那样的合法性，因为 IASB 的会员不是政府代表或监管者，而是来自会计业和学术界的专家。国际金融审计师委员会（IFAC）也是一个私人机构，它同 IASB 类似，但其影响对象是银行和其他金融机构的审计人士。

2003年12月，IASB发布了金融工具估值准则的修订案。这些标准就是大家熟知的IAS32和IAS39，用来规范证券和其他金融资产的信息披露。IAS32准则确定金融工具应当被列报为债务还是资产，并且要求同时披露金融工具的商业意图和金融风险的性质和程度。IAS39规定了金融工具的确认和计量，以及什么时候应当列入金融报告和如何进行评估。例如，它要求衍生品必须以公允价值或市场价值报告，而不是其历史成本。尽管与利率风险组合宏观对冲的估值相关问题仍然没有解决，但IAS39在要求报告金融工具风险的真实范围和程度等问题上取得显著进展。

IAS32和IAS39是实现会计准则在国际范围内融合的重要步骤，因为此两项标准都十分接近于它们在美国一般公认会计原则（GAAP）[①] 所对应的条款。这些国际会计准则将构成新型国际监管机制的重要组成部分，而且将完善早期预警体系，这些早期预警体系是为了避免近年来发生的各种类型的金融危机而建立起来的。在各国家与地区间使用比较一致的国际准则会有助于确保市场约束的作用，防止会计套利。

在统一的全球机制下，IFIs有责任确定会计准则，也就是说巴塞尔委员会、国际证监会组织（IOSCO）、国际会计准则理事会（IASB）和国际会计师联合会（IFAC）也应当继续它们的工作，但同时应该让发展中国家和新兴市场经济国家参与其中。国际货币基金组织通过第4条监督机制条款来监督其成员国执行各种国际金融标准，因此在实际监督方面已经积累大量经验。IMF应当继续其在既定机制下的监管，但是如果某些国家选择不遵守某些规则，IMF不应当以不遵守国际标准为由，继续保留不发放贷款的权力，或者不允许这些国家得到其他形式的融资。对于已经表达了想要遵守国际标准的那些国家，IFIs应同IMF一道，加入对这些国家监管行为的审核和评估。这应包括对个别国家监督体系的评定，同时在如何遵循国际标准方面提供建议。这样的监督体系还没有被纳入到现有的国际金融体系，而且也很难实现，因为它要求高质量的信息披露，而恰恰这些标准尚未被很多国家的监管当局采纳。

---

① 国际会计标准已经得到欧共体机构批准，并作为具有约束力的欧盟管理条例于2005实施，对所有欧盟成员国具有直接约束力。

### 5.4.3 合作和协作

应该看到的一个基本情况是，很多国际经济条约里已经包含了非常重要的原则，即要求国际经济组织相互合作并在执行各自职能时相互支持。例如，WTO 章程在相关章节中提到：

*鉴于为实现全球经济政策制定更广泛的一致性，在适当情况下，WTO 应当同国际货币基金组织和国际复兴开发银行及其附属机构充分合作*①。

此外，1996 年关于世界贸易组织对实现全球经济政策制定更大一致性所做贡献的宣言中提到：

*经济政策不同方面的相互联系，要求国际机构在每一个领域里承担责任，遵循一贯的互相支持的政策。世界贸易组织因而应当寻求和发展同货币和金融业务相关的国际组织的合作，同时尊重每一个机构的权力、保密性要求和决策程序中的必要自主权，并且避免对政府施加交叉条件性要求或任何额外条件*②。

IMF 条约包含一些鼓励条款，希望基金组织同其他国际组织和机构合作③。与此相反，WTO 协议条款则明确提出要促进 WTO 同其他国际组织的合作。尤其 WTO 宣言中的第 3 条第 5 款以及 GATT 和 GATS 的某些条款中也包含了同 IMF 合作的强制性条款。

应当鼓励所有国际标准设立机构和组织的执行官员，来审查不同组织间就全球金融政策制定问题的合作所能带来的后果。合作意味着可能有必要签署具有约束力的多边或双边协议，如同 1996 年签订的履行两个组织

---

① 第 3 条第 5 款。从传统意义上说，国际货币基金组织和世界贸易组织在 GATT 第 12 条和第 18 条 B 的情况下开展相互合作和协作，这两个条款允许成员在遭遇严重的经常性项目赤字时，限制进口。在决定是否允许 WTO 成员退出关于进口的现有承诺方面，WTO 协议明确要求 WTO 收支平衡委员会，依靠国际货币基金组织的专家组来确定该成员关于进口的限制是否符合 WTO 规定。

② 关于世界贸易组织对实现全球经济政策制定更大一致性所做贡献的宣言，第 5 段，WTO 法规文本（1999）。

③ 例如，条款 5 就表明："国际货币基金组织应当在本协议的条款范围内，同任何一般性的国际组织合作，并同在相关领域具有特定责任的公共国际机构合作。"授权国际货币基金组织和其他国际组织间合作的这一条款为 IMF 和 WTO 开展广泛合作奠定了基础，IMF 和 WTO 在多个工作小组和委员会中都有正式和非正式的成员接触和共同参与（Siegal，2002）。

间合作义务的 IMF/WTO 合作协议①。

现有国际联系为国际金融监管的进一步合作与协调提供了框架。要达到有效国际金融政策的目标，的确可以通过各国监管部门之间相互协调来实现。巴塞尔委员会的工作清楚地表明了这一点，该委员会在国际范围内交换重要的资本市场信息，并在国际范围内就金融机构的管理监督进行协调。通过达成双边协议已经实现了这种类型的合作与协作，譬如欧盟与美国在 1999 年为实现并表监管做出了关于信息交换的合作声明②。这种紧密合作对于在多国都有业务活动的银行的综合性并表监管是十分必要的。

在本书所提议的国际机制下，IFIs 既有权同各国监管者达成协议，而且还有权力来促进各监管者就信息共享的共同框架达成协议，这些协议可以作为基础，使各国的监管机构之间以及与在国外有实质性经营活动的银行业机构达成双边互惠合作。这种类型的监督作用可建立在现有的双边协议上，如欧盟与美国的协议，以便在调查和执行上深入交换信息。

在保密信息方面，国际监管应要求各国监管当局保证任何通过双边或多边渠道获取的信息只用于法律监管的目的，并且不形成刑事案件中对被告权利的任何歧视。在国家法律允许的程度下，各监管当局及其代理机构应当对经授权的信息交换所获取的全部信息保密。需要认真考虑的是，在某些情况下，一个监管者提供给他国监管者的信息可能会由于法律监管的目的而透露给第三方。当监管者从第三方接到须获取信息的要求时，该监管者应当同提供信息的另一监管者协商，得知后者对发布此项信息涉及的所有权的看法。如果信息发生国的法律和监管规则要求必须获得其同意，那么在将信息提供给第三方之前必须先获得同意。

倘若根据国家间协议的规定，要求监管者披露信息，那么就应该理解成该监管者必须在法律允许的范围内开展合作来寻求对信息保密。只要信息按照国家法律要求的程度披露给了第三方，披露信息的监管者就要通知该信息来源国的监管者。

此外，全球银行业的兴起使得储蓄性金融机构可以通过复杂的通信和

---

① 国际货币基金组织和世界贸易组织间协议，1996 年 12 月 9 日，见 WTO 法规文本(1999)。

② 详见《关于为实现并表监管而交换信息的合作声明》，请见 www. eurunion. org。

计算机体系连接在一起。IFIs 应当协助国家监管当局采纳关于有效收支和清算体系的必要技术和标准，从而在构建该网络方面发挥领导作用。各国监管当局应当达成一致意见，要求本国银行加入国际收付的单一网络，形成各加入国银行都应包括在内的一个封闭体系，并且应该设计出一个跨国的共同监管框架。这样一个国际支付体系可以便利跨境支付，降低一旦银行不履行对方义务所带来的风险传染。

### 5.4.4 执行和政策

一个有效的国际金融监管机制取决于对国际标准的执行和实施。金融风险的跨国性质，就必然要求建立统一原则来指导金融监管的执行程序，这也越来越多地涉及多国管辖的情况。这类金融监管要达到有效，遵守规则的国家就必须采取适当的司法行动，既要对那些只发生在本国内的违规和违法现象进行制裁，也要对那些虽发生在别国管辖领域但影响了本国金融市场的某些行为或疏漏进行制裁。各国权力部门也应当具备相应的能力，不仅处罚发生在本国辖区内发生的违规或违法行为，而且也要处罚那些违法要素发生在外国管辖区内的违规或违法行为。境外管辖的这些外延概念可以应用于监管电子交易体系，以及惩罚那些利用互联网控制并威胁金融市场完整性的市场操纵违法行为。

要实现执行职能，并不是要直接负责执行国际标准，但应该提供信息和证据并对各国权力机构在政治上施加压力，以确保它们执行国际标准。然而，与金融企业集团跨国运营相关的执行则包含很多复杂的法律问题，例如一旦涉及公司违规，是否要揭开公司面纱，是否将责任归咎于有控制权的第三方或明知参与的其他相关方①，另外，如果是违法案件，还涉及双重和多重损害问题。

监管职能中还具有一项重要职能——政策职能。巴塞尔委员会、IOSCO 和其他的 IFIs 通过采纳国际标准和审慎行为原则已经履行了这一职能。在这里非常重要的是如何对政策取得一致意见，这决定了此类标准的发展是否具有合法性，并决定了执行标准能在多大范围获得支持。但采

---

① 详见 E. Lomnicka：《明知的参与？违反监管义务的参与责任》，*Company Lawyer* 21，No. 4（2000 年 4 月），121 ~126 页（违反金融监管的第三方民事责任的分析原则）。

用自愿性的方法意味着必须由各国权力部门主动采取接受国际标准的行为。相反，一个更有效的全球机制需要具备主动性的政策职能，这也就意味着它发展并通过的监管行为标准和规则必须由各国监管当局实施。面对国际市场结构的不断变化和公司特征的不断改变，还应当不断调整监管的范围和程度。现有金融机制的整合会引发大量政治和法律上的问题，涉及应该把哪些权力交给国际机构，以及国家应该发挥怎样的作用来影响国际标准和金融监管规则的发展。政治的现实性要求 IFIs 将其职能同国家监管当局的职能相协调。IFIs 的首要作用在于推动标准和程序的调和一致，从全球视角和相互关联出发来制定决策，适当条件下在全球范围内实施监管职能。

条约框架还应该考虑到，中央银行关闭或救助在多个国家内运营的银行时应该发挥怎样的作用。的确，国际银行业的事后监管要求设立行动规则，来决定哪一个中央银行具备权力干预或救助经营不善的银行，以及什么样的标准可以确定一个银行是否可以获得救助。由于没有国际上的最终贷款人，条约可以成立一个由各国中央银行行长们组成的委员会，由他们来决定谁、何时或如何成为最后贷款人（LOLR）。起初，将该委员会的权限限制在两个或两个以上货币区内运营的银行的办法是可取的，但对于仅在一个货币管辖区内运营，然而实质上在进行跨境经营和风险暴露的银行带来的系统风险，这种方法就不能很好地解决了。委员会的组成人员应当包括一部分主要的中央银行家，但同时要有来自诸多发展中国家和新兴市场经济体国家中央银行的代表（或许他们采用的是轮换制）。该委员会应当同其他处理事前事项的监管委员会协调行动，并对治理委员会负责。然而，该委员会也应当具有在危机发生时，为了避免危机蔓延在没有取得治理委员会具体批准的情况下而采取行动的自由酌情处理权。委员会需要制定规定（同并表监管相似），根据银行业危机的性质和程度来把管辖权力分配给一个或多个中央银行。此外，还需要针对金融控股公司制定出具体规则，以确定哪一个中央银行将主要负责救助或关闭在多个国家和地区内设有分支机构的银行业集团。

巴塞尔委员会和其他 IFIs 所作的努力表明，各国金融监管者有能力履行某些全球监管职能，例如在相互交换信息、建立旨在减少系统性风险的自愿性国际标准等方面。在布雷顿森林体系瓦解后的短时间内，这种非正式且自愿性的合作和制定标准的方法，对于发达国家来说十分有效。然而发展到现在，国际金融市场结构不断变更，系统性失败的风险加剧，我们需要一个更规范化的结构，这包括具备约束力的国际标准、有效监管和有效执行。银行在从事国际业务时所处的各国监管框架彼此重合而又不连贯，倘若要降低金融市场风险，必须协调一致并且遵循统一的标准。

## 5.5 结论

现行的国际机制存在的最大问题在于 IFI 的标准设立是由几个富国或大国所控制，同时也控制主要的金融机构。现有的标准设立过程在某些方面可以说是有效的，因为这些标准设立者数量少，并且能在公众聚焦的范围之外操作。但是随着这些国际标准不断在全球范围内使用，它们的设立过程就需要更具问责制和合法性，能够让在当前作用发挥不大的国家参与到国际金融准则的设立过程中，并发挥影响作用。本章认为，如果要有效控制全球金融市场的系统性风险，就要对现有的国际金融监管的规制框架作进一步整合。为达到此目的，通过多边条约的形式构建全球金融治理委员会是一个必然。其职责应当包括采纳具有约束力的银行业监管国际原则和规则。治理委员会须设立范围广泛的监管治理原则，并将规则制定和标准设立的职责放权给特定的监管机构，如巴塞尔委员会和 IOSCO。IFIs 应当制定审慎监督的标准，该标准随后应当被治理委员会审核和批准，随即对所有成员国具有约束力。然而，对于那些可以证实将削弱其经济发展或威胁其金融稳定的某些特定标准，成员国应当有权力决定不予接受。

虽然将标准设立和监管的权力放权给 IFIs 会产生主权成本，但这些成本也会随着不断的协调和监管而减少。这将为监管者和市场参与者带来效率收益，并超过主权成本。

根据这个方法，国际监管是由在 IFIs 工作的专业监管者去执行，因此应当变得更有效率，而且由成员广泛的治理委员会最终批准，国际监管也变得更具问责性也更有合法性。治理委员会按照代表所有参与国出席的高级部长们取得的一致意见来做出决策，并参照 IFIs 的建议来开展行动

（IFIs 的会员同样对普通代表公开）。IFI 监管政策将会关注于全球金融市场，而不是单一的某个国内市场。

既然金融稳定是一种公共品，国际监管的范畴也应当是面向全球的。之前成立世界金融局（Eatwell 和 Taylor，2000）的建议没有考虑设计一个全球机制在体制上和政治上存在的限制。全球机构，尤其是那些像世界金融局一样强大的机构，要求在国际范围内进行前所未有的国家主权让渡。这会很难实现，即便在欧盟内部也是如此，欧盟里的银行业监管还是以国家为基础开展的。因此，国际监管成功与否关键取决于单一民族国家，尤其是在协调、实施和执行方面的具体做法上。我们现在提出的建议寻求解决某些政治上和机构上的局限性问题，这就是通过将现有的 IFIs 作为标准设立及监管责任的主要承担者，而使各国降低监管政策制定中的交易成本。通过让所有国家都参与标准设立过程，并在国家是否遵守的问题上拥有最终决策权，来解决主权成本的问题。我们需要在制定监管政策上达到有效性，同时也要维护国家经济主权，本章所提的这种办法试图在两者之间实现平衡。如果没有一个比现有的国际监管方法更有效的方法出现，金融危机的波及范围和严重程度在不久的将来极可能会加剧。

# 第 6 章

## 激励还是规则：国际金融监管的备选方案

书中这部分的分析主要考虑金融监管者的利益以及它们所监管的机构的利益。在政府中，并不是只有金融监管者关注激励的问题。多数政府活动都要考虑私人机构的动机，从而增加公共品。例如，当政府征税时，就需要在税收收入中得到的公共品和税收的激励作用之间来综合衡量。在多数情况下，税收的目的是考虑其激励作用，而不是增加税收。同样，当政府试图控制金融环境中的系统性风险水平的时候，其很多做法，都对私人金融机构的动机产生影响。这个问题，在国际金融监管的方方面面都表现得非常明显，以后各章会详细讨论。首先，本章针对以激励为基础的监管方式是否能有效降低系统性风险，展开了一般性分析和讨论。第 7 章至第 10 章则是通过考察不同情况下系统性风险的特征，来分析每一个问题。贯穿这部分的主题并在随后章节中不断强调的，就是建立适当标准的重要性，以便从以激励为基础的金融监管政策中取得最大的收益。第 7 章首先讨论了当前对结算系统的各种争论，以及为了促进国际层面上更加协调一致，就需要在国家支付系统上设立最低标准。第8章则重点关注最近的亚洲金融危机中资本充足要求的效力。很明显，我们从这次危机中获得的一个重要教训，就是需要建立一条分析的纽带，能将微观经济风险和宏观经济结果联系起来。第9章转向讨论并分析巴塞尔委员会和其他国际组织推荐的解决方法，即在最近公布的巴塞尔协议II中使用的内部评级法和私人机构信用评级法，以及使用次级债务作为加强市场约束力的工具。最后，第10章中我们讨论的是各国金融市场会根据它们的法律体系、制度结构、商业惯例以及行为的不同而变化。同样的国际金融监管标准，在不同的金融体系中会产生不同的效应，由此引发的系统性风险也会不同。尽管金融市场之间变得越来越紧密相连，但它们各自的市场结构往往具有不同性质。因此，在第10章，本书建立了由各种国际机构所倡导的一系列公司治理的具体标准，以及它们与金融机构的具体影响。

在监管金融机构市场风险暴露的时候，现在采取的最常见的办法是基于规则的机制，即建立市场风险敞口和资本要求之间的外在关系。巴塞尔协议II协商文件中已经表明了1988年巴塞尔协议的近期改革方向，即越来越强调金融监管中激励的作用，这或者体现在市场约束上，或者体现在增加透明度上。这种方法之所以具有吸引力，不仅是因为它的内生决定性，即市场参与者可以使用他们自己的信息来确定监管标准，而且还因为其对风险状况更具敏感性。同样，有人认为，以规则为基础的监管，往往使管理的专业知识变得无效，而以激励为基础的方法，则会使管理者的见解变得非常重要，从而在制定监管标准中赢得信息优势。然而，理论和实践反复证明，在促进资源的有效配置以及确保金融机构的安全和稳健之间需要进行权衡。在这方面一个重要的需要权衡的例子，就是使用安全网（译者注：这里指金融安全网，一般包括央行最后贷款人、存款保险制度和审慎监管制度），虽然设计适当可以防止系统性的并发症，但也会招致道德风险问题。

本章阐述市场约束的作用，以及依赖它作为唯一的金融监管工具是否真正有效。如果这种说法能够成立，那么最少要先有一个既定的与激励相容的框架。例如，在最近的巴塞尔协议II的方案中建议，允许金融机构使用私人信贷评级机构的公开已有评估以及它们自己内部的信用评级，来制定资本标准，这就是使用早已存在的激励机制来推动市场约束的典型例证。正如方案中所概述的，一种适当的激励框架，也应该包括监管和监督框架、会计规则和实务及透明度方面的要求。然而，只要还有承担多余风险的动机，仅仅提高信息透明度就显得远远不够。也就是说，如果在具体执行中没有一个适当的设计，那么即便存在市场约束措施，也会由于承担多余风险的意愿过于强烈，而采用各种手段来操纵内部评级和外部评估。本章首先采用委托代理的框架，简要阐述监管之中的“激励问题”。下面一节，主要考虑激励相容监管制度的设计，从而鼓励审慎行为以及有效的金融中介化。接下来通过分析监管激励和代理人激励政策的相互作用，来对以激励为基础和以规则为基础的监管之间如何权衡进行评估。本章最后讲的是通过市场约束来设计适当的激励机制以监管金融市场时所面临的问题。

## 6.1 激励有作用么?

监管者的问题的主要特征是，总是存在一些机会，使得企业通过一些不为人知的、社会成本很高的甚至是“挥霍滥用”的行为，来提升它们自己的经济回报，另外的特征表现为监管者的信息总是没有企业的信息完整。这些特点是相互关联的，因为如果监管机构拥有完整的信息资料，企业的这些不当行为就会被发现。从根源上来讲，就是公司拥有的信息优势使它们有机会去采取自利行为，这是标准的“委托代理”和“道德风险”问题。需要更关心的问题是，怎样使这种信息不对称现象和由此导致的低效率，能在监管规则面前消失。公司有更完整的信息吗？监管机构拥有的信息与公司的信息相比处于劣势的最明显的例子是，它们采用激励机制，而不是依靠完全明确的指令。例如，政府减少在不同环境中的滥用行为来提高金融安全和避免风险的主要方式，不仅有直接数量界限，而且还通过奖励计划。例如，它们通过为节约能源的公司提供奖励计划（如税收优惠），促进能源节约。监管者相信，公司在能源节约的成本和收益上的信息更全面，对实现的技术也更了解，这些要通过给予激励而不是指令，才能取得更好的结果。同理可证，通过以激励为基础的金融监管，可以遏制资本市场的系统性风险。

系统性风险对于金融市场的关系，相当于肮脏的烟雾对于环境的关系。在计算生产成本时，工厂主很少能考虑其向社会排放烟雾所产生的费用。肮脏的烟雾是一种外部性。其作用等于是降低社会福利，但却是外在的，并没有在市场价格中得到反映。实际上，工厂主并不支付额外的清理费用或吸入烟雾者的医疗费用。市场运作的一个根本性缺陷在此表现了出来，因为工厂成本中没有体现出污染对社会整体所产生的成本。最终结果就是污染。如果社会污染的成本都体现到工厂的财务报表中，就不会产生那么多的烟雾。同样，金融机构的损失对社会整体造成的成本，也不会被算到它们的财务科目里，因此在定价中就没有体现。承担风险，对于金融机构是一种天经地义的行为。然而，只反映私人风险的市场，却使整个社会面临风险的价格偏低，从而像工厂主一样，导致在自由市场体系下的投资者可能承担过量的风险（Eatwell 和 Taylor，2000）。

类似的，同样可以说明使用法定次级债务（SD）可以用来抑制资本市场的系统性风险。像环境污染一样，金融监管者会选择通过直接控制的手段，来限制企业的金融活动。然而，像对节能进行投资的企业一样，金融机构比监管者更清楚其自身活动所需成本和面临的风险。另外，当代金融市场就其本质来讲充满活力而且创新不断，金融工具多种多样，相比监管自然环境的同行们，金融监管者往往处于更加不利的位置。因此，在这种情况下，信息不对称更加严重，像次级债务这样的激励机制也许会比清晰的指令更为有效。

前面提到的情况在一定程度上是存在的，因为与企业自身的信息资源相比，监管者所掌握的关于被监管公司情况的信息质量和数量，经常是处于劣势。的确如此，由于监管者的信息基本上来源于企业，而企业可以有效地过滤掉很多信息，监管者即使尽到最大的努力来获取信息，企业的管理者也有可能掌握更多的信息。选用司法类型的程序来做出监管决定，这种信息不对称问题被有意识地扩大了。尤其监管机构一直都在大量收集企业信息，所以它们并不是不清楚自己监管的是什么。尽管监管机构会比存款人或投资者得到的信息能更多一些，但与企业自身拥有的信息量比较，监管机构总是处于劣势。

## 6.2 金融监管的激励结构

本章的主要问题和焦点是政府部门应该采取哪些办法，来确保所有者、监管者和市场本身能够对管理者施加足够的压力，以避免承担过度的风险。在较为发达的金融市场，主管部门采取了多种措施，包括建立准入限制，执行适度的等于或高于巴塞尔委员会最低8%的资本对风险加权资产的比率的要求，并且实行多方监督来进行详细的审查。在新兴市场中，监督当局遇到的问题往往更大。一方面，经济体具有偏小而且集中度较高的特征，使得冲击的强度大而且更具波动性；另一方面，由于信息差，人们对银行的监督能力受到阻碍。因此，既包括工业化市场也包括发展中市场，政府都需要加强激励机制，鼓励每一个潜在的监督群体——监督者、所有者、债权人和市场参与者——都来遏制金融机构过度承担风险的各种行为。

我们现在转向监督群体中的每一方的激励作用，以便提供一个更好的监管环境。在早期，银行监督主要表现在保证遵守有关信贷分配和其他事项的政府指令。今天，多数监管当局开始转向谨慎监督，将保证偿付能力作为它们的主要任务。但仍有必要为监督者提供适当的激励去监督市场参与者并根据其观察来采取行动。首先，付给监督人员的报酬应该达到一个合适的水平，以避免有能力的人员被私人部门挖了墙脚。此外，如果监管人员薪金太低，他们或许现在委曲求全，为的是交换日后一份丰厚的薪金，这也可能会引起腐败。只要通过增加监督人员的薪水至少接近于私人部门的水准，就可以有效地减少监督激励方面的不利因素。类似的做法有“担保监管”，即推迟发放监督者的一部分报酬作为保证金来保存，并与金融部门的绩效挂钩[①]。另一项措施就是禁止监督者在监督部门工作之后，在一段时间之内又跳槽到私人部门。在美国，规定银行监督人员在12个月以内，不能到其监督过的商业银行去工作。也有一些建议，要求

① 进一步信息，请参见1820—1850年美国Suffolk银行系统（Rolnick，Smith和Weber，1998；Calomiris和Kahn，1996）。

监督人员提前做出承诺开展特定行动，例如“及时纠正行动”或“结构化早期介入与解决”。这种准自动反应包括强制性资金重建；银行业绩下滑并低于预先确定的标准时所触发的监管者的回应，而且这种反应是向公众宣布的、结构化的而且是预先制定的；强制性解决方案，如资本枯竭的银行仍然还有资本时，达到预先确定的点就要强制出售、资产重组或者清盘；以及资本的市场价值记账制度和报告制度。建立这些预设规则，也面临一个持续性的问题，就是政府在经济困难时期会重新对其加以确定。即便是在高度工业化的国家，如1997—1998年的日本（当时推迟了放松管制计划）、20世纪80年代的美国（储蓄贷款银行的GAAP被宽松的会计标准代替）。

投资者或者在银行持有股权的银行所有者，原则上就有能力和动机来对银行的行为进行监督。当有风险的资产——这可以是资本的形式也可以是未来的期望利润的形式——达到一定数量时，他们就会想要提供有效的自我监管。此外，资本状况良好的银行，一般来讲它们的股东对其给予良好的监督。另外，小股东也许趋向免费搭便车，因此很重要的是政府应该确保存在规模较大的利益相关者或者是战略投资者，他们能承担监控银行行为的重任。内部投资者和外部投资者都需要面对他们的投资损失，他们和他们的经理们都应当意识到，如果它们不去防止多余的风险活动，银行真的有可能失败，或者从行业中退出。

有鉴于此，一些新兴市场已经将最低资本充足率提高到许多工业化国家的水平之上，以补偿其经营环境的高风险性。例如，在阿根廷，最低资本充足率标准为11.5%，对于从事高风险活动的银行或者风险管理能力较弱的银行，则要求更高。此外，大多数资本充足率要求为8%的国家的银行，实际资本充足率一般超过最低标准。例如，美国银行的平均资本充足率为12%。尽管如此，资本充足率从其本质上看是反映金融机构偿付能力的向后看的一个会计指标。具有较高资本充足率的银行破产倒闭的事件也时有发生（Dhumale，2000）。当资本充足率的水平变得不太重要时，从事过量风险活动的动机增强，因此更不能仅仅只依靠资本充足率。各国所依靠的往往是多种措施，从准入限制到加大董事和股东的责任再到发行次级债券（SD）等。这些会在下面的章节中加以说明。虽然有些措施看起来不是很直接，但不使用这些措施的代价却是巨大的。金融机构所有者的损失越多（这些损失可能以资本、未来收益、利润等形式体现出来），那么他们在行动上就会越谨慎，就是说风险厌恶程度会越高。同样，监督人员也要有适当的激励措施，来鼓励他们加强监督并采取措施来改进评估时发现的各种不足。最后，如果直接或间接的存款保险计划不能完全（百分之百）保护储蓄者，那么他们提供的市场约束作用就会更强。

如果具备适当的动机和能力，与银行建立了信贷关系的市场参与者也可以成为监督者。他们的监督能力，取决于他们获得的信息的数量和质量，而这些信息的数量和质量又依赖于银行会计标准的水平和会计实务的质量。为解决对信息的要求，很多国家出台了很多信息披露的规定，例如强化信息披露义务，必须接受至少两家以上私人信用评级机构的评级，以及网上信用报告制度（新西兰、智利和阿根廷）。除了信息之外，还应有适当的措施来鼓励债权人进行市场监督，比如说他们自己的损失应该由自己承担（而不应被保护起来）。虽然小储户不太可能发挥太大的监督作用，但是大的债券持有人完全有能力发挥这种作用。这种方法的一个例子是银行法定发行次级债，如果银行现有的所有者不能确保银行的安全和稳健，次级债券持有者就可能接管银行。在下面的章节中，将更加详细地讨论这类建议。

## 6.3 以激励为基础与以规则为基础的监管的利与弊

如前所述，以规则为基础的监管，往往使管理的专业知识变得无效，而以激励为基础的方法，则会使管理者的见解变得非常重要，从而在制定监管标准中赢得信息优势。然而，以激励为基础的监管也不是没有自己的问题。当金融机构中不同的决策主体在战略层面上相互交织，产生的问题就更多了。一般来说，以激励为基础的监管更多的是“不参与”式的监管，使金融机构能有更大的自由去选择它们愿意承受风险的数量以及程度。

以激励为基础的做法意味着它不是（事先）直接规定好的，而是通过其他一些措施，比如处罚，来形成各种动力。这使得以激励为基础的做法更具灵活性。用一般性术语来讲，以激励为基础的系统，就是通过确定当金融机构在选择风险和确定监管资本水平时必须考虑的一个框架，比如处罚工具，来试图解决被称为“机制设计”的问题。最理想的是，这个机制的设计能使激励发挥作用，使得金融机构选择理想的社会风险状况。方案成功与否，取决于监管机构在多大程度上能够预计机制可能创造的战略性机遇。总之，当激励为基础的系统（对金融机构的）侵扰程度越少，它就可以创造很多战略上的议题。

此外，金融机构内的利益冲突而引起的问题是更为严重的。与其他大型机构一样，现代银行不可或缺的特点是所有者从日常决策中分离出来，而且所有权分散，有大量的小股东，他们对大多数决定都没有影响。在许多情况下，所谓激励最后就是对银行交易员的激励，他能决定银行在某一天采取的具体战略。在这种情况下，所有者或管理者能在何种程度上控制他们的代理人——在上面的情况下就是交易员——的行为就变得尤为重要。但是，由于大多数以规则为基础的监管，就是在给定的风险水平上确定资本的具体要求，这是外生的要求，而且还要有一些检查形式。这样，代理问题对于监管机制成功的影响就常常被忽略。这些代理问题的确很难由以制度为基础的体系进行处理，却是决定以激励为基础的监管体系是否成功的关键。

这里就有一个权衡的问题，即在以规则为基础的体系中建立的合理监管规则可能是低效的，而以激励为基础的制度中又存在代理问题。虽然以规则为基础的系统避免了代理的扭曲，但是它没有考虑到持有不同类型风险的分散化带来的好处。其结果是，银行往往认为被迫持有了很多不必要的、与它们承受的风险相比过多的监管资本。然而，在以管理为基础的激励制度中，业主和股东必须得到保证，即他们的利益与那些真正进行战略决策的人的利益是一致的，也就是说，要防止管理者或是交易者的风险暴露过大。风险暴露过大的成本，往往具有系统性的影响。因此，了解以激励为基础的监管系统的效率，重要的是不要将银行看作是一个行为直接受监管激励的影响的单一的实体。相反，必须在充分了解监管对银行内部所有相关代理人的动机的影响之后，才能真正评价这种办法的优劣。

## 6.4 未来之路

本章分析的大多数问题，既来自于监管者的视角，也来自于被监管的机构的视角。然而，监管者并不是政府中唯一关注激励的机构。许多政府活动都是努力去影响私人利益，以便使这些私人利益最终能够使公众受益。例如，各国政府都可以征税，更多的是为了影响行为，而不是为了产生的收入。例如，美国政府已经征收大量的烟草税，其目的是更想削减烟草的使用，而不是去创收。同样，当政府试图在金融环境中限制系统风险性的水平，它的许多行为就影响到私人金融机构的动机。这个问题，在最近的巴塞尔委员会议案中已经表现得很明显，未来面临的挑战会更艰巨。该委员会认识到了最初的资本要求、金融服务行业中日益激烈的竞争以及银行的投资组合中市场风险的明显影响，通过歪曲的激励，而可能产生的效果。在寻求解决方案时，不仅要分别解决上述问题，还要考虑潜在的使用这些方案的国家的差异。显然，需要有一个风险评估框架，它不仅要避免潜在的资本比率表面调整的问题，而且也要能够适应不同的宏观经济、体制和金融状况。例如，通过允许金融机构在设定自身资本的要求中发挥更大的作用，巴塞尔协议 II 的建议已经认识到银行自身的信息优势和评级机构的潜在价值。然而，在这些改革能被付诸实际之前，除了更好地协调国际监管准则，它们至少需要为私人机构制定适当的激励并为一些内部评级机制确定标准。

在一定程度上，上述条件是存在的，因为当与公司自有信息资源相比较时，监管机构所得到的关于被监管公司情况的信息数量和质量均处于劣势。这些都是事实，因为这些公司不仅提供给监管者所有的信息，还能有效地控制信息的发布。尽管监管机构尽了最大努力保持信息通畅，管理者还是会有更好的信息，而监管决策程序的选择更加重了这种不平衡。活跃而流动的市场所提供的信息，可以补充现有的以会计信息为基础的资本要求，同时会在困难时期提供公开的触发信号。通过发出这样的信号，市场不仅使监管机构有更多的时间做出反应，增加对银行和决策制定者采取的未来行动的问责。

本章所陈述的问题揭示了在设计任何以激励为基础的管理机制之前，必须能够识别和处理监管和代理的权衡问题。更好地了解这些不同的成本和效益，会在未来催生出更加灵活的监管架构。监管本身，就是一个激励机制。监管机构和公司都参与了这项战略性的博弈，每一方都试图最大限度地从对方行为的反应中获益。监管的各个方面，包括会计准则和管理标准，都影响到公司的激励机制。在许多方面，不是监管部门考虑选择是否使用激励，而是必须将着眼点集中在如何更好地利用这些激励措施，来促进整个系统的稳定。

# 第 7 章

## 国际结算中系统性风险的经济学

第 6 章分析了使用激励性的监管框架来降低系统性风险的各种原因。本章则通过一个缺少激励性的监管机制的特殊例子，来强调如果不使用这种监管机制，实际上会加大整个经济体的风险。本章列举了近来全球资金流增长的主要特点，这引起了人们的担心，认为支付系统中的系统性风险可能会增加①。资金以电子借贷簿计系统的形式在金融机构之间流转的渠道就是支付系统。近来通过支付系统而进行交易的额度和数量都出现急速增长，参与其中的金融机构的日内信用暴露也愈发严重。这种暴露导致结算失灵的情况越来越多，并进而带来系统性风险。为了防止此类情况发生，中央银行和监管当局需要采取一种平衡性的措施：作为该结算系统的

① 几十年前，这个风险相对较低，因为那个时候外汇交易的日支付流大体上与单一的一个美国大银行的资本额相等。然而，最近的平均日周转量已经超过前 100 名美国银行的资本总额。

内部保证人，在填补潜在的流动资金缺口的同时，它们必须制定降低风险的政策来减少外部性问题的影响，也就是减少系统性风险。

本章检验了不同结算体系对系统性风险特征的影响程度，以及金融系统在面对这些问题时的潜在漏洞。在整个分析中需要考虑的一个重要方面是，如果单个机构可以通过建立另外一套低成本的私人的子管理系统来将其活动成本全部内化，那么是否就可以减少外部性呢？人们已经提到了对支付标准和风险控制要素的各种建议，其中包括参与者的信用风险和流动性风险暴露的时长（国际结算银行，1994）。此外，当日支付结算具有国际性特点，因此我们需要考虑发挥多种监管制度和不同法律体系的影响。

本章通过分析成本、风险和效率等变量来讨论国家采用审慎监管形式对支付系统的干预作用，以此来降低各种系统中的风险。经济理论认为，如果存在外部性，那么可以通过政府行为进行调整。系统性危机会导致经济体的经济表现欠佳，进而会影响到整个社会。金融机构“连锁反应”式失败的最终结果，是带来整体经济的损失，而这些损失并未计入到原始成本中。显然，风险引发此类系统性危机，并意味着损失了经济效率。因此，需要预先采取适当的监管对策。如果支付系统会产生外部性，就需要通过金融机构的激励计划而在其价格中适当地反映出来。对于如何合理设计支付系统，各国家之间已经展开了争论，这一争论反映了各个国家都有自己的监管办法。欧盟一直倾向于有抵押的透支系统，而美国则倾向于无抵押但付费的透支系统。

如果市场参与者决定采用私人的子付款系统，那么通过提高抵押品和透支费用来降低与支付相关的信用风险可能会产生巨大的系统性成本。由此，抵押系统作为更好的风险管理办法正在替代其他系统的理由，已经变得没那么有说服力了。监管人员的最终目标的确是找到使此类活动成本内部化的方法，但设立私人轧差结算中间市场可能只会将信用风险进一步引入到该系统之中。因此，如果最终贷款人承担最终的责任，那么央行自己积极管理此类风险并限制这些私人子管理系统，就更容易规避代理人问题的产生。对于任何系统来说，单一系统结算失灵所固有的系统性特点，要求无论是以利息费用、抵押担保还是损失分担协议等形式，都需要建立最低监管标准。本章最后讨论了如何建立这样的监管标准，以及如何在它们引发的成本与其降低风险的能力之间进行权衡。

## 7.1 背景

人们讨论支付结算系统时的焦点问题，是如何正确地为信用风险定价，以此来说明结算失灵造成的负外部性。结算失灵的产生归咎于时间的拖延、体制的缺陷，抑或是流动性缺口等，这其中的每个问题都可能导致严重的系统性危机。因此，保证人的作用对于整个金融系统的成功运行就变得至关重要。与此同时，保证人建立适当的激励措施来减少道德风险行为也同样重要。而中央银行作为“最终保证人”，它们也需要通过适当的监管，来培养市场参与者更强的责任感。因此，各个支付系统间需要对两个重要的问题进行权衡——一方面是对流动性资金的需要，另一方面是减少不必要的信贷敞口的需要。

支付系统分为两种：实时全额结算系统（RTGS 系统）和多边轧差结算系统。RTGS 系统最重要的特点是，付款指令一经到达，只要付款行账户中有足够资金，便立即提供最终结算。结算指的是资金从付款行到接收行的实际转移。最终结算是指该结算是无条件的并且不能撤销。在 RTGS 系统中，实时意味着支付指令执行的连续性，而全额结算指的是对于每个支付命令，结算资金都应全额转移。轧差系统的结算不会在收到支付指令后立即进行。该系统会立即通知接收行此指令是否满足某些最低标准，而实际的结算直到这个工作日结束才会发生。在这一点上，该系统计算所有参与者的净支付额或债务结算额，然后才能完成结算。

RTGS 系统和轧差结算系统之间一个重要的差别是轧差结算系统只有临时的最终结算。尽管多数轧差结算系统禁止撤销指令，从这个意义上讲，指令具有终极性；但是如果结算失灵，就不能最终实现结算。也就是说，如果因一个或多个系统参与者没有足够的资金储备而造成结算失灵，净结算系统就不得不允许此参与者撤销其指令。因此，最终结算在很大程度上取决于日结算的成功。轧差结算系统另外的不同点是它们不需要由单独结算代理人来操作，因为该系统具有两种独立的功能：清算和结算。清算所接收并记录所有的付款指令，并在计算每个参与者的净结算债务额之前，检查所有付款指令是否符合最低标准。然后，结算代理人完成资金的实际转移。因此，清算所可以由任何私有或公共银行抑或是非银行机构来管理。但是结算代理人需要有保证人的支持，因此中央银行似乎是必然的选择。在 RTGS 系统里，就必然不会有相互分离的功能。表 7—1 列出了在所选国家中目前正在运行和计划采用的各种 RTGS 和轧差系统。

表 7—1　　选定国家的资金转账系统

| 国家 | RTGS 系统名称 | 类型 | 完成时间 |
|---|---|---|---|
| 比利时 | ELLIPS | RTGS | 1996 |
| | CH | 轧差 | NA |
| 加拿大 | IIPS | 轧差 | 1976 |
| | LVTS | 轧差 | 1997 |
| 法国 | SAGITTAIRE | 轧差 | 1984 |
| | TBF | RTGS | 1997 |
| | SNP | 轧差 | 1997 |
| 德国 | EIL - ZV | RTGS | 1987 |
| | EAF2 | 轧差 | 1996 |
| 意大利 | BISS | RTGS | 1989 |
| | BI - REAL | RTGS | 1997 |
| | ME | 轧差 | 1989 |
| | SIPS | 轧差 | 1989 |
| 日本 | BOJ - NET | 轧差 + RTGS | 1988 |
| | FEYCS | 轧差 | 1989 |
| | Zengin | 轧差 | 1973 |
| 荷兰 | FA | RTGS + 轧差 | 1985 |
| | TOP | RTGS | 1997 |
| | 8007 SWIFT | 轧差 | 1982 |
| 瑞典 | RIX | RTGS | 1986 |
| 瑞士 | SIC | RTGS | 1987 |
| 英国 | CHAPS | RTGS | 1984 |
| 英国 | Euro version of CHAPS | RTGS | 1999 |
| 美国 | CHIPS | 轧差 | 1970 |
| | Fedwire | RTGS | 1918 |
| 跨境 | ECU | RTGS | 1983 |

资料来源：国际结算银行（1998）。

近期关于银行间结算系统的争论和研究集中在如何对日透支的定价（pricing），从而控制它们的使用。Faulhaber、Philips 和 Santomero（1990）

以及 Humphrey（1989）和美联储一起，分析了定价机制的作用和最优设计方案。其结果是美联储于 1994 年开始征收日透支费用。不同的是，欧洲央行决定采用抵押而不是透支定价的办法。这一选择符合欧洲国家长期倡导的“在几乎不存在日间信贷风险的基础上稳步建立结算系统”的想法，即体现了不管是选择全额结算系统还是轧差结算系统来满足莱姆法路西标准的愿望。这些标准规定，欧盟国家必须首先拥有 RTGS 系统，然后才能与欧盟内一个包括一切的系统连接在一起，这就是 TARGET①。这一目标已经在大多数欧盟国家有了进展，包括英国（尽管其还没有加入欧洲货币联盟）。在 TARGET 系统下，金融机构必须在央行放置它们的可贷资金作为无息储备，所以抵押透支会产生更大的私人机会成本。然而，如果能够将与结算有关的系统性风险降低，再把整个社会的利益考虑在内，这些储备的总体收益将超过其成本。

## 7.1.1 结算风险

结算风险是与支付系统相关的各类风险的核心，就是指一个或多个参与者未能成功结算。而能否真正导致损失则要看结算失灵的程度和降低风险的措施是否到位。在不同的支付系统中，结算风险存在的形式也不相同，通常表现为信用风险、流动性风险和指令解除风险（译者注：unwinding risk，也有人译作操作风险，但结合本书所提情况，指令解除风险显然更合适）。然而，这些风险间的相互关系常常会使人很难把它们加以区分。

当某种资产的购买者由于无力偿还部分或全部债务而发生违约行为时，就会产生信用风险。当买方通过指示其银行转账来开始一项交易，而如果不要求透支就不能真正付款，这时就有可能产生损失，表现为信用风险。信用风险产生在交易双方如果不能同时交易的时候。在支付系统中，信用风险可分为“第一付款人风险”和“接收人风险”。第一付款人风险是指首先付款的一方在付款后没有收到对方相应的付款所面临的风险。而当接收人认为收到的支付款项为终极付款并将其债务进行了偿付，但实际

① TARGET 是泛欧自动实时全额结算快速转账（Trans – European Automated Real Time Gross Settlement Express Transfer）的缩写。

上付款并非具有终极性，这时就产生了接收人风险。当金融机构不是直接用户，也就是说它们不是支付系统成员，而是利用其他成员银行来操作时，接收人风险同样存在于RTGS系统中。这些间接使用者（金融机构）也会面临接收人风险，因为银行收到付款的时间和通知客户的时间之间存在滞后性。在支付系统中，信用风险很容易被忽视，因为这种信用延期并不是故意造成的，而是常规支付操作的结果。另外，此类延期通常不超过一天。但是，基于此风险规模之大，间接使用者应该了解并引起重视。

在外汇交易中，因为涉及来自不同国家的支付系统，所以信用风险尤为突出。外汇交易结算的主要风险是一方能够完成其结算而另一方却不能。这通常被称为赫斯塔特风险①。这种跨货币结算风险的发生是由于这些主要中央银行处于不同时区，而其支付系统的操作是在不同时间内进行的。尽管RTGS和轧差结算系统中都存在信用风险，但是后者中相对较小，尤其是当系统中存在大量与其他用户的“交易”时。交易繁忙意味着支付净额到期或欠款量很少，因此可能导致的风险也很小。由此可见，一家银行很少或根本不与其他银行交易，则该银行就不能希望通过使用轧差结算系统来控制多少信用风险。自赫斯塔特事件之后，国际上出台了多种解决方案，用以防止“交易失灵”的潜在危机出现，其中包括国际清算银行（BIS）结汇风险报告、持续联系结算系统（CLS）以及中央银行推动的私有部门方案等。②

### 7.1.2 指令解除风险

当接收行因为某些指令被撤销或被解除而不能结算支付指令时，就会产生指令解除风险。当净额系统结算失灵而日支出指令需要撤销时，就产生了解除指令的问题。解除指令会给净额结算用户造成严重损失，因为这些用户可能已经使用这些款项在其他系统中进行了支付，但此时这些支付

---

① Bankhaus Herstatt 是活跃在外汇市场上的一家规模不大的德国银行。1974年，这家银行破产清算，但这时外汇交易中对德国一方已经作了不可撤销的清算，然而通过CHIPS（纽约清算所银行同业支付系统）对美国一方的结算还没有发生。

② 更多信息请参见 Settlement Risk in Foreign Exchange Transactions（BIS，1996）；Reducing Foreign Exchange Settlement Risk—Progress Report（BIS，1998）；Supervisory Guidance for Managing Settlement Risk in Foreign Exchange Transactions（BIS，1999）。

钱款将发生违约。由于日交易支付系统的国际特点，成本就更大了。此外，当解除发生后，用户需要重新商讨他们的头寸，这可能会导致进一步的经济损失。指令解除风险的管理比信用风险更有难度，因为要防止结算违约，需要核实的不仅是交易对方的信用度，而且是整个净额系统所有参与者的信用度。显然，对此风险的成功管理有很高的信息要求，因为指令解除风险使每个用户都可能成为其他用户的风险来源。指令解除风险是系统性风险，因为它可以影响多个用户。由一项交易的结算失灵所导致的连锁反应波及的范围会很广泛。有些净额系统为了控制损失，从当日交易中预留一部分来防止指令解除。但是，鉴于日支付规模可能超过1万亿美元，因此并不能有什么效果。由此可见，指令解除会引起投资者对整个系统稳定性的疑虑和担忧，因某个地区性的结算问题可能会引发整个系统的危机。

### 7.1.3 流动性风险

即使在各方财务稳健的情况下，缺少流动性仍然可以造成支付指令无法完成，从而产生流动性风险。尽管在RTGS系统和轧差结算系统中都存在流动性风险，但是这种风险在RTGS系统中的表现更为明显，因为全额结算需要结算每一个参与者的头寸，因此需要更大的流动性来解决其他每个参与者的流动性风险。与其他的交易不同，在结算时，即时流动性非常重要，因为即使是暂时性的流动资金短缺都可能带来严重的问题。如果交易系统中的各方都留存足够的流动资金（也就是用于清算的现金或准备金余额），那么流动性风险就可以降低。然而，留存流动资金对于参与者来说则存在巨大的机会成本，因为金融机构所持的现金或准备金余额都是无利息收入的。这样，降低流动性风险的价值与留存充足流动资金的代价之间存在着如何权衡的问题。流动性风险是一种系统性风险，因一方流动资金短缺可导致其他方的流动资金短缺，进而会引发整个系统流动资金短缺的连锁反应。正如前文所述，RTGS系统比轧差结算系统更可能遭受流动性风险的冲击，因为在任何时间点的流动资金短缺都会使整个系统停止运行。

信用风险普遍存在于所有系统中，而指令解除和流动性风险则主要存在于个别特殊系统中。指令解除风险和流动性风险的风险程度取决于现实中所采用的系统类型。指令解除风险只存在于净结算系统中，而流动性风险主要出现在 RTGS 系统中。如果某参与者遇到上述风险中的任何一种，则其也会将风险带给其他参与者。这就是此问题的系统性特质所在。

## 7.2 实时全额结算系统和轧差结算系统风险管理

近来不同国家把轧差结算系统改革的焦点都集中在减少系统性风险以及在系统性失败发生时中央银行的干预作用这两方面。对于实时全额结算系统而言，改革的重心是降低中央银行日益增加的信用风险暴露。这些改革和管制的目标是通过强制私人参与者将第三方风险的社会成本进行内部化来提高支付系统的安全指数（Passacantando，1991）。如果中央银行愿意提供支付来终结结算的问题，就可以消除银行的这种支付风险。因此，从根本上说，结算风险可以通过减少银行的风险敞口以及避免不必要的付款延迟等方式得以降低。此外，支付系统的系统性风险在实时全额支付系统中比轧差结算系统中能更好地受到控制，这一观点已被广泛接受。

## 7.3 实时全额结算系统的风险管理

各国的中央银行向商业银行和其他选定的机构，如政府机关和一些国家的证券清算所和衍生工具交易所，提供实时全额结算系统（国际清算银行，1998）。关于实时全额结算系统的设计问题，各个国家不尽相同。但大家普遍讨论的与风险管理相关的问题有两点：一是中央银行授予日内信用的政策；二是排队系统的建立。日内信用在 RTGS 系统中起到了很大的作用，因为接收行在确认付款行“被保证”之前不会执行支付，这样就可能造成交易的堵塞，而日内信用恰恰就能够减少这种堵塞。在实时全额结算系统中，“保证原则”确保付款银行在执行付款之前，在中央银行的储备金账户中有足够的储备资金，或称为保证。实时全额结算系统中一个重要的系统性风险是流动性短缺。这种风险可以通过增加会员银行持有的流动资金量来降低。但是正像前面讲的，留存流动资金的机会成本会比较高。由于流动资金短缺引起的潜在连锁反应所带来的整体成本，单个银行根本不想去承担，它们选择的流动性水平都会低于社会最优量。这也很好地例证了如果私人银行并没有将其活动的成本进行内部化，就可能会给整个社会带来负外部性的影响。

中央银行通常为支付系统提供最低限度的日内流动性，以保证实时全额结算系统平稳运行。因为“保证原则”而导致的延误可以通过中央银行无限制的日内信用解决，但是它可能引发道德风险问题。如果银行认为流动性风险一旦发生，中央银行能解救它们，那么这些银行对日内流动性的管理效率就会很低。根据日内流动性计划，各会员银行可以获得按最低准备金要求而存留在中央银行的储备金、抵押的日间贷款/透支以及无抵押的日间贷款和透支。从本质上讲，中央银行面临着权衡问题，那就是它们在减少支付系统中的流动性风险的同时也增加了自己的信用风险。然而，作为中央银行，它们意识到，流动性短缺的社会成本和系统性影响远远超过它们所面临的较大的信用风险。显然，如果它们只做抵押贷款，央行面临的信用风险会较少。尽管私人银行使用中央银行提供的抵押贷款比花光它们的储备金更划算，但仍然存在流动性风险。这是因为对银行来讲，抵押贷款成本仍然相对较高，因为银行可以把这些抵押品用在收益率更高的资产上。因此，机会成本依然存在，这促使私人银行持有的流动资金低于能够消除整个系统中流动性风险的资金要求水平。

虽然实时全额结算系统应该是连贯运行的，但有些支付指令经常不能被执行。在标准情况下，例如，当一个付款行没有足够的资金时，支付指令会被中央银行无条件地拒绝并退回给付款行。当付款行有充裕的资金来完成这笔特定交易时，可以给予这一付款指令优先权，并重新提交给实时全额结算系统。然而，由于该款项可能已经包含在其他银行的日流动资金管理中，因此被拒绝的支付指令可能会给其他银行造成结算拖延。这种拖延的形成可能会导致整个支付系统瘫痪，其产生的系统成本可能会很大，需要加以度量。综上所述，银行在没有足够的流动资金储备或已超过中央银行允许的透支或信用额度时，将被迫推迟付款，其中一个解决方法是在支付系统中通过日间信贷来提供临时的流动性。同样，银行可以学习使用较少的流动资金来管理支付指令。但是对于私营银行来说，这种办法成本很高，因为它们需要引进更好的流动资金管理系统，如顺序性输入和付款指令拆分系统。所有这些措施都需要高昂的费用，包括额外添加设备和招录工作人员。此外，因为这些增加流动资金的措施对支付系统中的所有参与者都有利，有些银行会采取“搭便车”的方式而不去付出成本，因此如果让私人银行自己来做决定，它们都不会选择去承担这样高成本的责任。

下面的公式从一个很基本的角度阐释了这个问题。Humphery 把私人银行的付款储备金或透支限额公式表达为：

$$\bar{L}=\sum_{i}\bar{li} \tag{7—1}$$

式中，$\bar{li}$代表每家银行的额度，而$\bar{L}$是在整个系统中对所有银行的总限额。结算发生率为 r 次，乘以允许透支数，那么：

$$S=\bar{L}r \tag{7—2}$$

因此，为了防止结算延误，当透支限额（$\bar{L}$）减少时，结算支付率（r）则需要增加；反之亦然。如之前提到的，一些中央银行通过提供日间信用来增加（$\bar{L}$）。增加（r）也是一种解决办法，但是对于私人银行来说，成本很高，同时存在“搭便车”问题的担忧。中央银行干预是有道理的，因为结算拖延和停滞的社会成本会很大，并且有系统性的影响。因此，中央银行需要考虑对增加（r）给予补贴并防止结算停滞。停滞的概率（p）和社会成本可以用公式表述为：

$$p(G)=P(I-S) \tag{7—3}$$

$$p(G)=P(I-Lr) \tag{7—4}$$

$$SC=PC+p(G) \tag{7—5}$$

$$SC=PC+p(1-Lr) \tag{7—6}$$

式中，$0\leqslant p\leqslant 1$；G = Gridlock（停滞）；PC = Private costs（私人成本）；SC = Social costs（社会成本）。

防止结算拖延变成系统性问题的关键是停滞（gridlock）的概率（p）。理想情况下，私人银行应该对它们造成的拖延及后续费用负完全责任。如果停滞是由于没有执行结算或（I - S）而导致的，则央行可以尝试通过“最优化”办法对增加（r）的费用给予补贴（国际清算银行，

1998)。在这种情况下，可以把（r）增加看做是公共品。最优化的其中一种方法，是不把支付指令退回付款行，而是要求未执行的付款指令保留在结算中心并被安排进入中心排队系统。在这种情况下，中央银行将这些需要处理的支付指令都保留在中心排队系统，以便一有足够的可用资金就发送这些指令。由于这些指令在一定程度上可以自动抵消和彼此支付，因此这样的系统能够更有效地管理付款要求，确保付款流动更加有序。当然，如果银行过于依赖这种排队系统来管理日内流动资金，那么道德风险问题就可能出现。如果银行能够预期并直接在排队之前进行最终支付，就可能增加（银行间）相互依赖性和结算风险。不管怎样，这至少是一种办法，可以防止临时性付款停滞演变成整个系统的麻烦。表 7—2 描述了一些国家排队系统之间的差异。

## 同步支付系统

在 RTGS 系统里的各种证券交易中，另一种经常被用来降低“本金风险”的这类特殊信用风险的方法是使用付款交割系统（DVP）①。DVP 消除了交易中固有的信用风险，因为它要求所有的支付与最终结算在同一时间进行。这种结算程序要求在证券交易完成前，在实时证券清算系统和货币清算系统之间建立一个链接。美国和瑞士使用这样的付款交割系统来确保当且仅当资金从买家转移到卖家时，证券从卖家转移到买家。因为每一笔交易都需要实时最终支付，所以 DVP 只在 RTGS 支付系统下有效。DVP 也可以用于外汇交易，以消除交叉货币结算风险。在这种情况下，它被称为同步支付（PVP）。同步支付要求两个系统都有实时全额结算系统和重叠的操作时间，而且付款指令必须在这些重叠的时间中送交。然而，这种操作上的同步在欧洲可轻易实现，但在其他地方则需要较长时间。对此，美联储把作业时间延长到每天 18 小时，但其他金融中心迄今未表示要做任何改变。此外，虽然所有欧盟国家都建立了实时全额结算系统，日本也

---

① 按照 DVP，共定义了三种可选模型：
1. 证券和资金转移的全额同步结算。
2. 证券的全额支付结算在先，资金的净额支付结算在后。
3. 证券结算和资金的转移同步进行。

正在考虑把大部分支付转移到实时全额结算系统，但有意思的是，即使到今天，持有美元一方的外汇交易结算继续通过CHIPS（纽约清算所银行同业支付系统）这样一个轧差结算系统来完成。

表7—2　**实时全额结算系统的日内信贷政策和中心位置排队**

| 实时全额结算系统国家提供 | 中心位置排队 | 非中心位置排队 |
|---|---|---|
| 中央银行日内信贷 | 比利时 | 英国 |
| | 法国 | 美国 |
| | 德国 | |
| | 意大利 | |
| | 荷兰 | |
| | 瑞典 | |
| 非中央银行日内信贷 | 瑞士 | 日本 |

资料来源：国际结算银行（1997—1998）。

虽然同步支付系统能够消除信用风险，但立即采用通常受到高成本的制约。该系统的使用需要巨大的技术支持和协调，这就需要对每个国家的每个实时全额结算系统的信息有所了解。DVP的另一潜在成本是日益增加的系统性风险。为了实现每一方的外汇结算或其他证券交易都能够同步结算而建立的RTGS系统间的链接，可能会减少交叉货币结算风险，但是也可能造成进一步的结算延迟。如果付款指令中一方的结算是以另一方的结算为前提条件的，那么一个系统中的延迟会导致其他系统的延迟。这些延迟可能是由流动资金或越来越多的常见技术问题所导致的。但是不管在哪种情况下，因为系统之间存在着链接，国内的实时全额结算系统都不可避免地把国外系统的问题带进来。因此，尽管同步支付系统消除了某些信用风险（如交叉货币结算风险、Herstatt风险），但即便自身并无错误，这些系统同样会被它们自己干扰。如果造成系统性问题，特别是当汇率和证券价格迅速变化时引成流动性短缺，情况就更加恶化了（国际清算银行，1995a）。

## 7.4 轧差结算系统中的风险管理：集中与分散

虽然轧差结算系统中也存在信用风险，但这些系统中最主要的问题还是指令解除风险。特别是当轧差结算系统无法结算时，指令解除风险是最普遍的。因此，为了减少指令解除风险而进行的改革和尝试，都将重点集中在降低结算失灵的概率上面。国际清算银行和其他权力当局最近一直在鼓励轧差结算系统的成员加大风险关注并完善风险管理。中央银行将“有保证的”轧差结算系统与其他系统区分开来。在一个有保证的系统中，日内透支引起的信用风险可以通过事前设立（透支额度）上限、事后的损失分担协议来控制。一个有保证的系统应该是这样的：即使在最大净借记头寸无法结算时，它仍然能在一个清算周期末结算其所有的净债务。银行可以建立一种结算担保，例如，提前交付抵押、在清算所存入资金、与其他成员签订联合结算支持协议，或同意接受政府担保等。

如果结算失灵是由于暂时的流动性问题造成的，那么就有理由认为中央银行能够发挥重要的作用。但是，如果失灵是因为偿付能力问题，那么从长期看，来自中央银行的任何协助只会加剧局势的恶化。因此，权力机构是否能够破解失灵的源头就变得尤为重要。如果结算失灵是由流动资金紧缺和（各银行）提供给系统的抵押品不足导致的，那么中央银行应该提供帮助。之前用到过的公式可以更恰当地描述这种情况，但是，在这种情况下，各银行资金短缺的总量F更为重要，而不是累计净透支限额L。

$$\overline{F} = \sum_{i} \overline{fi} \qquad (7—7)$$

同时假设在轧差结算系统下，根据莱姆法路西标准（Lamfalussy standards），按照联合担保（表示为C）所支持的事后的损失分担规则，暂时的资金短缺由其他银行负责解决。如果 $F-C \leqslant 0$，即短缺总额少于私人银行提交的现有抵押品金额，意味着私人银行已经成功将其活动的社会成本内部化。然而，当 $F-C>0$ 时，即短缺总额大于现有抵押品金额时，问题就比较突出了。如果问题出在流动资金缺乏，而不是偿还能力问题，那么中央银行可能会填补私人银行的抵押品出现的临时性短缺，以防止系统性危机的发生。也就是说，央行可能会给现有的抵押池 C 额外增加流动资金 A，这样 A + C = F。通过提供额外流动资金 A，中央银行提供了单独由私人市场所无法提供的公共品。当然，这种供给具有社会效益，能够避免可能出现的结算失灵以及由此引发的众多问题。需要强调的是，在提供 A 之前，需要考虑的要素是确认出现的仅是临时的流动资金短缺，而非偿还能力问题。在某些情况下，没有中央银行的干预，流动资金的短缺会转变成资不抵债的问题。

中央银行鼓励在轧差结算系统中采取其他结算风险管理办法，其中包括银行间的直接监督。在该系统中，一家银行给其他银行带来的潜在财务风险使债权银行有很大的意愿对债务银行进行监督。此外，与中央银行或其他银监机构相比，私人金融机构能够更快、更好地获得其他银行的信息。然而，在轧差结算系统中采用这种分散的双边监督存在一个显而易见的缺点，那就是“搭便车”问题。这些银行都意识到，由系统中的某一成员造成的任何额外损失都将被其余所有的成员一起分担。这种费用分摊的特性就会打消银行间相互密切监督的积极性。解决方案之一是要求未能有效实施监督职能的银行提高其交付的抵押品数量，使其成本提高。这是 Calomiris 近期的一个基本思想，他还主张每个银行通过向其他金融机构（也就是国外银行）出售次级债务来补充少部分资产，以实现自我管制，而且该债务的收益率不能超过相应的无风险工具的收益率 50 个基点（Calomiris，1999）[①]。一旦银行参与了高风险活动，这个收益率上限将确保债务持有者并没有（从银行的高风险活动中）得到相应的收益。Calomiris 建议的本质是投资者为了避免这样的问题，就只有在确定银行活动处于低风险状态时才会购买次级债务。如果一个银行实际上根本无法证明其他银行是规避风险的，那么它是无法运行的。这样看来，Calomiris 能够挖掘更多和更好的信息。他的方案将私人银行和监管机构的动机协同起来，明确了高风险活动所带来的社会成本不应该由政府独自承担。

然而，即便结算失灵能够加大银行自己的费用负担，分散督管也无法充分发挥强而有效的监管作用，而且这个问题会随着参与者的增多而恶

① 尽管 Calomiris 的观点都很难实现，但是他的一些主张还是很具前沿性的。如避免在一个具体市场里的“裙带主义”和相互串通，次级债务的买主必须是局外人，也就是国外银行。

化。在这种情况下，不仅是因为监督更多的银行会产生更大的费用负担，更是因为银行将认识到，它们的潜在损失在未来会减少，因为更多的参与者将与之分担损失。另一种办法就是集中管理。这种方法的问题是，参与者不处于其他成员的持续监督之下，因此会出现道德风险问题。当中央机构选择使用共同的资源来化解临时流动性危机时，情况就会更加复杂。不管怎样，参与者都比监管机构更具信息优势，所以轧差结算系统更适合私人风险管理，而不是集中风险管理。但是，如果没有适当的激励，这样的私人监管不仅效率不高，还可能加大原本要减少的社会成本。

## 7.5 共存是另一种选择吗?

净结算系统是分散的风险控制机制，而全额结算系统是集中的风险控制机制（如抵押透支），孰优孰劣很难判断。理想状态下，中央银行试图降低其信用风险敞口，并且倾向于使用实时全额结算系统（RTGS），因为实时全额结算系统无需提供中央银行的日间信用。尽管有担保的轧差结算系统很受私人银行推崇，但这一系统会大大提高中央银行的风险敞口。通过排队系统和央行提供日内流动性的优化处理能够促进实时全额结算系统的使用，但是，对于私人银行而言，持有的储备金是没有利息的，而抵押担保品的成本仍然太高。一个以市场为基础的解决方法是，提供更多的激励措施，例如为日终储备金支付利息。有人认为，这种激励的实施有利于形成一个活跃的日内信用市场。这样，不仅降低了私人银行的成本，同时由于市场激励，系统停滞的可能性也会因此减少。

另一种解决方案是，结合每种系统的优点，分析和考察能否把它们共同使用来改进风险管理。在一个经济体中可以采用多种不同的系统，美国和日本就是这种情况（Summers，1994）。[①]研究表明，这两种系统的并存可能会鼓励私人银行选择低成本而非低风险。尽管对于私人银行来说，轧差结算系统的流动性管理成本较低，但是，当结算失灵时，会引起指令解除风险。有研究表明，在实时全额结算系统中，持有额外流动性的成本要

① 净额结算系统 CHIPS 和 FEYCS（Foreign Exchange Yen Clearing System）都分别依赖于美联储和日本银行的全额结算系统的最终结算。

超出降低系统性和结算风险所带来的收益（Garber 和 Weisbrod，1992）。根据 Garber 的分析，持有证券类抵押品的机会成本预计为 25 个基点。在轧差结算系统中，结算失灵的预期成本是中央银行预先提供的流动性遭受的实际损失 A，用于弥补 F－C 的全部短缺。实际损失的计算公式为：偿还的概率（即如果是银行倒闭，偿还款＝0）乘以它的净借记头寸。分析结果表明：在净额系统中结算失灵的总费用只相当于在实时全额结算系统中保持流动性的成本的一半，说明净额系统是一种成本最低的选择（因此私人银行会倾向于使用它）。特别值得注意的是，如果假定中央银行风险中立，而非风险回避，那么净额系统结算失灵的预期成本将大幅度增加（Folkerts－Landau 和 Garber，1992）。

当前支付系统的发展表明，欧洲的无息抵押透支式实时全额结算系统与美国的有息非抵押透支式实时全额结算系统都将继续存在。由于主要国际货币的大额支付系统缺少一个统一的设计，这就表明，一种系统可能优于另一种系统。例如，有这样的观点，认为如果利息费用和抵押品处在计划的水平上，那欧洲的这种无息抵押式系统的成本可能比美国的有息非抵押式透支系统的成本高。由于总费用低，所以银行倾向于使用美元来进行所有的金融交易（Chakravarti，1996；Folkerts－Landau 和 Garber，1996）。考虑到货币及外汇市场的相对流动性，美国市场会成为首选的金融交易环境，进而有可能孤立其他市场并导致其他市场失灵。因此，在评定这些系统跨市场共存时，不仅要考虑每一个系统的流动性情况，而且还要考虑到其利息费用和抵押品要求在不同系统中的相对水平，以避免加剧不同市场之间的扭曲而破坏某些最低标准。

## 7.6 政策考量：向抵押性实时全额结算系统的转变

支付额度的显著增加不仅会增加结算失灵的风险，同样也会增加这些失灵带来的系统性影响。因此，支付系统的合理设计对于金融稳定和有效运行至关重要，尤其是在金融危机时期。随着轧差结算系统中的日间信贷风险敞口的增加以及在实时全额结算系统中中央银行透支额度的增加，各国已纷纷进行各种改革来减少与之相关的信用风险。为了将轧差系统的外部性内部化来避免系统性危机，中央银行鼓励设置透支上限和/或透支费用，并主张采用损失分担协议。使用这些市场激励办法，使得参与者并不是对自己的净借记余额提供完全抵押，而是向抵押池（数额等于最大净借记余额）提供一定限额的抵押品，从而保护了净额系统在流动性上带来的收益。但是目前的主要做法，尤其是欧洲，是在尝试减少与净额系统日间支付相关的信用，通过重构将其以抵押透支方式引入到实时全额结算系统。尽管净额系统具有明显的流动性优势，但是这种转换已成趋势，原因有下面几点：首先，各国政治体制的发展速度远远赶不上系统、市场和金融工具的更新速度，因而难以持续更新规则来防止被操纵。其次，即使在一个合作、法制的环境下，要想将国家间非同步的结算系统法规协同起来（即 Harstatt 风险、外汇交易）也是一项繁重的任务。最后，中央银行不得不继续充当最终贷款人的角色，如果是这样的话，要想更好地控制风险，抵押式实时全额结算系统比轧差系统更有效。

如上文提到的，抵押透支式实时全额结算系统对净额系统的取代，会有利于形成一个活跃的日间信贷市场；在流动性较低的时期，付款可以获得折扣，在某一个具体的时间点，付款要根据市场的流动性情况来提供不同程度的溢价。需要重申的是，在实时全额结算系统中由于流动资金不足造成的风险会引起人们对结算延迟的担忧，最终还可能会导致系统停滞。有人提出这样一些解决办法：中央银行对银行储备金支付利息，以鼓励银行为结算目的持有流动性；或通过高效排队机制来“优化”支付方式；在实时全额结算系统和证券结算系统之间建立一个链接，实现付款交割。

通过抵押和对透支收取费用来降低两种系统与支付相关的信用成本的另外一种做法，就是要建立私人子轧差系统的压力，此私人子轧差系统可以作为有息透支抵押实时全额结算系统的低成本替代方法（Folkerts - Landau 和 Garber，1992）。就一些私人金融机构而言，加入这种私人子净额系统的主要原因是流动性。因此，抵押式实时全额结算系统作为更好的风险管理办法正在替代净额系统的理由，已经变得没那么有说服力了。在此情况下，中央银行可能希望对这些私人子净额系统进行监管。但是那样做会加大系统的整体风险，因为支付程序可能会发生扭曲，并且有可能进一步加大整个支付系统的外部性。作为监管者，中央银行最终的目标是想方设法将这些活动成本内部化，而私人中间轧差市场的建立只是通过承担了部分责任而临时性地解决了中央银行减少直接信用暴露风险的问题。归根到底，作为最终贷款人，中央银行承担着风险管理的最终责任，而为了避免代理人问题，中央银行自己进行积极的管理也许更容易。

## 7.7 结论

净额系统中系统风险的形成，从本质上来说，是银行彼此间授信累积的结果。这些“指令”相互轧差，在清算周期末或以现金结算，或以适当的证券形式交割，或以外汇结算。如果任何一个参与者在该系统中超出了净借记头寸而违约，就必须将其全部交易的指令解除。净额系统中的另一种结算风险是支付的延迟，它会导致收款方过早地认为交易是终结性的。也就是说，尽管一方可能会假设支付已经最终完成，但当支付延迟时，收款人也许会从系统中的其他地方获得额外的信息，这些信息会影响最终付款的状态。显然，掌握此类信息很有利，尤其对于私人银行来说，它们可以把用来支付而留存的流动性降至最低。但是，如果结算失灵，那么系统中断的可能性会很大。实时全额结算系统通过在支付与结算系统中加入预警因素来消除系统性风险。它们要求准备进行支付或结算的金融机构上交“预付现金”（或担保品、证券）。由于结算从来不以支付机构的偿还能力为条件，所以，实时全额结算系统不会让单个金融机构破产并通过支付系统（将债务）转给其他金融机构。

多数欧盟国家已表示，它们更愿意在不久的将来采用实时全额结算系统。其中有些国家认为，从支付系统中完全消除银行间的信用，将会降低净额系统中银行间信用的“先天不可控性”本质（Bank of England, 1998）。欧盟的其他国家质疑净额系统的法律依据，特别是缺乏一个共同应对资不抵债情况的措施，以及由此对多国参与交易造成的影响，这种影响可能会导致整个系统的指令解除。实时全额结算系统只是在最近才得到广泛使用。这种滞后的原因，部分在于我们之前讨论过的巨大的流动性成本。如果中央银行愿意为储备金支付利息，这些成本将会降低，而且还会刺激金融机构持有高于法定最小限额的结算余额。这些余额加上抵押透支，将会为实时全额结算系统提供更大的流动性，并且这些抵押品将对付款交割方法的证券交易起到支持作用。而抵押品将支付系统风险内部化的另一途径是降低停滞威胁。从某种意义上说，这种抵押是清算和支付系统的一种私有化的表现。这不仅能减少中央银行监督和控制金融机构风险的必要性，还能限制金融安全网的范围。

建立支付系统的不同方法很明显存在着不同，解决的方式之一是要认识到，金融体系效率与公共部门所承担的风险数量之间存在权衡问题。对于风险的管制，不同国家之间在任何时间点上都是有差异的，这些差异反映了国民的偏好、对风险与效率的判断以及国家在特定时间的风险—效率具体关系（risk - efficiency spectrum）的偏好上。另外，鉴于当日大额结算的国际性及数额巨大的特点，任何的干扰都可能引发全球系统性危机。因此，尽管每个国家决定其自身监管行为的尺度是很重要的，但单一结算失灵中所固有的系统性特点，都需要建立一些最低标准，这些标准可以是利息费用、抵押要求或者损失分担协议等。

# 第8章

## 金融脆弱性的微观经济检验
### ——资本充足性标准的测试

第6章已经谈到，为了使以激励性措施为基础的金融监管发挥最大效用，就必须制定相应的标准。这对于全世界的标准制定者来说，无疑是一个巨大的挑战。一方面，标准需要达到一定的水平，从而符合明确的经济准则，即个人及社会的总成本最小化；另一方面，标准的制定也要多方权衡，防止这些标准使人望而却步，或者使得微观经济主体有“投机取巧”的冲动。这就是本章要讨论的重点内容——需要建立一套资本充足性标准，这些标准不会导致美化或“窗饰”的行为。最近的亚洲银行危机清楚地表明，一国在实施金融自由化之前，必须已经具备了完善的国内金融体系，特别要具备审慎的监管机制及会计准则。这场危机清楚地表明了金融自由化及相伴产生的金融脆弱性之间的联系，因此在衡量自由化所带来收益的同时，必须要考虑金融脆弱性加剧而引发的成本，这一点在发展中国家的市场中表露无遗。若一个经济体的市场机制尚未准备好就急忙摆脱具有金融抑制特点的体系，为此付出的巨大代价已经使得一些人怀疑这么做的意义。此外，前面提到的成本是当前市场条件下所不可避免的，而亚洲金融危机扩展速度如此之快，使得人们的目光更多地转移到了这一成本形成的制度因素上面来。因为监管行为的标准化趋势已经超越国界，所以当世界其他地方发生经济危机时，各国也有可能由此招来系统风险，因此，人们开始质疑这种监管形式是否真的有效。本章将检验 3 个亚洲国家——泰国、印度尼西亚和韩国的银行体系对这样一个统一的标准，即资本充足性标准的反应，并同时检验这些标准对危机发生概率的影响。

在金融自由化阶段，银行将面临更激烈的竞争，同时也暴露在更大的风险之中。金融体系整体运作良好，关键是要及时实施审慎监督，也意味着个体金融机构管理健全。审慎监督政策可以有效降低风险，确保个体机构的妥善管理。审慎监督的核心措施是通过建立最小化资本充足性标准控制信用风险。鉴于此，为加强国内监管，许多国家开始或已经采用国际清算银行巴塞尔委员会 1988 年制定的资本充足性标准。为尽快达到风险性导向资本充足性标准要求，银行可能只是做表面的美化，而不是进行有效调整，对此问题的解决思路将决定未来的监管政策方向。如果银行能够通过表面美化以达到资本要求，那么国际清算银行指导方针的效力将大打折扣。尤其对于一些发展中国家，由于缺乏谨慎会计准则，宏观经济状况更易波动，这种表面美化的情况将尤为严重。

本章的目的在于解释个体银行资本充足性的相对水平与整个银行体系脆弱性之间的关系。具体而言，我们用单个银行资本的一个因素——资本充足率，建立了一个银行业危机发生概率的模型。我们首先以资本充足率为基准将所研究的三个国家的样本银行分类，然后分组检验不同的宏观经济因素、制度因素及金融因素对模型的影响。虽然有很多证据可以表明金融发展水平和经济增长之间的关系，但是能从微观经济层面上表明金融自由化和金融脆弱性之间关系的证据却少之又少。本章将试着填补这一空白，并且突出微观谨慎监管在金融自由化过程中的重要性。我们首先假设金融自由化后，国内外金融部门内的竞争将愈演愈烈，银行也将面临更大的压力。这会带来这样的一个结果，要进一步完善资本充足性监管以防范各种不同类型的风险暴露过大，从而降低系统性危机发生的可能性。在许多案例中，这些改善也就意味着量化标准将更加严格，人们会更加关注自己持有的资本投资组合的质量。普遍的观点都认为亚洲金融危机期间存在明显的监管失效，而本章将详细分析导致资本充足性要求失效的几个可能因素及其性质，诸如资本充足性要求缺少透明度、会计准则失效、制度框架过于薄弱等。下一节将进一步检验金融自由化和金融脆弱性之间的关系，并回顾资本充足性监管的相关内容。接下来的各节我们将对方法论和实际模型进行验证。亚洲金融危机告诉我们，系统性危机有可能源于国内银行系统的微观经济缺陷。而为防范这些风险，银行系统应该对资本充足率进行调整。但是这种调整有可能是有效调整，也有可能是仅仅做一些美化的工作。对这些不同的调整进行区分是必要的，最后一节将讨论区分两种调整的重要性。

## 8.1 背景

### 金融自由化

McKinnon 和 Shawn 提出，金融自由化可以加速资本积累，King 和 Levine 认为，自由化会提高未来的经济增长率，但近期金融脆弱性的不断加剧却在一定程度上使人们忽略了这一事实（McKinnon，1973；Shawn，1973；King 和 Levine，1993）。世界上许多地方的银行业正面临着严峻考验，最近有研究表明（Lindgren，Garcia 和 Saal，1996），其中许多问题已经转变为系统性危机。许多国家刚刚放松金融业管制，银行业存在的众多隐患就立刻暴露出来。这些现象表明，金融自由化固然会带来好处，但它同时也会加剧金融脆弱性，我们必须全面权衡金融自由化的利弊。实际上，总结这些危机的教训，我们可以得出一个基本假设：对于发展中国家来说，一定程度的金融管制可能比不成熟的自由化更有益处（Stiglitz，1994）。

许多国家为提高金融市场效率而出台了相应政策，以求加快金融自由化的步伐，但这些政策的实施其实更需要一定的监管标准的配合。日益深入的金融自由化既提高了金融业的效率，也使得发生银行业危机的可能性大大增加，监管标准正好可以平衡二者利弊。审慎监管旨在维护金融体系的稳定，保障所有储户安全。虽然稳妥的宏观经济调控手段是人们公认的保持系统性稳定的重要手段，但是目前一些国家正加紧废止许多金融自由化的措施，却是主要针对微观监管标准（Long 和 Vittas，1992）。例如，作为金融自由化实施进程中的重要一环，许多国家已经开始解除国际资本流动限制。从宏观角度来说，这种政策为本地的金融中介机构快速融资大开方便之门，也有利于本地借款方的资金运作，但是这种政策将会引致外汇风险。实施谨慎的外汇风险头寸的限额控制可以降低这种风险，但很不幸，许多当地银行通常对这些限额视而不见，仍继续向那些未能对冲外汇风险头寸的国内借款方以外汇形式放贷。这样，银行通过将外汇风险转嫁到信用风险的办法满足了对外汇风险暴露限额的要求。这也就是为什么货币危机通常先于或伴随着银行危机的发生而发生的原因（Kaminsky 和 Reinhart，1998）。

诚然，金融自由化可以为银行发展解除部分枷锁，但同时也迫使银行面临更大的风险。虽然这些自由化措施可以使“钱生钱”更容易，但是这样做也可能会使银行面临的风险水平高于社会最优水平。由于一些保险方案是由国家担保的，所以一旦出现道德风险等反向激励问题，这种偏离社会最优的情况将会更严重。这时候便需要有效的谨慎监管从微观和宏观方面同时出击，制定正确的激励措施，控制这种偏离。我们先假设在金融自由化体系下银行业更容易发生系统性银行危机，在此前提条件下，本章将检验单个银行行为和银行系统脆弱性之间是否存在某种联系。

## 8.2 金融自由化改革后的银行行为

金融自由化改革后，银行行为也发生了变化。这些变化增加了银行的风险，影响了银行业的稳定性。在监管框架缺失的国家这种情况更为严峻。在许多国家，伴随着金融自由化，大量棘手问题接踵而来：内部控制手段不足的情况下外资大量流入；新扩展业务的风险较高，但缺乏与之相对应的谨慎监管①。最近许多东亚银行的遭遇也恰恰印证了这一点：在自由化之前，监管措施必须到位；若缺少必要的监管措施，银行体系将会面临崩溃的危险，并且这一行业危机可能会恶化成整个经济系统的危机。

20世纪90年代，东亚各国开始逐步实施多种金融自由化政策，包括取消银行业进入壁垒、扩大银行业务范围、允许外资银行开展业务、放松外汇管制等措施。泰国设立了曼谷境外金融中心，为外国机构或个人提供优惠的借款利率。这种低利率加剧了泰国各银行和金融机构之间的竞争，压低了国内其他银行的利润空间。这些银行不得不铤而走险，开展更多高风险业务。印度尼西亚实施金融自由化政策后，银行的数量由1987年的64家，猛增到1997年的238家（国际货币基金组织，1998）。韩国的政策允许金融公司变身为商业银行，这样一来，虽然这些“新”型银行对外汇领域毫无经验可谈，但它们仍然可以名正言顺地借贷外币。韩国银行的数量也从1993年的6家增加到1996年的30家（Jae－Kwon，1998）。银行和金融机构的数量激增，导致银行对私人机构的放贷规模不断增加（见表8—1）。1990—1997年，印度尼西亚和泰国的银行贷款额实际增长速度为18%，韩国的增长速度为12%（国际清算银行，1998）。

表8—1　　1990—1996年东亚各国贷款增长情况（%）

| 国家 | 贷款额年增长 | 贷款额增长/GDP增长 | 1990年国内净产值 | 1996年贷款额/GDP |
|---|---|---|---|---|
| 印度尼西亚 | 20 | 122 | 45 | 56 |
| 韩国 | 14 | 123 | 68 | 79 |
| 马来西亚 | 13 | 134 | 80 | 136 |
| 泰国 | 14 | 176 | 84 | 130 |

资料来源：世界银行（1998）。

① Goldstein（1997）认为，没有做好金融自由化的准备，是发展中国家遭受银行业危机的原因之一。Kaminsky和Reinhart（1996）的研究也证实了这一观点，他们调查了25次银行业危机，其中有18次遵循这一规律：在危机发生前5年的时间里，从银行业危机某些特征来说，这些国家的金融部门已经算是开始实施自由化了。

银行贷款增长如此急速，意味着大量可行性很小的项目也获得了贷款。此外，银行必须分出一部分精力去评价、监控众多的借款人，这样一来，银行投资组合的资产质量必然下滑。另外，受国家政策扶持的部分产业，不良贷款却不断增加，这也是亚洲银行的一个特点。国家介入银行的内部管理，目的并不仅限于保障银行储户的利益，政府其实更关心某些特殊行业的发展，即使这些行业利润微薄，政府也希望已出台的针对性贷款政策能够继续实施。例如，20世纪90年代中期，一些大财阀[①]经营不善，利润率已经微乎其微，有一些甚至被迫破产，但各国政府仍向银行施压，继续扩大优惠贷款：印度尼西亚培育中小企业，泰国扶持农业及农村产业，马来西亚则关注本国的原著群体（Miller 和 Luangaram，1998；Rahman，1998）。而且，一旦储户们发现政府才是银行业务管理的最高决策者，那么人们就会认为，不管怎么样，国家都会保护金融机构，这将会大大提高道德风险的发生概率。因而，储户们将缺少监督金融机构的动力，市场纪律最终只是流于形式。伴随着金融自由化进程，及时实施谨慎政策是避免经济进一步动荡的重要手段，这一观点已经为人们所认可。这些政策包括在微观经济层面上实行更加完善的风险管理手段，如监控外汇风险、限制内部交易、限制信贷及减少汇率风险等措施。

## 资本充足性

为防止银行增加信用风险，1988年，国际清算银行巴塞尔委员会通过决议，要求那些参与国际交易的银行，其持有资本必须达到自身风险加权资产8%或以上。自2001年1月起，在巴塞尔协议Ⅱ（巴塞尔协议Ⅱ的具体内容，我们将在以后的章节中详细介绍）的几份草案中，巴塞尔委员会已经明确提议，应采用一种更精确的方法来计算资本充足率。在制定资本标准时，需要采用一个统一的基数来计算比率。我们所说的资本既包括核心资本（一级资本），也包括附属资本（二级资本）；而资产则是按照每一项的具体信用风险情况被赋予加权系数。表外项目也包括在风险加权资产中，但需要经过信用转换系数转换。附属资本由重估准备金、证

① Chaebol 是韩国术语，是指由一个母公司及其下属多家子公司共同组成的大型家族式企业集团。这些子公司通常互相持股，基本上由一个家族掌控。

券估值收益、符合巴塞尔框架规定的一般坏账准备金和次级定期债务四部分构成。其中，证券估值收益所占比例最多不可超过风险加权资产的45%，一般坏账准备金不可超过1.25%。附属资本总额不得多于核心资本。风险的权重系数基本取决于资产的交易对象，一般来说，若债务方为政府和中央银行，则风险权重为0%；若债务方为国内公共事业部门，则风险权重为10%；若债务方为银行，则风险权重为20%。住宅物业抵押贷款的风险权重为50%，其他债权的风险权重则为100%。巴塞尔协议规定，监管机构在确定附属资本范围、资产风险权重系数和处理其他风险评估问题上拥有一定的自主权。例如，为配合国际清算银行制定的市场风险的计算方法，欧盟采用了新的资本充足指令（CBA）。由于资本流动的限制已经被取消，汇率和利率的波动幅度变大，巴塞尔委员会最新决议将市场风险纳入计算范围。银行机构可以用两种方法测量市场风险，一种是巴塞尔委员会设定的标准化测量方法，但也可以采用银行自有的内部风险管理模型来测量。

## 8.3 引发银行业危机的因素

本书将列举几个引发银行业危机的因素。作为金融中介，银行的大部分债务是短期存款，银行的资产则是由长、短期贷款共同组成的。如果资不抵债，那就意味着银行破产。如果债务人无法偿还借款，银行的资产总值就会下降。为降低这种信用风险，银行进行分散化投资，提高项目评审效率，以及采用贷款担保。然而，这些措施成本高昂，所以效果有限。为此，银行通过持有相当数量的权益和法定准备金作为补充手段来防范上述风险。经济的巨大波动对银行借款方的经济状况造成不利影响，并且依靠上述降低风险的措施都无法弥补这一损失。若防范不当，经济冲击将对银行系统构成威胁，具体来说，就是银行业危机。学术界认为，资本充足率不高的银行更难以应对冲击，如资产贬值、周期性衰退、贸易状况恶化等经济冲击都会对银行的稳定性造成威胁（Kaminsky 和 Reinhart，1998；Gorton，1998）。本章的目的之一就是要检验我们所研究的三个国家的银行业危机是否存在这种情况：当宏观、金融、制度条件发生变化时，资本准备金较高的银行采取的应对措施是否比资本准备金较低的银行更有效。

### 8.3.1 金融因素

在金融自由化过程中，因为取消了控制利率的措施，所以短期利率将不断攀升（Pill 和 Pradhan，1995）。同样，紧缩的货币政策、从严的财政政策，以及国际利率水平的提高，也都会拉升短期利率。在美国，短期利率急升通常是银行业危机的前兆（Mishkin，1996）。若银行的不良贷款数量增加，资产负债情况肯定会恶化，但如果银行的资产收益率低于其应付债务的利率水平时，银行资产总值也会下降。当短期利率升高时，银行的债务成本增加，也就是说向储户提供的利率水平提高。但是，银行资产主要是由既定利率的长期贷款构成的，由于贷款利率已定，短期利率的升高无法拉动资产收益率。银行调整投资组合需要时间，也正是这种时滞削弱了银行的盈利能力，甚至导致银行亏损。若实际利率上升，则银行损失更大。一些贷款者无法负担增加的利率，在一定程度上不能偿还部分贷款，这对银行资产来说无疑又是一大损失。因为金融中介机构的各种金融产品的实际到期日各不相同，所以银行一般认为利率风险有限。然而，超出理性预期范围之外的利率水平增加，不但会对银行的资产负债表造成重创，更将严重威胁到整个银行系统。

众所周知，金融自由化也会引发国内银行的流动性危机。Change 和 Velasco（1998）通过研究发现，若早期的金融自由化措施过分关注于国际资产和国外债务的期限错配调整，流动性就会发生问题。此外，资金账户开放、国际利率水平下降，都引起外资入境。外资涌入为国内银行提供大量可利用的运作资金，但这反而会使流动性问题加剧。当国外贷款是短期贷款时（这正是亚洲金融危机后期时的情况）情况变得更糟。因为这种贷款越多，国内银行的脆弱性就越明显：如果一个债权人因为恐慌而不愿意将短期债务展期，银行挤兑便在所难免。在采用固定汇率制的国家，对货币的投机性攻击也会使银行产生同样的问题。如果人们预期国内货币贬值，都纷纷将国内货币存款提出并转成外币，那么国内银行就会陷入流动性缺乏的困境。

### 8.3.2 宏观经济因素

先前的研究结果表明，银行业危机通常和脆弱的宏观经济环境分不开（Gorton，1998）。GDP 增长率过低、通货膨胀率过高、本币贬值、利率畸高，这些因素容易引发银行部门发生系统性问题。虽然宏观经济因素的重要性不言而喻，但经济结构特征的影响也同样不可小觑。我们所研究的三个国家都是在金融自由化改革开始不久后爆发银行业危机，因此，经济结构特征的研究更显得有意义。在这种情况下，银行体系是否具有应对资本突然外流的能力，也是判断金融部门脆弱性大小的重要参考因素（Calvo 和 Reinhart，1994）。在某些国家，实际利率的高低是检验金融自由化进程的有效指标（Galbis，1993）。有时，国家为维持其他经济体平衡，也可能牺牲银行业的利益（如控制长期通胀水平过高）。人们已经知道，通货膨胀的环境可能会使金融部门发展过快，因为银行可以从利差和支付浮动中获利。然而，当国家开始实施相应的控制措施时，银行收入便会锐减，最终导致整个银行业的深层矛盾激化，变得一发不可收拾（English，1996）。

宏观经济不稳定会对银行的资产负债结构造成冲击，这也是整个银行系统发生系统性风险的主要原因之一。不良贷款数量的增加对银行来说是一个灾难，而且很多因素会使情况更为恶化，如短期利率上调、实际利率偏高、在外币借款（债务）和本币债权（资产）间不匹配的情况下本币突然贬值。如果事先未能预测到本国货币贬值，那么银行的实际贷款额就会缩水，从而降低银行的盈利能力。有些国家已经开始对银行的外汇风险暴露程度设置限制，但许多银行通过直接以外汇放贷来规避这些限制措施。虽然实际操作上可以将外汇风险转嫁到债务方，这样或许可以拖延一些时间，但终究还是无法避免损失的发生：倘若债务方无法偿还贷款，不良贷款就会增加，所以货币贬值仍是影响银行资产负债表的一大隐患。

### 8.3.3 制度因素

金融自由化改革的关键目标就在于减少银行借贷行为的政府干预。虽然政府干预确实可以起到一定作用，譬如可以减少道德风险的发生，但是在政府的严格控制下，许多回报率很高的贷款计划被迫流产，因为政府当局认定它们的风险过大。由于政府在背后控制着银行运作，所以一旦出现问题，政府将会出面保障储户们的利益。但是实施金融自由化以后，如果存款账户没有保险，那么只要银行的资产质量稍微出现一点差池，就能引发储户恐慌：因为担心银行破产，储户会争先恐后地到柜台提出存款。这种恐慌性挤兑会造成流动性不足，加速银行破产。在信息不完全的情况下，不用多久，其他银行的储户们也会由于担心自己的存款安全而纷纷提出资金，从而由一家忧愁演变至全行业恐慌。存款保险可以有效减轻这种恐慌，防止其扩散至全行业。

人们普遍认为，政府放松对私人银行的管制之后，如果这些银行预期政府的存款保险方案可以使其免于破产的后顾之忧，那么它们就会开展一些风险极高的业务项目，尽管这些业务并不是必需的。退一步想，即使这些风险性项目失败了，保险公司也会弥补储户们的损失。然而，在大多数情况下，自由化也就意味着银行必须自己购买保单，而政府则应隐身成为隐性担保人。但如果银行所付的保费不能完全反映银行投资组合的风险水平，那么道德风险问题往往就在所难免了。从某些方面来说，政府是鼓励银行承担高风险的，甚至以隐性担保的形式给予这种行为补助。由此而言，金融自由化必须以一个设计周全且卓有成效的审慎监管机制为保障；否则，银行将会承担过多的高风险业务，而道德风险最终将引发银行业危机。

## 8.4 研究方法和数据

### 8.4.1 变量的选择

根据先前的理论分析以及能够得到的数据情况，我们确定了研究泰国、印度尼西亚、韩国的银行业危机所必需的宏观、金融、制度 3 个因素的相关解释变量。对于金融因素的影响，我们选用 M2 与外汇储备的比率、银行现金及准备金与银行资产的比率、信贷与 GDP 比值变动量的滞后值作为解释变量。汇率突然变化会导致资本急速外流，M2/外汇储备

（M2/FOREX）这个变量可以测试发生这种情况与银行业危机发生概率之间的敏感度。众所周知，这一比率可以很好地预测一国遭受国际收支危机时的脆弱程度（Calvo，1996）。现金/资产（CASH/ASSETS）是流动性指标，而$CRED_{t-n}$这个变量可以测量出各国金融自由化的进展程度。根据前面的解释，在一个金融自由化的环境中，对私人部门的信贷额度增加可能是高风险贷款的发放数量过多①。对于宏观经济因素的影响，通过上面的分析我们选择的解释变量包括实际 GDP 增长率（GRO）、实际利率（RINT）、通货膨胀率（INF），以及汇率变化率（DEP）。这些宏观经济变量可以很好地表示自由化的进展程度，但是我们的分析则集中在它们对资产负债表的影响上。最后，我们用一个虚拟变量作为制度因素的解释变量，这个虚拟变量代表是否实施存款保险计划（INS）。我们使用人均 GDP 作为控制变量，用来表示国家监管当局采取的谨慎监管措施的有效程度。已有研究表明，人均 GDP 比率越高，政府作为越有效，道德风险发生的概率越小。要说明的是，我们不是单纯考虑每个变量本身的个体影响，而是要检验在不同的金融、宏观经济、制度环境条件下，资本充足性高的银行和充足性低的银行在应对危机时的反应是否会有所不同。

通过采用以前的一些研究所总结的定义（Caprio 和 Klingebiel，1996；Kaminsky 和 Reinhart，1998；Demirguc-Kunt 和 Detragiache，1997），我们构建了代表银行危机的虚拟变量。这些研究为如何区分金融困境和金融危机提供重要的方法。为了更好地解释单个银行应对金融危机的行为，我们在研究时必须严格区分危机发生时每个国家金融脆弱性的不同阶段②。依据上述研究中所给出的定义，1997 年，我们所研究的 3 个国家均在经受严重的银行危机。韩国、泰国和印度尼西亚都经历了银行投资组合质量的急剧恶化。据保守估计，印度尼西亚银行部门的不良贷款已经占到整个未偿

---

① 根据每个国家开展自由化改革的时间不同，我们为不同国家选择不同的滞后期 n。多项研究表明，银行业的许多问题都是由信贷规模增长过快而引发的。

② 如果满足以下 4 个条件，就可以把银行业的某一困难时期归类为发生危机：

1. 不良资产达到总资产的 10% 以上；
2. 救助措施的各项成本总和超过 GDP 的 2%；
3. 银行挤兑现象严重，政府为应对危机不得不采取紧急措施，如冻结存款、延长银行假期、扩大存款担保范围等；
4. 银行业问题非常严重，国家不得不大规模实施银行国有化。

还贷款的30% ~35%，韩国和泰国的这一比率也约在25% ~30%之间（世界银行，1998）。1997年，印度尼西亚当局关掉了16家银行，在印度尼西亚银行重组局成立后，1998年又有10家银行被迫关闭。韩国当时共有30家商业银行，这场危机使政府被迫关闭了16家，残存的14家也是依靠注入大量资本，并自愿签订资本重组协议才得以幸存。泰国的情况更糟，1997年，泰国有56家金融公司被迫关闭，为确保其他幸存的公司能够逃过此劫，政府将这些公司持有的中央银行贷款全部转换成该公司产权。

### 8.4.2 统计模型

本书将采用logit回归来分析选择概率。将这种模型运用到多重判别分析上会起到事半功倍的效果，这一点Lo（1987）已经给予了相应的解释说明。logit模型的形式为：

$$P_i = \frac{1}{\left(1 + \frac{1}{e^{(B_0 + B_1 x_{i1} + B_2 x_{i2} + \cdots B_n x_{in})}}\right)} \qquad (8\text{—}1)$$

式中，$P_i$——第i国发生银行业危机的概率；$X_{ij}$——第i国的第j个变量。

$$概率比 = \frac{P_i}{1 - P_i} = e^{(B_0 + B_1 x_{i1})} = e^{B_0}\left(e^{B_1}\right) x_{i1} \qquad (8\text{—}2)$$

logit模型是非线性模型。估计B时可以采用非线性最大似然法。我们之所以选择logit模型，是因为根据本书研究情况，logit模型要比线性回归模型更具适用性。首先，众所周知，在存在二分因变量时，线性回归模型会产生异方差，而logit模型则不会。其次，线性函数的外推概率超出（0，1）区间。但logit曲线的界值为0和1。再次，正如Mcfadden等人（1973）所证，logit模型符合随机效用最大化原则。从统计数据和理论依据出发，logit模型自然成为我们的首选。logit模型的另一个特征就是概率比，概率比是某个事件（如银行业危机）的发生概率和不发生概率的比值。这一指数关系可以解释β的含义：若每一单位增加x，比值便以$e^{\beta}$为倍数成倍增加。因此，总的来说，这些系数代表了宏观经济、制度或金融变量增加1单位，银行业危机概率比的对数增量。将这些系数取反对数，就可以得出每单位比值增量的百分比变化。但是，如果要计算任何

单一变量的单位变化对银行危机发生概率的影响，就要用到下面的公式：①

$$\frac{\partial P_i}{\partial x_i} = B_i P_i (1 - P_i) \quad (8\text{—}3)$$

在以后的计算过程中，我们会更多地使用“概率比”这一概念，因为，当不同变量发生增减变化时，概率比有助于我们得到银行破产概率的边际增量。

### 8.4.3 数据

我们从泰国、韩国和印度尼西亚众多的银行中挑选出合适的样本。报告期取1996—1997年，数据来源包括《国际金融统计》、国际清算银行年度报告以及各国中央银行报告等权威机构报告和期刊。我们调查了18家印度尼西亚银行、30家韩国银行、75家泰国银行和金融公司。为使以后的分析能够有的放矢，原则上，我们必须要对银行质量进行评价。我们可以用资本充足率以及不良贷款和总贷款之比作为衡量投资组合质量的指标，本书主要采用资本充足率这一指标。表8—2列出了从每个国家选取的样本银行的平均资本充足率（CA），并依据不同资本充足率将其分类。运用这一分类，我们可以发现，无论是资本充足率低（Low CA）的银行还是资本充足率高（High CA）的银行，都对预期的不利因素非常敏感。泰国有35%的银行归类于资本充足率低的一类，韩国和印度尼西亚的这类银行比重分别达到48%和67%。我们假设资本充足率高的银行对宏观经济、金融和制度方面的不利冲击抵抗力较强。资本充足率较低的银行则容易受这些不利冲击所累，从而使得危机到来的速度加快。

表8—2　**泰国、韩国、印度尼西亚的银行资本充足性分类（%）**

| 国家 | 平均资本充足率 | 低资本充足率 | 高资本充足率 |
|---|---|---|---|
| 泰国 | 9.3 | 35 | 65 |
| 韩国 | 9.5 | 48 | 52 |
| 印尼 | 11.9 | 67 | 33 |

资料来源：Goldstein（1997）。

① 这个微分公式表示x的概率变化率同时受B及所测量的概率水平两个因素的影响。当P=0.5时，这一值取最大。

因为每个国家的银行部门其实都自有章法，所以为了能达到比较分析的目的，应该考虑国家特定因素以避免高估或低估某些主权因素的影响力。考虑到不同国家具体情况会有所不同，logit 回归中的某些解释变量的独立性可能会发生变化，所以这种国家特定因素应该计入模型估计中。然而，在 logit 估计过程中，若要纳入国家特定效应，就必须筛除没有遭遇危机的银行。本书分析所采用的样本数量已经十分有限，再剔除大量样本就会形成样本偏差，因此我们不考虑国家特定因素，而采用全部样本。

### 8.4.4 结果

正如上文所说，最终的模型包括 9 个变量：GRO（GDP 增长率）、实际利率（RINT）、通货膨胀率（INF）、汇率变化率（DEP）、M2 与外汇储备的比率（M2/FOREX）、银行现金和准备金与银行资产的比率（CASH/ASSETS）、信贷与 GDP 比值变动量的滞后值（$CRED_{t-n}$）、一个代表有无存款保险计划的虚拟变量（INS），以及一个控制变量——人均 GDP（GDP/CAP）。表 8—3 是相关系数和 t 统计量。表 8—4、表 8—5 和表 8—6 为我们所研究国家的具体结果。我们将遭受危机的银行指定为 1，其他指定为 0。因此，如果系数为负，说明该变量的增加能降低危机发生的概率，系数为正，则说明银行危机的发生概率和这些变量是正相关的。

表 8—3 显示的是三个类别国家的整体样本结果：全部国家、资本充足率高的国家、资本充足率低的国家。每一类结果都表明，银行危机的发生概率随着 GDP 增长率的提高而减小，这表明经济实力强的确可以防范系统危机的发生。其他重要的宏观经济因素，包括实际利率和通货膨胀率（RINT，INF）的上涨对银行投资组合质量乃至整个银行部门带来不利冲击。进一步比较资本充足率高和资本充足率低的银行，我们发现结果与预期不同。GDP 增长率实际上对于资本充足率低的银行的防范危机作用更大：与资本充足率高的银行相比，其影响要高出 6.3 个百分点（22.6% 对 16.3%）。同样，通货膨胀对资本充足率高的银行造成的不利影响更大——比资本充足率低的银行高出 1.2 个百分点。我们之前的假设认为，相比资本充足率低的银行，资本充足率高的银行不但可以更有效地抵抗宏观冲击（如通货膨胀），而且，当宏观条件改善时（如 GDP 增长率提高），

它们受益也更大，但模型检验结果却提供了相反的证据。金融因素相关变量的表现恰如预期，在三类结果中，M2/FOREX 所衡量的外部脆弱性均显著增加了危机发生的概率，这个结果说明危机的发生与资本突然外流是紧密相关的。同样，代表每个国家金融自由化程度的信贷增长率（$CRED_{(t-2)}$）显著地增加了危机发生的可能性，表明私人信贷的繁荣是银行业危机的前兆。在金融变量中，只有 M2/FOREX 变量的系数不符合我们先前的假设。M2/FOREX 值高，则易引发危机，其对资本充足率高的银行造成的不利影响要比资本充足率低的银行高出 2 个百分点。

最后，在制度变量中，存款保险变量（INS）在所有类别中都表现为显著的正值。这说明实施明确的存款保险计划可能会引发道德风险，从而加速危机的发生。同样，GDP/CAP 是表示政府行为是否有效的控制变量，它的系数为负，说明相较于缺乏监管的经济环境，政府实施有效监管可以大大降低危机发生的可能性。GDP/CAP 变量系数为负符合先前假设，但是该系数对资本充足率低的银行高而对资本充足率高的银行反而低，这却出乎我们意料。按照原先的设想，资本充足率高的银行能更有效地利用宏观经济及政府监管的有利环境，从而在面对资本外流、名义及实际利率上涨这类不利冲击时能够更加从容，但结果并非如此。尽管这些异常现象并不是反映在每一个变量的身上，但这种情况的出现还是要求我们进一步检验每个国家的样本。

表 8—4 显示了泰国的检验结果。首先要说明的是，样本的平均资本充足率是 9.3%——比规定的 8% 几乎高出了 1.3 个百分点。我们把资本充足率高于 9.3% 的银行归类为资本充足率高的银行，其余的归类为资本充足率低的银行。在所有的宏观经济变量中，RINT 是个很重要的决定因素，它对两种类型银行的系数均显著为正。从某些方面来说，这一现象的原因可以追溯到泰国政府 20 世纪 90 年代早期颁布的自由化政策。在这段时期，为了吸引外资，泰国政府取消利率上限，放松外汇管制和对金融公司的限制，扩大了资本市场交易活动可以开展的范围。随着曼谷国际银行局（BIBF）的建立，外资银行不断涌入，银行之间针对主要客户群体展开了激烈竞争。诸如被 BIBF 低成本资金所吸引的跨国公司，俨然成为炙手可热的争夺对象。这种不断加剧的竞争态势降低了国内银行的利润率，迫使它们不得不

从事一些风险性更高的业务活动，但实际利率随之上涨，又进一步挤压了它们投资组合本已微薄的利润空间。汇率（DEP）对资本充足率高以及资本充足率低的银行都显著为正。泰国的金融机构以外币形式大量融资，然后再以本币形式贷给国内借款人，因此当泰铢开始贬值后，它们立即就遭受了汇率损失。泰国17%的国内信用所包括的银行贷款，都是以通过BIBF借入的外债来提供的资金（泰国银行，1997）。1996年，泰国银行和金融公司的外汇债务总额已经达到它们本身外汇资产的775%，并且达到M2总额的35%。检验结果进一步表明，汇率和实际利率对危机的发生概率影响很大，对资本充足率高的银行冲击更加严重，与资本充足率低的银行相比分别高出51.4和9.8个百分点。

在泰国的样本检验中，M2/FOREX是唯一不论对资本充足率高的银行还是对资本充足率低的银行来讲，其系数均显著为正的金融变量。值得注意的是，在此期间，外国银行虽然仍以泰国国内银行部门为中介进行放贷业务，但这种业务的比例已经开始下降。然而这种下降却完全通过另外一项业务的开展得到了弥补，即金融公司的重要性不断增强，“由于没有授权，这类金融公司无法从公众吸纳存款，但它们可以发行一种类似于商业银行定期存款的到期本票”（国际货币基金组织，1997b）。最后，在制度变量中，保险（INS）变量系数显著。INS系数对资本充足率低的银行显著为负，对资本充足率高的银行显著为正。这也不符合我们的预期，因为这表明那些资本充足率高于平均水平的银行，非但没有因此受益，反而为此招致损失。鉴于这些“反常”的检验结果，20世纪80年代泰国对陷入困境的金融公司采取的整顿措施可能会提供一些解释。泰国的金融机构发展基金向半数以上面临破产的金融机构都伸出了援助之手。同时，泰国政府还成立了财产贷款管理机构，向银行购买不良财产贷款并加以重组。此外，泰国中央银行出面，为所有向金融公司提供辛迪加贷款的国际银行提供担保，一旦未来出现问题，中央银行会对该金融公司提供支持（泰国银行，1997）。但这些救济措施也许已经向金融机构发出了错误的信号：若银行处境进一步恶化，国家的一揽子营救计划也会相应提高。可能正是出于这种心理，金融机构纷纷降低了资本充足率，因为如果政府救助是确定无疑的，那么它们持有资本的机会成本就变得更高。

表8—3　　**整个样本**

| | 全部 | | 高资本充足率 | | 低资本充足率 | |
|---|---|---|---|---|---|---|
| | β估计值 | Exp（β） | β估计值 | Exp（β） | β估计值 | Exp（β） |
| | （t统计量） | （% 比值变量） | （t统计量） | （% 比值变量） | （t统计量） | （% 比值变量） |
| 宏观经济变量 | | | | | | |
| GRO | -0.213*** | 0.808 | -0.178** | 0.837 | -0.256*** | 0.774 |
| | (1.83) | (-19.2) | (1.692) | (-16.3) | (2.32) | (-22.6) |
| DEP | 0.003 | 1.02 | 0.012 | 1.01 | -0.032 | 0.969 |
| | (0.023) | (2.0) | (0.263) | (1.2) | (0.312) | (-3.1) |
| RINT | -0.043* | 1.04 | 0.023* | 1.02 | 0.107* | 1.11 |
| | (0.792) | (4.4) | (0.862) | (2.3) | (0.732) | (11.3) |
| INF | 0.032** | 1.03 | 0.038** | 1.04 | 0.027*** | 1.03 |
| | (1.351) | (3.3) | (1.418) | (3.9) | (1.772) | (2.7) |
| 金融变量 | | | | | | |
| M2/FOREX | 0.036** | 1.04 | 0.041 | 1.04 | 0.022** | 1.02 |
| | (1.02) | (3.7) | (0.634) | (4.2) | (0.923) | (2.2) |
| CASH/ASSETS | -0.021 | 0.979 | -0.008 | 0.992 | -0.013 | 0.99 |
| | (0.581) | (2.1) | (0.432) | (-0.8) | (0.192) | (-1.3) |
| $CRED_{(t-2)}$ | 0.032** | 1.3 | 0.161** | 1.17 | 0.204*** | 1.23 |
| | (1.263) | (3.3) | (1.382) | (17.4) | (2.091) | (2.3) |
| 制度变量 | | | | | | |
| INS | 0.462** | 1.59 | 0.612 | 1.84 | 0.531* | 1.7 |
| | (1.81) | (58.7) | (0.719) | (84.4) | (0.821) | (70) |
| GDP/CAP | -0.082*** | 0.921 | -0.053*** | 0.95 | -0.071** | 0.931 |
| | (2.13) | (7.9) | (2.32) | (-5.2) | (1.938) | (-6.7) |

*** 表示在0.01的水平下显著，** 表示在0.05的水平下显著，* 表示在0.10的水平下显著。

表 8—4 **泰国**

| | 高资本充足率 | | 低资本充足率 | |
|---|---|---|---|---|
| | β 估计值 | Exp（β） | β 估计值 | Exp（β） |
| | （t 统计量） | （% 比值变量） | （t 统计量） | （% 比值变量） |
| 宏观经济变量 | | | | |
| GRO | -0.293 | 0.746 | -0.036 | 0.965 |
| | (0.182) | (-25.4) | (0.132) | (-3.53) |
| DEP | 0.426*** | 1.53 | 0.017*** | 1.02 |
| | (2.263) | (53.1) | (2.189) | (1.7) |
| RINT | 0.216** | 1.24 | 1.34 | 1.14 |
| | (1.532) | (24.1) | (2.012) | (14.3) |
| INF | 0.336 | 1.39 | 0.621 | 1.86 |
| | (1.032) | (39.9) | (0.361) | (86.08) |
| 金融变量 | | | | |
| M2/FOREX | 0.073*** | 1.07 | 0.238* | 1.27 |
| | (2.031) | (7.6) | (1.633) | (26.8) |
| CASH/ASSETS | -0.216 | 0.805 | -0.186 | 0.831 |
| | (0.289) | (-19.4) | (1.232) | (-16.9) |
| $CRED_{(t-2)}$ | 0.146** | 1.16 | 0.431 | 1.54 |
| | (0.732) | (15.7) | (0.893) | (53.8) |
| 制度变量 | | | | |
| INS | 0.712** | 2.04 | 0.911*** | 0.042 |
| | (1.621) | (103) | (2.02) | (-59.8) |
| GDP/CAP | -0.026 | 97.4 | -0.012 | 0.989 |
| | (0.762) | (-2.56) | (0.281) | (-1.2) |

*** 表示在 0.01 的水平下显著，** 表示在 0.05 的水平下显著，* 表示在 0.10 的水平下显著。

表8—5 韩国

| | 高资本充足率 | | 低资本充足率 | |
|---|---|---|---|---|
| | β估计值 | Exp（β） | β估计值 | Exp（β） |
| | （t统计量） | （% 比值变量） | （t统计量） | （% 比值变量） |
| 宏观经济变量 | | | | |
| GRO | −0.426** | 0.653 | −0.237*** | 0.789 |
| | (1.26) | (−34.7) | (2.01) | (−21.1) |
| DEP | 0.173 | 1.19 | 0.436 | 1.54 |
| | (0.832) | (18.9) | (1.07) | (54.7) |
| RINT | 0.233*** | 1.26 | 0.382*** | 1.46 |
| | (2.31) | (26.2) | (1.77) | (46.5) |
| INF | 0.621 | 1.86 | 0.823 | 2.28 |
| | (0.776) | (86.1) | (0.592) | (127) |
| 金融变量 | | | | |
| M2/FOREX | 0.393 | 1.48 | 0.792 | (2.21) |
| | (1.32) | (48.1) | (0.362) | (120) |
| CASH/ASSETS | −0.223 | 0.801 | −0.638** | 0.53 |
| | (1.43)* | (−19.9) | (1.96) | (−47.2) |
| $CRED_{(t-2)}$ | 0.332 | 1.39 | 0.426 | 1.53 |
| | (1.27) | (39.4) | (0.89) | (53.1) |
| 制度变量 | | | | |
| INS | 0.322 | 1.37 | 0.583 | 1.79 |
| | (1.23) | (37.9) | (2.17) | (79.1) |
| GDP/CAP | −0.094*** | 0.91 | −0.183*** | 0.833 |
| | (2.36) | (−8.9) | (1.921) | (−16.7) |

*** 表示在0.01的水平下显著，** 表示在0.05的水平下显著，* 表示在0.10的水平下显著。

表 8—6　　　　印度尼西亚

| | 高资本充足率 | | 低资本充足率 | |
|---|---|---|---|---|
| | β 估计值 | Exp（β） | β 估计值 | Exp（β） |
| | （t 统计量） | （% 比值变量） | （t 统计量） | （% 比值变量） |
| 宏观经济变量 | | | | |
| GRO | -0.232 | 0.792 | -0.019 | 0.981 |
| | (0.872) | (-20.7) | (0.739) | (-1.8) |
| DEP | 0.207 | 1.23 | 0.732 | 2.07 |
| | (1.96) | (22.9) | (1.78) | (108) |
| RINT | 0.423 | 1.52 | 0.718 | 2.05 |
| | (1.21) | (52.6) | (1.32) | (105) |
| INF | 0.196 | 1.22 | 0.673 | 1.96 |
| | (0.932) | (21.6) | (0.851) | (96.01) |
| 金融变量 | | | | |
| M2/FOREX | 0.531*** | 1.7 | 0.026** | 1.03 |
| | (2.02) | (70.1) | (1.82) | (2.6) |
| CASH/ASSETS | -0.003 | 0.997 | -0.182 | 0.833 |
| | (1.33) | (-0.31) | (0.892) | (-16.6) |
| $CRED_{(t-2)}$ | 0.173 | 1.18 | 0.521 | 1.68 |
| | (1.261) | (18.9) | (0.342) | (68.4) |
| 制度变量 | | | | |
| INS | -0.073* | 0.929 | -0.416*** | 0.659 |
| | (0.821) | (-7.04) | (2.31) | (-34.1) |
| GDP/CAP | -0.182* | 0.833 | -0.261*** | 0.77 |
| | (1.03) | (-16.7) | (1.93) | (-22.9) |

*** 表示在 0.01 的水平下显著，** 表示在 0.05 的水平下显著，* 表示在 0.10 的水平下显著。

表8—5显示的是韩国样本的结果，韩国的平均资本充足率是9.5%，高出要求标准1.5个百分点。我们采用这一数值区分资本充足率高的银行和资本充足率低的银行，计算结果如下。在宏观经济变量中，GRO系数显著为负，说明不管是资本充足率低的银行还是资本充足率高的银行，GDP增长率的提高可以降低危机发生的概率。事实上，由于GDP增长率的系数为负，那么当GDP增长率预测值较大时，甚至可以用其冲减危机发生的概率。另外一个结果为显著的宏观变量是RINT，其系数为正表明，RINT会提高危机发生的概率。同其他国家情况类似，对于韩国来说，实际利率的重要性也是源自于其部分金融自由化措施。1993年，韩国开始放松金融部门管制，取消了很多利率控制措施，降低了企业债务融资门槛，允许金融服务业自由竞争（世界银行，1998）。这些自由化措施使许多金融公司变身为商业银行，进而从事一些它们以前很少了解的国际借贷业务①。新成立的银行缺乏专业技能，它们在进行风险贷款时这一弱点暴露无遗。这种风险当实际利率被迫升高而很多债务人无法偿还其到期债务时才表现出来，最终使得银行的贷款组合质量下降。

在金融变量中，银行现金及准备金与银行资产的比率系数显著为负，说明银行流通性不佳会提高危机发生的概率。这一方面是由于银行在企业和房地产业上过度投资，而这些投资的回报率却出现下降；另一方面，有些项目一开始就缺乏可行性，而银行却继续追加贷款。例如，20世纪90年代中期，韩国财团的利润几乎全部消失，许多财团被迫宣布破产（Miller和Luangaram，1998）。房地产市场时起时落，股票市场投机盛行，泡沫终究绚烂一场，以这些资产为担保的大量贷款则深受其害，最终导致流动性枯竭。一旦股票和房地产价格下跌，随之而来的流动性枯竭将在很大程度上引发银行危机。许多韩国银行的长期资产数量不足以支撑其短期债务，这也是引发流动性危机的原因之一。到1996年底，银行的短期债务与准备金之比已经远远大于1，一旦国外银行不愿意续贷，准备金就会严重不足。此外，银行现金及准备金与银行资产的比率较低，即流动性较差，其对资本充足率高的银行的冲击反而要高

① 商业银行的数量由1993年的6家增加到1996年的30家（Jae-Kwon，1998）。

于资本充足率低的银行，这表明，资本充足率高的银行在决策相关资产项目时更容易掉以轻心，仅仅只从会计标准层面考虑资产充足性，并未考虑到资产的实际流动性状况。

最后，两种情况下的制度变量均为显著。两类银行的 INS 系数均显著为正，这可以由道德风险来解释。过去，韩国曾出台政策，由中央银行或政府特别资助计划以优惠汇率向很多韩国贷款提供再融资，这使得许多贷款银行不愿意进行借款人资质和信誉评价，也失去了监督资金运用情况的动力（Folkerts-Landau 和 Takatoshi，1995）。同样，两类银行的人均 GDP 系数均显著为负。但是资本充足率低的银行，其系数要小于资本充足率高的银行，说明政府监管混乱无效时，资本充足率低的银行会趁乱获得更多收益。造成这种现象的原因很多，不仅仅是由于法制基础薄弱，也有执行措施不到位、监管手段薄弱等原因（Reisen，1998）。由于账户信息不透明、对监管机构的一些政治上的压力，针对内部人的贷款限制几乎无法执行，更无法对其进行监督（Folkerts-Landau 和 Takatoshi，1995）。同样的政治压力也会使得韩国的银行对某些特定的公司提供贷款，即使明知借方经营周转已陷入困境（国际货币基金组织，1997a）。最后，当这些银行自己陷入金融困境时，监管机构并没有采取补救措施，而是放宽监管要求。例如，1996 年，韩国股市大跌，银行损失惨重，韩国中央银行采取的应对措施是放松损失准备金要求（国际货币基金组织，1997a）。

表 8—6 显示的是印度尼西亚的结果。三个国家中，印度尼西亚的银行平均资本充足率最高，为 11.9%。就宏观经济变量而言，汇率（DEP）系数显著为正，说明若汇率突然暴跌，则危机爆发可能性大大增加。在我们所研究的三个国家中，印度尼西亚对外国投资者的吸引力最大，因为 20 世纪 70 年代，印度尼西亚放开资本账户，采用有管理的单一汇率制并配有补贴政策（Nasution，1997）。20 世纪 90 年代初期，印度尼西亚又进一步降低了外商投资门槛，同时取消了大型私有化项目的实施限制，这些措施吸引了大量外资。这些外资通过为银行部门提供外币贷款的形式流入国内，而且随着 20 世纪 90 年代中期的利率上调、股市不断上升，外资流入更加迅猛。1997 年，印度尼西亚盾遭到了投机性冲击，印度尼西亚政

府决定放弃有管理的浮动汇率制，改为实施自由浮动汇率，但由于汇率压力太大，政府不得不多次“调整”现行汇率，使得“自由汇率”名不副实。由此可见，汇率是银行危机愈行愈近的主要推手之一。

M2/FOREX 变量显著为正，表明对于两种类型的银行来说，M2/FOREX 值越高，危机发生的概率越大。印度尼西亚银行业在发生危机前，国内 M2 货币存款与国际储备之比一直维持在高位，这与模型给出的结论相一致。1996 年底，印度尼西亚的 M2/FOREX 的比率几乎达到了 7。这一现象表示出了国内储户的短期资产/负债状况的发展水平及发展趋势，也暴露出印度尼西亚国际储备不足的问题。发生危机前，印度尼西亚的外汇储备以当时的汇率水平显然不足以支撑银行的整体存款水平，汇率大幅度贬值后，两者间的差距就更大了。资本充足率水平较高的银行的 M2/FOREX 变量系数同样也要高于资本充足率水平较低的银行的系数，说明缺乏外汇储备对资本充足率水平较高的银行更为不利。

资本充足率水平较低的银行的 INS 和 GAP/CAP 变量均为显著变量。INS 变量系数为负，说明资本充足率水平较低的银行更易存在道德风险问题。例如，20 世纪 90 年代早期，印度尼西亚有 6 家银行陷于困境，其中 5 家都由政府出面组织了资产重组。政府对低质量银行的保险范围如此之宽，似乎更有利于降低资本充足率水平较低的银行发生危机的可能性。最后，其 GAP/CAP 系数显著为负，说明在一个宽松以及缺乏监管的环境中，低质量银行可能会发展得更好。印度尼西亚虽然执行了巴塞尔资本充足率的有关规定，但却没有关于贷款损失准备金的相关要求，也没有对外汇风险设限（Folkerts-Landau 和 Takatoshi，1995），银行法中也没有明确写明破产银行正式歇业的相关程序。从这些检验结果中，我们还可以发现一个更加严重的现象：资本充足率水平较低的银行不仅可以逃避政府监管，甚至可以凭借着相关的监督保护措施而从中受益。资本充足率比较容易观察，因此可能是某些无形因素引发了这些问题，如监管执行力度不够、银行监管不完备等。对这些非量化指标的考察，必然都是出于主观判断，误差在所难免，但我们还是做了一些尝试（见表 8—7）。在两项评价中，印度尼西亚都得到“差”的得分，这有助于解释实证分析的结果。

表 8—7　　所选东亚国家银行管制的力度及水平的经济指标

| 国家 | 监管力度 | 银行监管水平 |
| --- | --- | --- |
| 印度尼西亚 | 差 | 差 |
| 韩国 | 差 | 中 |
| 泰国 | 中 | 差 |

资料来源：银行监管水平，Clasessens 和 Glaessner（1998）；监管力度，Reisen（1998）。

## 8.4.5 讨论

在过去的几十年中，金融危机一直困扰着世界各国，因此尽快理清金融业内各薄弱环节与整个经济体之间的关系就变得愈发重要。本章研究的目的就是要找出单个银行的相对资本充足水平以及这样的一个水平与整个银行系统脆弱性之间的关系。为此，我们选择了三个饱受金融危机冲击的亚洲国家，从中选择大量的银行样本，以资本充足率水平作为分类标准，分别检验宏观经济、金融、制度变量对银行危机发生概率的影响。

研究表明，宏观经济环境确实是一个不可忽略的影响因素。GDP 增长过低，无论对资本充足率水平较低的银行还是资本充足率水平较高的银行都是一个不利消息，因为它会加大整个银行业风险。但正如先前谈到的，某些检验结果与最初的假设相悖。例如，我们最初以为若 GDP 增长加速，资本充足率水平较高的银行将比资本充足率水平较低的银行从中受益更多，然而检验结果表明事实并非如此。同样，我们还发现通货膨胀率（INF）过高、实际利率（RINT）上扬都会引发一系列银行业问题。但最初我们认为资本充足率水平高的银行，其抗通胀能力会远远高于资本充足率水平低的银行，但检验结果再次给出相反的结论。为进一步说明这一点，我们将资本充足率水平高及低的银行对整个样本的 logit 函数情况分别绘制成图（见图 8—1）。横轴为通货膨胀率，其他变量均取平均值。

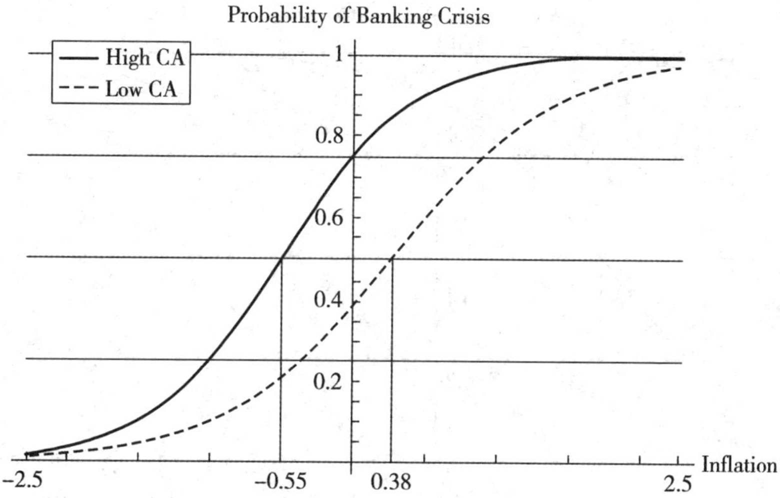


**图8—1 函数关系图：INF对低CA和高CA银行危机概率的影响**

首先，我们可以看出，在0域附近，资本充足率水平高的银行的logit曲线上升速度要远快于资本充足率水平低的银行。此外，当通货膨胀率小于0时（为-0.55），资本充足率水平高的银行函数值为0.5——我们假设这一水平为可避免危机发生的概率上限，然而资本充足率水平低的银行却可以在通货膨胀率为正（0.38）的情况下才达到这一上限水平。这说明，对于资本充足率水平高的银行来说，要想避免危机的发生（0.5的概率水平），通货膨胀率必须为负。这在当今自由化的环境中显然是不可能达到的。尽管人们普遍认为资本充足率水平高的银行有能力应对高通货膨胀率，但这一结果再次强调了政府实施维持低通胀政策对资本充足率水平高的银行的重要性。显然，资本充足率水平高的银行没有达到表现期望水平，在上述情况下甚至不如资本充足率水平低的银行。

另外，存款保险变量的检验结果也出乎我们意料，我们发现，存在存款保险计划反而加大了危机发生的概率。这在一定程度上证明了道德风险问题的存在。此外，在一些极端的情况下（如泰国），结果表明当其他所有变量保持不变时，实施保险计划会降低资本充足率水平低的银行发生危机的概率。我们将这些结论以logit函数的形式表示出来，见图8—2。

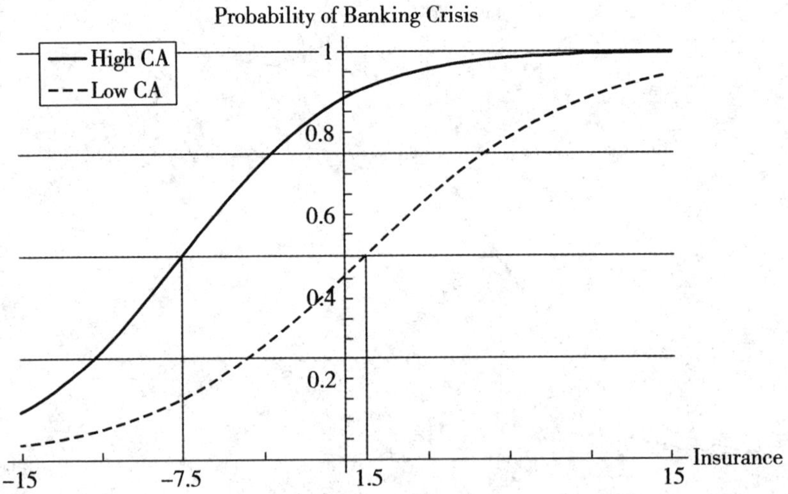


**图 8—2　函数关系图：INS 对低 CA 银行和高 CA 银行危机概率的影响**

同图 8—1 一样，当保险小于 0（为 -7.5）时，资本充足率水平高的银行发生危机的概率达到 0.5，而低的银行却可以当保险值为正（1.5）的时候危机概率才达到 0.5。我们很难精确定义保险计划的覆盖程度，这里比较重要的是找出保险计划对两类银行发生危机的概率的影响。资本充足率水平低的银行的函数曲线显示出，当概率达到 0.5 时，保险计划升至 1.5，且不会发生危机。同样，当保险计划为 0 时，资本充足率水平高的银行发生危机的概率为 0.84，而低的银行的概率仅为 0.43。我们最初的假设认为，资本充足率水平高，该银行对宏观冲击的抗压力更强，在有效监管的经济环境中会大展拳脚，但这两幅图却推翻了我们的假设。我们还可以进一步关注危机概率越过 0.5 这一临界值后，图 8—1 和图 8—2 中两条函数曲线的斜率增加幅度。两幅图中，资本充足率水平高的银行，其函数渐近线逼近 P = 1 的速度要快于资本充足率水平低的银行。这说明如果通货膨胀和保险均高于临界值，资本充足率水平高的银行会更快遭遇危机。我们以前认为维持高的资本充足率最终会受益颇多，但上述分析证明了我们的想法确实还欠考虑。但是，在批判资本充足率的使用之前，我们首先要考虑不同的国家是如何运用（或错误应用）资本充足率来构建资产组合的。

### 8.4.6 表面调节和有效调整

结果表明，为达到巴塞尔资本充足性要求，银行会调整自己的资产组合，但调整方法却没有范式可循。Wall 和 Peterson 将不同国家的调整方法分成了两类：表面调节和有效调整（Wall 和 Peterson，1996）：表面调节是指银行提高了资本充足性比率但失败概率却没有降低或降低幅度很小，银行在这种情况下只是进行了美化调整；有效调整则是指银行提高其资本充足性比率后确实降低了失败概率。

资本和风险是衡量银行财务状况健康与否的基本工具，但我们对资本和风险却无法尽知其然，因此产生银行资本比率的表面调节也是有可能的。这就是说，在很多情况下，资本充足率高的银行增加高风险投资来为其提供收益，毕竟银行经理拥有监管机构所不了解的信息。当对资本提出的要求没有充分考虑到资产的相对风险时，就有可能出现这种行为。实证研究表明，对资本提出的要求越高越易引发风险。Kahane（1977）、Koehn 和 Santomero（1980）、Kim 和 Santomero（1980）研究指出，资本充足性比率要求过高会增加资产风险，从而更易导致失败；相反，那些资本充足率要求很低的银行却可以降低自己的风险。然而 Calem 和 Rob（1996）也指出在极端的情况下，资本严重匮乏的银行可能会为满足资本充足率要求而不惜铤而走险。研究还进一步指出，小型银行为满足资本充足率要求而对银行信贷进行调整所花费的时间很长，有时甚至需要用几年的时间来全面调整自己的资产组合。

为了监管目的而确定的资本衡量范围与银行真正具有经济意义的资本之间存在着差别，而表面调整的另一种方式就是利用差别而偷梁换柱。以监管为目的的会计方法通常只记录资产的历史成本，而非资产现在的市场价值。因此，以监管为目的而记录的资本与真正关系到银行长期偿债能力的经济意义的资本可能会有非常大的差别。银行可以利用这些差别而增加“监管”资本的数量，使其达到监管机构的会计要求。巴塞尔委员会已经意识到这一问题，并在1999年的议案中进行了探讨：

以当前的风险加权资产衡量经济风险，充其量也只是得到一个粗略结果。这主要是因为贷方的违约风险情况不同，银行无法详细加以区分，从而无法充分衡量信贷风险暴露的程度。还有一个问题与现行巴塞尔协议有关并且问题日益突出，那就是银行可能会有意识地利用真正的经济风险与用现行巴塞尔协议标准衡量的风险之间的差别，而谋取一定的利益。

因此，为保持甚至提高自己的资本比率，银行可以找到一种低成方法在会计账面上做手脚，从而避免计提资产贬值造成的损失以及将资产升值带来的收益提前记为收益。关于这方面的研究已经发现，银行为提高自己的监管标准衡量的资本，可能会出售升值资产，同时对资产贬值的损失延后入“账”。此外，作为专门经营金融资产的机构，银行可以利用证券的收益或损失调整自己的资本比率。然而，市场终究会意识到这些表面调整只不过是虚晃一枪，而银行也不能总是利用这种方法。实证研究表明，银行调整收益主要是为了提高或平滑收入波动，直接目的不是提高资本比率①。在某些情况下，这些收益可以用来提高资本比率，但市场早已对这种会计账目上的小花招备有戒心，并会把它当做银行未来盈利能力不足的信号，这样一来，银行价值反而会下降。

其实，银行提高资本比率的有效方法有很多，如减少贷款数量、增加留存收益、发行证券、减少投资组合的风险等。对 20 世纪 80 年代到 20 世纪 90 年代间的信贷总额减少的分析都无法给出定论。虽然在这一时期许多国家都出现了不同程度的信贷增长放缓，但并不能就此断言是新的监管规定（1988 年各国普遍引入巴塞尔标准）限制了信贷量。同样，我们也不能断定就是资本要求过高或是宏观经济状况导致了信贷增长减速。银行也可以通过降低信用风险或调整资产组合以将高风险资产转变为较低风险资产的方式来改善资本账户。银行还可以做一些政策调整，如减少私人贷款、增加证券化产品的信贷，因为证券化产品的资本要求量较低。最后，还有一个成本虽高但却十分有效的方法可以提高资本充足性，那就是发行新的证券。然而，像大多数的公开招股一样，银行都必须提供高于其他产品（如债券和存款）的回报率，因此，大多数银行无论如何都会尽

① Scholes、Wilson 和 Wolfson（1990）对一个包括多家大型银行的样本的证券损益确认情况进行了调查。调查结果表明，资本比率较低的银行更乐于记入“小损失、大收益”。Carey（1995）研究了一个包括 600 多家商业银行的大样本，调查它们资产组合中的出售证券及其收益确认情况。他发现银行采用这种增加收益的办法在大多数情况下是为了提高或平滑收入，只有极少数银行是为了扩充资本账户。

量避免这个选择。但是对于那些资本严重不足的银行，注入权益不得不成为它们迅速提高资本化水平的首选。

## 8.5 结论

对发展中国家来说，在准备工作没有做好的情况下就匆忙实施金融自由化，反而会进一步加剧自身宏观经济、制度及金融劣势。若要维持整个金融体系的健康运作，保证各金融机构的健全管理，就必须及时实施审慎监管。这项工作的第一步就是要对最低资本充足率设限，确定明确的最低资本充足标准。为满足风险为基础的资本要求，银行必须改变投资组合的结构及规模，这也是制定合理的监管政策的关键。鉴于此，本章首先提出了在最近的亚洲金融危机中资本充足性要求失效的几个原因，然后分别考察了三个亚洲国家金融部门的具体情况，诸如缺乏透明度、会计准则失效、制度框架不健全等。

从这些国家的调查数据上，我们可以看出有些银行可能会利用各种表面调节来增加资本比率，如增加风险资产、利用表外业务、出售房地产或证券等大幅增值的资本资产以提高资本比率等。它们还利用所在国开放资本账户而形成的大量外资涌入而造成资本市场一片红火的机会对自己的储备资产重新估价。虽然监管机构不能完全阻止银行对资本比率进行表面调节，但它们至少能够修改相关的监管规定，制止银行从这些表面调节中获利。监管机构可以要求银行以市值记账，这样就迫使银行在某些方面无法对股权进行表面调节。同样，银行一般都为某些可疑贷款备有损失准备金，损失准备金应该体现银行资产的经济价值的下降，如果资产贬值已成定局，那么这些损失准备金和预计损失就不能再作为附加资本。要健全银行、金融系统的管理制度，监管机构就必须加强审慎监管，防止表面调节，并扩大提高资本比率的有效调节手段。此外，还要施加杠杆限制。

有些国家实施自由化的时间尚短，相应的各项制度还没有得到完善，像会计准则、贷款分类标准、信息披露要求等仍存在一定程度的漏洞，在这种情况下，各类金融机构更容易进行表面调节。在本书研究的国家里，这种情况尤为普遍，许多银行明知自己资产质量存在问题，却仍没有预留足够的准备金。一些银行还试图通过调整贷款结构或使用其他方法进一步减少损失准备金。事实上，考虑到准备金本身已经不足，如果银行已经调整了资本比率，那么这些资本比率肯定比现有数值低。制定并监督国际银行业标准有助于各国减少银行表面调节资本比率的机会。新的国际银行业标准关键是要制定核心充足率标准及相关制度，建立贷款分类标准，明细贷款损失准备金相关要求，禁止非法会计操作。最后，还应该记住一点：监督和监管并不能面面俱到，有时并不足以达成全部预定目标。巴塞尔标准虽然有效，但它并不能代替银行自己对市场各参与者的内部调查，也不能代替市场对银行的判断。因此，标准的每一次完善都应该增加从受监管银行方面提供的各种定性及定量的信息。最近新出台的巴塞尔协议Ⅱ在这方面进步显著，巴塞尔协议Ⅱ从“微调”入手，并将银行面临的真正风险与应持有的资本水平挂起钩来。我们将在第 9 章中继续讨论。

# 第9章

## 巴塞尔协议改革和次级债应用
### ——市场监管

上一章谈到，巴塞尔协议委员会、其他国际性机构以及国家的权力机构最近提出了一些方案，即通过使用以激励为基础的金融监管来提高“市场约束”的有效性。这种观点的确很有吸引力，不仅是因为观点自身，如市场参与者能够根据自身情况来决定市场监管的标准，而且是因为其在金融风险中具有更敏感的判断力。另一种对于增强“市场约束”较为流行的观点是：银行应该持有那些无担保的、无保险的以及信用较低的次级债。这种贷款的发行提供了更多、更及时的信息，建立了一个资深的、充分熟悉金融业务的金融债权人群体，因此有利于增强市场约束力，以及更好地开展监管。

虽然这两项提议也有理论缺陷，也可能算不上最终的解决办法，但是实施次级债务和巴塞尔协议Ⅱ着实向增强市场约束力这一目标迈出了一大步。这两项提议都能够有效提高市场约束效力，对风险进行更准确的评估，提供更多的信息来增加市场运作的透明度，以使风险承担者对自身行为更加负责。在将经济风险与银行应该持有的资本水平的要求结合起来这一方面，巴塞尔协议Ⅱ起了巨大的推动作用。1988年制定的协议标准，在现在看来已经有些不合时宜了，而且有些是错误的：它通常使资金分配向优先贷款倾斜。同其他相关机制一样，次级债务的主要优势，是可以在早期为政府金融监管者提供预警信号，并使他们有更多的时间做出反应。此外，由于这方面的信息直接关系到市场对一个机构的风险状况评估，其透明度使发行银行操控其自身收益率的能力降低。次级债务持有者需要改进激励机制，采取更有效的监管行为，以免在银行发生倒闭时，由于其次级地位而承担可能发生的重大损失。本章首先着眼于巴塞尔协议Ⅱ的最新进展和次级债务等相关提议。之后的各节提出了相关协议执行过程中技术层面上的一些问题。本章最后讨论一些基于激励办法进行金融调控的冲突与协调问题。

## 9.1 巴塞尔协议Ⅱ：背景

近年来一直广泛实施的控制信贷风险的重要措施，是制定最低银行资本充足性标准。1988年，BIS（国际清算银行）的巴塞尔委员会达成一致，要求参与国际交易的银行，其资本对风险加权资产的比重不低于8%，即通过增大杠杆作用来防止银行信贷风险的增加。然而，这一规定从一开始就产生很多问题，主要集中在对信贷风险组成部分所规定的范围过于狭窄，不能反映随着银行交易和金融衍生产品的发展而发生的市场、资金流动性以及经营风险等的变化。巴塞尔协议最初的意图，是防止在20世纪80年代中期由于国际市场竞争过于激烈而导致的银行资本比率下滑。该协议最初只是希望协调G10成员国不同层次的银行资本要求。但是自巴塞尔协议出台以来，采用以风险为基础来对资本资产类别（包括资产负债表内和表外）分配不同的权重，来计算银行资本比率的方法，成为该委员会的最大贡献。此方法不仅大大改善了过去由国家监管机构对银行资产负债表监管的表外导向，而且还使从事表外业务的动力大大降低。此外，协议在最初形成的时候就要求根据市场变化定期更新其内容。

在1996年的修正版本中，引入了基于市场风险的银行资本要求，允许银行使用VaR（在险价值）和其他模型。

大多数国家把巴塞尔协议标准纳入了银行资本管理框架，从而在一定程度上健全了本国的商业银行运作，提高了在国际金融市场上自身的信用评级，实现了达到（被广泛认可的）国际标准水平的目标。这些国家认识到，采用巴塞尔协议就必须确保银行资本充足率，这不仅适用于全国性银行，同时也包括地方银行和外资银行。在金融市场自由化程度日益加深的今天，这一措施意味着这些银行在未来能够更加积极地参与国际金融业务，从而在全球金融市场上与国际性银行获得同等地位。自1988年巴塞尔协议出台以来，由于意识到其自身也存在一定的缺陷，巴塞尔委员会不断更新其内容，尤其是信贷风险问题。原有规定可能降低银行承担金融风险的积极性，如大规模资产证券化趋势。由于业务不断发展，包括银行、财务公司以及保险机构等金融服务行业的竞争变得日趋激烈，这种竞争不仅在产业层面而且也在地理层面上展开。因此，对银行资本充足性要求必须考虑G10以外的发展中国家的银行及新兴市场，但是对这些市场或者其中的一部分来讲，该协议最初使用的方法并不足以反映问题，而且最低资本充足率定为8%这一指标，一直被外界批评太低。巴塞尔委员会反复强调资本充足率为8%的规定，只应被视为一个最低限度，而且并不适用于所有的金融市场。这是巴塞尔委员会自1988年成立以来所面临的艰巨挑战。在寻找新的解决办法时，不仅需要协议本身解决上述问题，而且还要考虑不同使用者的不用需求。很明显，作为一个现存的风险评估框架，需要在不同经济风险水平以及银行所必须持有的银行资本之间找到平衡。

## 9.2 巴塞尔协议II磋商文件

正如上文所提到的，一段时期以来巴塞尔委员会已经发布了几个不同的新资本协议的修订草案。1999年6月发布了第一次磋商文件，2001年1月发布了第二次磋商文件，2002年4月发布了第三次磋商文件。1988年出台的协议只是针对从事国际业务的银行提供了一个银行资本选择标准，它对于衡量、管理和降低银行风险来说，是一种较好的方法。但是，对于不同的银行，标准应该不同。1996年推出的修正案重点放在交易风险上，并首次允许一些银行可以使用自己的体系来衡量它们的市场风险。这个新框架，也就是所谓的巴塞尔协议Ⅱ，提供包括简单和高级的两种内部评级法，用于测度信贷风险和业务操作风险，并以此为基础来决定银行资本要求。这一架构更灵活，银行可以采取适合其业务水平和风险状况的做法。而且，该框架有目的地嵌入了奖励机制，鼓励采用更有效、更准确的风险评估机制。

相比1988年的巴塞尔协议，巴塞尔协议Ⅱ构建的框架针对风险提供了更加全面、更加灵活的解决办法，同时还保持了监管资本整体水平的稳定。新的框架没有像原来协议那样约定俗成，一成不变。简单来说，新协议提出的框架在某种程度上比旧协议更加复杂，它为银行提供了一系列办法，使银行能够使用更加敏感的风险分析方法。巴塞尔委员会认为，通过将资本的多少与风险大小挂钩而得到的收益，会大大超过成本，从而形成一个更安全、更稳健、更有效的银行系统。新协议包括三个相辅相成的支柱，它们共同形成了安全、稳健的金融体系。在第二次巴塞尔协议磋商草案中，强调严格实施三大支柱。

支柱1：最低资本金要求

支柱2：外部监督

支柱3：市场约束

如同1988年巴塞尔资本协议一样，新协议使现行风险资产权重体系更加现代化。支柱1建立了两套方法计算最低银行资本金的要求：一套是以标准化评级为基础的风险加权；另一套是银行的内部评级法。国际金融机构监管者们建立的新的资本标准，对于整体银行业的效率和竞争力将会产生重大影响。新巴塞尔资本协议在2004年底完成最后定稿，预计在2006年底开始实施。对于那些接受新协议并能找到有利方法的银行来说，这种变化将会成为一个巨大的优势。

人们批评1988年制定的条款过于简单，缺乏风险识别的准确性，而且过于宽泛。尽管这些批评有些道理，但人们同时也可以说1988年的规则在一些领域也是相当复杂的，比如多用途信贷工具、辛迪加和风险参与等。旧的规则更容易理解和监管，是一个“放之四海而皆准”的框架。

然而新的规则是复杂的，要求更准确，因此将面临很多的监管挑战，其中包括对监管人员和检察人员的大量的连续性培训。此外，目前全部银行都采用同样的规则。根据新规定，允许采用更高级条件的银行相比于不具备这样资格的银行可能更有竞争优势，至少在某些业务上是这样。原因就在于，一些具体的投资组合适用于默认条款，而与这些默认条款相比，协议的高级条款所适用的资本需求有所降低。要求银行持有的资本越多，银行经营活动的代价越高。

有些人可能认为巴塞尔协议是不公平的，而且增加了负担。可能看起来该协议使银行必须服从一种不必要的、复杂的监管方式。但是，如果我们仔细想想就会发现，巴塞尔协议将鼓励银行建立更准确的风险识别模型和确定所需资本金的模型。它也将允许针对产品的定价更有效，而决定所需资本时也更准确。所有这些都能使行业内的信贷分配更合理，银行体系更健全。

### 9.2.1 最低资本金

如上所述，巴塞尔协议主张给予银行自主选择决定资本需求量的方法：标准化的方法或依靠银行内部评级的方法。后者需要由银行监管机构以及通过银行的内部模型来支撑。比如，标准方法对1年期内偿还的贷款使用20%信用转换系数。在目前的规则中，并没有这样的规定。而且风险权重也发生了变化。除了零风险权重，在确定OECD（经济合作与发展组织）的主权风险权重时采用评级机构的评级。AAA级的风险权数为零，而B－级的风险权重为150%。由于对方（counterparty）银行风险处理方式不同，因此这种复杂性被进一步放大。每个国家的银行监管部门可以从两种选择方法中选出一种。在特定国家的所有银行，其风险权重可能在低于该国的主权评级的类别下，或者根据自己的信用评级确定权重。从理论上说，自己的信用评级可能会高于所在国家的主权评级，但同时银行的风险权重不能低于20%。同样，对方公司的风险将取决于该公司的信用评级。根据现行规定，对于公司和其他商业实体的权益，分别有20%、50%、100%，或者是150%等不同的权重，而不单单只是100%，具体依据该单位的信用评级。未进行评级的公司将采用百分之百的权重，但是监管机构在其有违约行为或是信贷质量出现问题等情况下，有权提高风险权重系数。

根据内部评级法，银行评估每个借款人的信用度，其评估结果将转化成未来潜在损失额的估计。这些构成了最低资本金要求的基础。该框架允许使用基本法，而对于企业、主权国和银行来说，也可以使用更高级的方法。对于基本法来说，银行评估每个借款人的违约概率，由监管部门来确定其他要素值。对于高级方法来说，银行已经形成了完善的内部资金分配流程，因此允许其确定其他要素值。基本法和高级内部评级法在风险权重的范围上将远远超过标准化方法，使得银行具有更高的风险敏感度。

高级内部评级法在资本金的处理上更加有利，对于想获得这样资格的银行有很多的问题需要考虑。在新体系下有四个主要风险组成部分：违约概率、违约损失、违约数量和到期期限。监管机构将要求可靠的数据来支撑内部产生的上述四项的估计值。由于影响评估可靠性的一个关键因素是花费大量的时间进行数据的收集，所以银行系统应该提早开始收集这些资料。基本内部评级法要求预先确定违约概率、违约损失、违约数量，而高级内部评级法则允许银行使用它们自己的内部能够证实的值。不管是标准化方法或内部评级法，新的框架还引入了更多的风险敏感度分析方法，对抵押、担保、信用衍生工具、净额结算和证券化等进行评定。所有这些措施都已纳入巴塞尔协议第二份文件——抵消信用风险技术的部分中。

### 9.2.2 操作风险

虽然 1988 年的巴塞尔协议只是按照信贷风险确定了资本金要求，但总的资本要求（即 8% 的最低比率）同样旨在涵盖其他风险。为了资本金要求对信贷风险更加敏感，巴塞尔协议 II 做了很多工作，来建立一个与业务风险对应的适合的资本要求。测算业务风险的方法正处于发展阶段，但已经确定了三个日趋完善的方法（基本指标法、标准法和内部测度法）。基本指标法采用单一的表示操作风险的指标，来反映银行的总体活动情况。标准法用不同的指标反映不同的业务。内部测度法要求银行在估算所需的资本金数量时，要使用内部的损失数据。

## 9.3 巴塞尔协议Ⅱ——外界评论

### 9.3.1 私人信用评级机构——激励问题

巴塞尔协议Ⅱ的主要内容之一是，提出了新的构建风险权重的方法，即使用私人信用评级机构的评估结果。不幸的是，使用外部机构产生了一个严重问题，即需要给这些机构提供适当的激励手段，使得它们考虑其评级对整体系统性风险的影响；否则，这些私人信用评级机构就有可能按其自身利益行事，或者为了使它们自己的收益最大化而按照借款人的利益给予其有利的评级。还有一个问题，即各信用评级机构的业务水平以及它们所采用的评级标准问题。因此，需要采取一定的机制，使得私人信用评级机构以及其客户在追求短期利润最大化的时候，不能忽视系统性风险增加造成的成本——用经济术语说，即公共品问题。

### 9.3.2 内部信用风险评级模型——国际合作问题

人们对巴塞尔协议Ⅱ的另外一个担心是关于内部评价模型的使用，因为目前还没有在国际范围内达成资本核算准则的共识性文件。如果使用内部评价法，就需要对其进行仔细审查，而且要包括在各个国家和地区都被接受的标准。近年来，金融创新和技术手段的发展很不平衡，这就给了市场参与者一个在监管上的套利机会，这包括很多方法，包括“美容”式的调整。如果一个国家或地区的金融监管严格，那么金融服务的提供者和使用者就可以很简单地转移到监管不那么严格、成本较低的国家或地区去。因此，竞争压力很可能会导致金融中心展开放松金融管制的竞争。这对于那些想吸引金融机构的国家和地区来讲，就会在监管上采用这样一个必需的手段，但也因此无法达到对总体监管的社会最优水平。如果金融机构有监管套利行为，不同的国家和地区的金融监管部门需要协调它们的监管政策，以避免在竞争性的放松管制中隐藏的风险。这也可以防止另一种危险，如一国采用了监管宽松政策，就势必对其他国家开展金融监管活动带来负面的影响。此外，从某种程度上说，如果把监管不严作为一种更高层次的风险，那么就必须考虑这样会对采用更为保守的监管措施的国家和地区的系统性溢出效应。因此，可以预期的是，尽管不同的监管会对不同的市场参与者提供某些竞争上的优势和劣势，从而在一定程度上加剧了市场间的扭曲，但这些监管都应该坚持某些最起码的标准。

### 9.3.3 其他批评意见

自从2001年1月出台了巴塞尔协议II第一次磋商文件后，接连不断地出现了一些批评的声音①，但大多数银行、市场参与者和监管团体相信，新的协议文件表明了巴塞尔委员会的真诚愿望，即建立一个灵活的、具有风险敏感度的资本充足率框架。然而，作为一个主要受到金融监管影响的主张，势必会有一些批评的声音。主要的争议包括对“公平竞争”关注的问题、重复计算问题以及未包括条款。一直备受关注的比较普遍的问题是——没有重视流动资金短缺的问题。近年来的金融危机表明，形成国际系统性风险的一个主要原因是潜在的流动性突然枯竭，或者说是资金危机。批评者认为，即便是在一般性的层面上，巴塞尔委员会至少应该开始为解决这一问题做出思考。

操作风险是引起许多行业观察家不满的原因。从主观地将其包括在总体监管资本金中，到各种资本金计算方法，我们听到了很多批评和反对的声音。基于公司规模大小来决定其资本金要求的观点，已经受到了严厉的批评，特别是与其承担的风险相比大公司支付的费用必然会过多。另一个同样是备受关注但基本已经被解决的问题是，对使用信用风险缓解工具后形成的风险残差，引入了一个W因子来计算其资本要求。批评者认为，法律风险也被包含在风险残差中，但法律风险按照定义已经包含在操作风险中了，因此已经在拟定的框架之内进行了考虑。这种“双重计算”可能使衍生品和其他信用保护工具的交易成本过高。衍生品行业的批评也在W因子上，因为它在对待银行信用担保（W = 0）和信用衍生产品（W = 0.15）上实行不同的资本金要求。这种差异，有可能对衍生品行业造

① 尽管卡洛米里斯的论点存在很多争议，但是从一开始他就已经提出了一些解决方案。例如，为了避免“朋党私营”现象和在特定市场上的相互勾结行为，他主张次级贷款的买家必须是外人，也就是说外资银行。见卡洛米里斯（1999）。

成重大影响，因为寻求风险保护的投资者会将他们的交易重组为信用担保，而不是信用违约掉期。

另外，更加一般性的担忧集中在巴塞尔协议中支柱2的内容上，也就是监督审查过程。由于各个国家银行监管体制不同，巴塞尔协议在一些国家和地区应用起来更严格。处于传统上监管严格的国家的银行，就会面临竞争上的劣势。在一些国家（包括美国），巴塞尔协议规则既适用于银行也适用于控股母公司，这同样有公平竞争的担心。为了使巴塞尔协议可以有效地防止系统性风险，所有最基本的市场各方，包括主要的投资银行和其他非银行金融机构，都应该被包括进来。这些新规则是否真的适用于所有国家，目前并不清楚。

## 9.4 次级债务：背景

建议实行强制次级债务（缩写为SD）的人们希望组成一个成熟的金融债权人群体，如果发生银行危机，那么政府不会对他们进行救助。在银行债务中，次级债务历来是没有保险的，也是在银行倒闭后将最先失去价值的。此外，SD持有人很清楚，如果一家银行破产清算，他们不大可能会得到隐含的各种政府担保，所以SD持有人将成为特别强有力的市场约束力量。然而，需要重点注意的问题是，为了使市场约束力体现得更加充分，次级债务必须是无担保和无保险的，当金融机构的风险升级时，次级债务的价值就会毫不含糊地受到威胁。支持这一做法的人们还认为，高等级的SD可以提高银行承担风险的成本，有助于间接地提高市场约束力。最后，市场对某一特定机构的风险状况的看法影响SD收益率，并且为市场以及监管机构提供了更准确及时的信号。

### 9.4.1 次级债务的优势

虽然越来越多的基于风险指标的资本金标准和基于风险指标的存款保费，正在慢慢成为监管者的标准工具，但市场在风险评估和风险定价的识别能力上仍然是不可或缺的。这是一个艰巨的任务，而且金融机构的技术每天都在变得越来越发展、越来越复杂，如何跟上其步伐已经更加困难。

大多数银行都在风险定价这一工作上投入了大量资源，从市场监管的角度来看，合乎逻辑的做法是监管者应当具有同样的能力。因此，通过鼓励市场参与者能够通过次级债务责任来监管和控制银行风险，监管当局就可以在维持整个体系稳定上拥有即便不能相同但也类似的能力。对于风险状况微小的变化，市场往往具有强烈的反应能力，而正是这种能力是监管的力量本身所不具备的。大多数监管机构只能够对那些明显违反一定标准或规则的状况做出反应，但是不能发现，或者说为了保持某种目标而故意不去发现风险状况的微小变化并对违规的机构进行惩罚。即便有基于风险的资本金和保费的各项标准，大多数监管机构的约束力也只发生在宽泛意义的风险之上，无法针对尽管关键但很微小的风险变化进行调整。

正如以前谈到的，最近的监管转向了基于风险的规则，这种转变伴之以监管者事先承诺的某些特定的活动，如“迅速修正活动”和“早期干预机制”。这样的干预措施，包括实行更高的资本金要求；当银行的经营状况低于既定的标准时，监管者将会公开地做出预先确定好的、结构化的反应；当资本仍存在但已经低于一个事先确定好的点位时，对该银行做出强制性的决议；要求按照市场价值的原则对资本进行记录和报告。建立这样预设性的规则，问题之一是各国政府可能会在经济萧条时期对这些要求重新进行修订。这种情况甚至会发生在高度工业化的国家，例如1997—1998年的日本（推迟原定的解除管制政策）和20世纪80年代的美国（储蓄和贷款协会采用不严格的会计标准来代替GAAP）。人们希望次级债务的要求可以促进监管机构提早采取行动，避免监管过于迟缓，从而和早期修正行为相得益彰。

出于政治或社会的原因，一些政策制定者在银行倒闭的时候推迟承认结果，或者以经济的角度看很不明智地实施救助。他们不是按照经济上的审慎原则按章办事，这看起来并不奇怪。但是监管上过于迟缓的做法，只会加剧激励上出现的问题，因为银行在净资产很低甚至为负值的情况下，仍然可能继续经营。如果要避免出现类似的情况，最好的方式是在前期制定好规则，以用来影响政策制定者对是否关闭金融机构所做出的决策。减少迟缓的监管行为和经常发生的政府救助，是次级债的目标之一。将监管行为与次级债市场的信号联系起来，而不是其他类型的未保险存款，这一建议是朝着这个方向进行的努力。未保险存款对于监管机构来说提供的信息相对较少，以至于储户每次这样的“无声行为”，都可能会在不知不觉中一闪而过，而在次级债市场上增加了相当数量的次级债，则很可能会影响其价格，从而警示那些监管者。

## 9.4.2 技术方面

即使对于那些铁杆的SD支持者来讲，各种技术问题也始终困扰着他们。SD的期限、发行频率、要求达到的SD数量，以及能够托管SD的银行规模的要求，所有关于这些技术问题的建议林林总总，差别很大。例如，大多数的建议是SD应占银行总资产的2%~5%。如果这一比例是在银行目前的资本金要求之上的额外要求，而不是替代，那么可能会产生其他的负面影响。当然必须设定一个比较大的规模要求以便其发挥约束的作用，但也要意识到对于资本化良好的银行来说，资本需求过大可能会导致不必要的负担，致使贷款发放减少并抑制经济增长。同样，需要仔细考虑“大”和“小”银行的SD的差别。首先，对于小银行来说，发行SD产生的费用负担过重，从而损害其总体财务健康状况。此外，小银行的SD即使在二级市场上有流动性，但是相比于规模较大的银行其流动性也会比较差。因此，在买卖价差上所包含的信息量很少，只有最大的银行才能从中获得足够的信息。SD的到期期限和发行频率也是很重要的问题，并需要加以仔细的考虑。如果要求银行频繁地发行SD，那么发行成本过高而且投资者很难主动去关注银行业绩，因为投资者认为他们的SD会在糟糕事件发生之前就到期了。同样，如果偿还期限过长，在没有新的SD发行的那些年份，银行就可能摆脱市场约束力的束缚。

最后，在SD市场上，参与问题仍然很重要。如果次级债务的主要目标之一是建立一个资深的、充分熟悉金融业务的并愿意进行监督的债权人群体，那么就应该考虑只允许成员银行成为SD的持有者。在这个体系中，银行彼此间相互产生的金融风险，将驱使银行之间相互监管。而且，利用这种中心下放式的监管安排，可以减少“搭便车”现象的出现。SD持有者会意识到，他们的任何损失会直接影响自身的投资组合，因为增加的成本不仅源于银行的违约，而且也源于未能做出有效监管（通过在SD

市场上的收益率增加实现）。这就是 Calomiris 近来提出的计划中的基本想法，即银行业应该做好自我管理。他要求所有银行通过向外资银行出售 SD，以对其一小部分资产提供融资，并注明该债务的收益率不得高于相应的零风险金融工具 50 个基点。当债务持有者进行高风险活动的时候，这种规定的收益上限，能确保银行无需对他们进行买卖价差的补偿。Calomiris 所提建议的核心正是要减少这些风险，也就是说作为投资者的其他银行只有在确保其所融资的银行经营风险较低的时候，才会购买该银行的 SD。实际上，如果其他银行不能相信被融资银行是规避风险的，那么 SD 就不能运行了。通过这种方式，Calomiris 认为其他银行，而不是银行监管机构，可以获得更多和更好的信息。成员银行持有这种直接债务，可能会将私人银行的激励与监管机构的目标结合起来，因为这会使高风险活动的社会成本不只是由广大公众来承担。

## 9.5 结论

虽然存在一些技术问题仍需要进一步完善，但是很明显，巴塞尔协议 II 和 SD 的要求，可以让银行监管机构更有效地利用其监管的金融市场提供的信号。每项建议都是利用市场约束力来提供更好的、更加及时的信息，防止监管迟缓，以及避免根据国家保险计划需要支付高昂救助金。因为公司能够具体决定将什么样的信息提供给监管机构，因此与被监管公司自己的信息来源相比，监管机构所得到的该公司的经营环境信息不管在数量上和质量上都较差，这种情况导致不管哪类建议都越来越依靠市场参与者。交易活跃以及流动性很好的 SD 市场所提供的信息，可以补充现有的以会计计量为基础的资本金要求，并在经济不景气条件下，提供公共触发机制。通过发出这种信号，市场不仅可以使监管机构有更多的时间做出反应，还增加了银行和政策制定者对未来行为所负的责任。同样，通过保持这类债务的次级地位，持有 SD 的要求能够让金融经验丰富的投资者更有动力积极主动地参与市场监管。

如果按照巴塞尔协议 II 的提议，由内部模型确定资本金要求，那么就需要有最基本的标准。为了使这些标准更加有效，就必须在国际范围内对监管政策进行协调。在这方面，如何在与其他部门协调合作和国家自主权利之间找到一种平衡，是国家监管当局需要做到的。由于资本金要求通过国际协调的经济上的基础是跨境交易和溢出效应等，因此可以将其作为参考点来确定在监管问题上进行协调的范围界限。这产生了一些问题，如监管框架是否应当侧重于市场的组成结构，而不是金融机构。对于系统性稳定的监管，往往更加关注金融机构，这是因为系统性风险主要是由机构破产所引发的。然而，如今金融市场的特点之一是不同类型的金融机构和其他相关机构的区别越来越模糊。其各种角色的不断变化，意味着监管机构范围如果过于狭窄，就会很快过时。因此，在制定一个全面的以激励为基础的监管框架的大背景下，国际范围内机构聚焦的重要性需要特别强调。拟议实施的巴塞尔协议II和/或SD，只是强化了这样一种观念，即监管者不是要决定是否使用激励，而是决定如何更有效率地使用激励机制，以促进公共产品，即系统的稳定性。

# 第 10 章

## 强化金融机构的公司治理
### ——国际标准的作用

第 9 章中讨论的一个重点是不同国家间对于相似的规则（无论是巴塞尔协议中的规则，还是有关次级债务的规则）却有着不同的解释。由于法律制度、体制结构、商业习俗和惯例的不同，各国的金融市场也存在差异。因此，统一的国际金融监管标准对不同的金融体系的影响是不同的，从而可能导致不同类型的系统性风险。金融市场能够完全联系在一起，但各个市场的结构却各不相同。本章认为，在采用全球金融监管的治理结构时，必须考虑到公司治理的原则及标准，其中一些原则和标准由国际组织所倡导，强调了金融机构的内部经营和管理。

在过去几十年中，由于各种力量的相互作用，包括解除管制、技术变革和金融创新，全球金融体系在结构上发生了显著的变化。金融公司运行所处的环境改变了，而且其经营活动的方式也改变了。金融机构和金融市场在整个社会中起着核心作用，因此对于这些金融中介的行为和其运行环境就变得尤为重要。鉴于此，有人提出金融改革和结构调整的力度不足，没有注重金融机构的管制问题。本章希望通过讨论金融机构内、外部治理的标准来填补这项缺失。本章进行的分析发现，关于公司董事会和高级管理人员所发挥的作用，不同国家在立法和监管框架上存在着重大差异。例如，在一些法律体系中，公司董事会被称为监事会，这意味着委员会没有执行权力；相反，在其他法律体系中，公司董事会拥有广泛的权力，并有权制定公司管理的整体框架。由于这些差异，董事会成员和高级管理人员的概念并不是用来定义某种法律结构，而只是描述和解释同一银行中两种不同类型的决策职能。本章针对不同类型的职能进行讨论，并以其作为公司治理的组成部分，同时强调公司管理战略的必要性，从而建立实施这些战略的问责制度。

本章还论述了由巴塞尔委员会和国际证券委员会组织（IOSCO）提出的关于金融机构公司治理的主要原则。这些机构在设立金融监管标准的过程中对发达经济体产生的重要影响表明，它们也将在金融机构公司治理标准的建立过程中产生重要作用。这些标准有可能在世界范围内普及，并被纳入到先进工业国家的监管实际中去。金融市场的全球化需要公司治理的最低国际标准，这些标准将有利于减少系统危机并促进市场一体化发展，进而成为金融体系的一部分。需要注意的是，这些国际标准会因为各国国内市场的商业习俗、惯例以及规制设置和法律构成的不同，而对各个国家和地区带来不同类型、不同程度的系统风险。我们因此认为，公司治理的国际标准和原则的采用，应该结合国内特定的法规和程序，体现国家间不同的政治、经济、法律体系。

本章首先在“委托—代理”的框架下，结合所处的背景，对“治理”简要地进行了阐述。然后论述了金融机构公司治理的一般性原则，这些原则已经被巴塞尔委员会所采用，在十国集团工业化国家的所有银行机构运行中得到应用。本章接着论述了IOSCO建立的证券公司治理原则。主要的论点是认为信息透明与承担责任紧密相联，因为信息透明可以为政府监督部门、银行所有者、债权人以及其他市场参与者提供充分的信息，激励它们对银行的管理进行评价。最后，本章总结了金融机构治理在整个经济中所发挥的作用以及其他一些相关问题。

## 10.1 背景

包括金融中介在内的所有机构的公司治理已经成为国内和国际论坛的一个重要论题。1997年，经济合作与发展组织（OECD）颁布了一整套公司治理标准和指导方针，协助各国政府评估和改善法律、体制和规章制度等方面的公司治理架构。对于股票交易所、投资人、公司和“在建立良好的公司治理过程中存在一定作用的”① 其他有关方，经合组织的指导方针也提供了多项标准和建议。这些公司治理的标准和结构对于在全球范围内从事银行业务的机构来说尤为重要。从这个意义上讲，经合组织原则可以作为一种治理结构模式，适用于跨国金融机构。

经合组织报告认为，为了能够有效开展银行业和金融监管活动，必须建立起金融机构的健全的公司治理。因此，确保每一个从事银行活动的公司都处于有效的公司治理之下，已经成为银行监管者的重要工作。以往的监管经验表明，在每个银行内形成与管理能力和问责要求相适应的恰当的层级结构，是非常必要的，尤其是对那些跨国经营的全能银行来讲更是如此。健全的治理机制有利于促进银行监督人员和银行管理人员之间的合作关系。

尽管巴塞尔委员会已经认识到，建立良好公司治理的主要责任在于银行的董事会和高级管理人员，但是巴塞尔委员会1999年关于公司治理的报告也认为，可以通过其他途径来促进公司治理，其中包括：

- 各国政府，通过法律和规章；
- 证券监管机构和股票交易所，通过信息披露和挂牌上市的要求；
- 会计专业人士，通过与董事会及高级管理层探讨审计标准，并发布健全的实务准则；
- 银行业协会，通过提出一些自发性的行业原则，以及同意公开发布良好实务准则（巴塞尔银行监督委员会，1999b）。

从这个角度来说，法律问题对金融机构公司治理的完善起着非常重要

① 见《OECD关于公司治理的原则》，1999年7月21日出版。详情可以登录www.oecd.org查看。

的作用。例如，与服务提供商之间建立可执行的合约；明确监管者和高级管理者在治理中的角色；确保企业能在一个远离腐败和贿赂的环境中自由运作；通过法律、规则以及其他措施使管理人员、雇员和股东等多方利益趋于一致。所有这些都有助于形成一个强有力的商业和法律环境，有效地支持公司治理及相关的监管活动。

## 10.2 银行监管的独特性

银行的作用在任何经济体中都是不可缺少的。它们为商业企业提供融资，提供可用的支付体系，并为整个经济运行提供各种零售性金融服务。在市场困难时期，一些银行通过为企业提供信贷和流动资金的方式落实货币政策，从而对整个宏观经济产生广泛的影响（Turner，2002）。全球范围内各个国家普遍对银行业进行监管，并在很多情况下都建立了一个政府安全网，以便当银行破产时补偿存款者的损失。这充分表明了银行在国民经济中的不可缺少的作用。由于银行业的经营活动对经济中的其他部门具有乘数效应，所以金融监管是必要的。大量的利益相关方（如雇员、客户及供应商们）的经济福利状况取决于银行能否在恰当的管理和监督下健康发展。事实上，在一个健全的银行体系下，监督人员和监管者本身就是利益相关方，在很大程度上代表着社会的利益。他们主要的作用是结合整个经济状况和银行面临的业务风险，为金融机构制定基本的监管标准和风险管理原则。相应的，金融监管者就必须确保银行及其他金融机构建立强大的治理结构，特别是在银行业与银行监管机构的性质和结构普遍发生变化的情况下。

## 10.3 治理：委托代理问题

任何一个委托代理问题的基本特点，都是指一些管理者可以发现机会，通过不被觉察的、社会成本很高的行为或是“滥用权力”的办法来提高自身的经济收益，而相对公司内部管理者而言，外部监督者所得到的信息很不充分（Shleifer 和 Vishny，1997：741）。上述这些特点之间相互联系，因为如果外部监督者能够掌握足够的信息，那么就会发现滥用权力的行为。公司内部管理者具有信息优势，这使他们有机会采取利己的行为，这就是标准的委托代理问题。更为有趣的问题在于，这种信息的不对称以及由此产生的低效率是如何影响金融机构的治理的。难道公司管理者拥有全面的信息吗？监管者在监管过程中通常是采用激励机制，而不是依靠明确的指令，这是监管机构处于信息劣势的最好证明。①

前面阐述了金融机构广泛存在的代理问题，其中涉及几个主要的利益相关集团，包括（但不限于）股东、债权人/所有者、储户、管理人员和监督主体。由于这些集团的目标并不一致，而某一集团不能获得完整信息来指导决策，那么该利益集团就会将决策职能以直接或间接的方式委托给另一集团，这时代理问题就产生了。人们经常讨论的金融机构代理问题大部分都涉及储户和股东或是监管者和股东。监管架构的基本特征（例如，资本充足性的要求，储蓄安全性的考虑等）反映了上面的情况。管理层和所有者之间在报酬和激励问题上的矛盾冲突已经成为近期关注的焦点。②

金融市场就其本质来讲是不稳定的，因此各国政府采取各种方式进行干预以保护储户权益。提供明确的储蓄保险就是其中的一种形式，而各种明确的或者隐含的储蓄担保则是另外一种形式。为了控制承保人和担保人承担的风险，不管哪种形式都需要审慎地加以监督。为了避免银行所有者过于依赖由政府提供资金的存款保险制度，政府需要对银行所有者进行一定的控制。这些控制包括限制经营范围；将储蓄保险费与风险挂钩；资本充足率要求与商业风险相匹配等。③ 这些控制也许可以解决政府和银行所有者之间的代理问题，但人们不禁要问，究竟这个代理问题在现实中有多重要？对近期银行危机进行一个简单的回顾就可以发现，人们对银行的决策有很多不满意的地方，这就是代理问题在管理层中的反映。管理层的风险偏好可能不同于其他利益相关者，包括政府、所有者和债权人，管理层

① 例如，激励的形式可以是通过股票期权的使用将经理人的部分奖金与公司的股票市场业绩挂钩。

② 举例请见 Prowse（1995）。

③ 关于管理资金匹配经济风险尝试（巴塞尔委员会，2001a）的更多细节请见新巴塞尔协议第二修订版（2001 年 1 月 16 日出版）。

也可能缺乏决策时的风险评估能力，但是由于缺乏解决代理问题的管理机制，他们在行动上拥有很大的自主权利。

完整的金融机构公司治理需要建立银行内部管理机制，以补救信息的不对称以及由此造成的潜在市场失灵。这就需要政府发挥作用进行市场干预。如果中央当局能够掌握所有代理人的私人信息，并介入他们之间的全部交易，就可以实现帕累托改进。然而，由于现实中政府不可能观察到代理人的私人信息，因此只能实现受限制的帕累托次优。减少委托代理费用，继而实现次佳解决方案，这些都在很大程度上取决于资本市场下金融机构的公司治理结构和信息传播方式①。

信息不对称的问题也与经理人和所有者之间风险偏好不同有关。鉴于公司的激励结构和有限责任的法律原则，金融企业的经理人和所有者可能低估金融风险，并使范围更广的经济领域承担的风险过大。这将会造成巨大的社会成本并增加金融的脆弱性。银行或金融企业自己造成的风险就应该由其自身承担结果和费用，这是金融监管机构的主要考量。办法之一是设法解决公司治理中信息的不对称问题，以及处理好不同利益主体间风险偏好的差异问题。这些利益主体包括经理人、所有者以及其他利益相关方，如债权人和员工等。举个例子，经理在管理银行资产负债表时，就有意愿持有更多的风险资产，因为风险资产要支付更高的佣金。当这些风险资产出现违约而产生费用时，具体进行操作的经理（们）却不能承担全部的成本。如果一个银行倒闭或发生银行恐慌，这些费用就很容易成为社会成本。金融监管的首要目标是减少金融风险带来的社会成本。其方法之一是将市场参与者所获得的利益和由此产生的金融风险成本联系起来。

在实现这一任务的过程中，金融监管机构代表了广大公众的利益。通过寻求建立这样一个监管框架，在该框架中可以激励市场参与者在有效行为方式下正确度量风险，以减少社会成本，从而最大限度地体现利益相关者的利益。随着全球金融市场一体化的日渐形成，制定银行和金融机构公司治理的国际标准、促进对金融风险的更有效评估就显得非常必要。接下来将讨论巴塞尔委员会及国际证券委员会组织为此做出的重要努力。

① A. Mas-Colell, Whinston, M. and Green, J. (1995).

## 10.4 巴塞尔委员会和公司治理标准

巴塞尔委员会在最近几年发表了一些有关金融机构公司治理的文献。其中最重要的几篇分别是《利率风险的管理原则》、《银行业组织内部控制系统框架》、《加强银行透明度建设》、《信用风险的管理原则》（所有内容均可登录 www. bis. org 网站查找）。这些报告重点强调了对于健全的公司治理应该采用的基本战略和技术方法。

现将报告中所信奉的公司治理做法归纳如下：

1. 确立战略目标，建立一整套贯穿整个公司的企业价值观。
2. 在整个系统中制定和实施明确的责任制和问责制。
3. 确保董事会成员胜任其职位，明确自身在公司治理方面的角色，不受来自管理层及外界的不当压力影响。
4. 确保由高级管理人员进行适当的监管。
5. 重视审计部门的控制作用，有效利用内、外部审计职能。
6. 确保报酬制度符合银行的道德价值观、目标、战略及管理环境。
7. 以透明的方式实施公司治理。

巴塞尔标准承认高级管理层在公司治理过程中不可或缺，而高级经理层则应该由董事会成员审核并任免，同时高级管理人员应对负责具体业务和活动的业务经理承担监督作用。正确认识审计机构的重要性和独立性，并要求管理层定期纠正审计中发现的问题，这样审计过程的效率才能得以提升。董事会和管理层的组织结构应该是透明的，具有清晰可辨的沟通网络，决策责任清楚，业务范围明确。此外，与附属机构和关联方的业务往来性质和程度应分类列出。①

---

① 国际会计标准协会把关联双方定义为可控双方，也就是“能够控制或施加重要影响的”双方。这种控制关系包括：（1）母公司与子公司；（2）共同控制下的实体；（3）合作伙伴；（4）通过所有权对公司及公司成员具有重要影响的个体；（5）关键管理人员。参见国际会计准则第 24 条款，关联方披露。网址是 www. iasb. co. uk。

# 10.5 巴塞尔协议II

巴塞尔委员会制定了一些原则来解决跨国银行集团所面临的公司治理问题。但巴塞尔协议II第一次包含了详细的关于监管原则和标准的框架，监管机构可以利用这一框架来监管银行集团的高级管理层和董事会。目前，银行的监管人员已经具有一定的自主权，可以批准关于公司治理和风险管理等活动的内部流程和决策制定过程，还可以决定信息披露框架和资本充足率的基本要求。例如，根据支柱1，董事会和高级管理层有责任监督并审核资本评级及具体的评估程序①。高级管理层应该全面了解银行资本评级体系的设计和操作，掌握信用风险、市场风险和业务风险等方面的评估工作。银行的测试程序是用来具体评估银行的整体控制状况以及银行是否服从资金充足的要求，而高级管理层应该对这些测试程序进行监督。发现按照规定建立的程序和实际的做法之间是否存在重要的差别并最终确认，这是高级管理层和董事会的执行委员应该做到的。② 此外，银行确定资本充足率所使用的内部评级法的详细内容，应该包括在提供给高级管理层的报告中。

巴塞尔协议中提到的支柱1允许复杂的大型银行使用自己的内部评级方法来评估信用和市场风险，并计算其资本要求，它因此受到了批评。这种方法主要依靠历史数据，应用起来复杂，不能准确地反映银行的真实风险，而且由于历史数据不能预测异常事件，因此这个方法也无法将异常事件考虑在内。此外，仅仅专注于历史数据就无法处理激励政策是否合适的问题，也就是说银行的风险行为对于整体经济来讲是否是最优的（Ward，2002）。

支柱2旨在对银行的公司治理和风险管理的做法进行内部和外部监督，并提供解决办法。它要求银行对其金融风险评估过程进行监督，并且

---

① 巴塞尔委员会关于银行监管的修订文件，巴塞尔协议II，2003年4月，第400段，77～78页。引述相关内容如下：

所有关于信用评级和评估的材料均需要由银行董事会来批准，银行董事会成员可以是指定成员或高级管理人员。各方对银行风险评级体系以及相关管理报告有着深入的理解。

② 同上，第401段，78页。

要求其资本费用与银行承担的业务风险密切关联。值得注意的是，支柱 2 期待监督人员通过开展审查和评估银行的监管能力以及是否遵守监管资本要求等项工作，在整个过程中发挥积极的作用。由于银行之间在组织结构、业务活动和内部管理框架上也都有所区别，因此支柱 2 还希望监督人员和银行管理层之间能够持续对话，对最适合的内部控制流程和风险评估体系展开讨论。

此外，必须把巴塞尔协议 II 提出的公司治理做法与所在国的监管相互配合，从而产生不同的公司治理和会计要求。例如，自 2005 年开始，欧盟的成员国都要采用国际会计标准。在美国本土或在美国交易所上市的银行都要公开披露账目并由第三方进行核实，这些工作要求高级管理人员和第三方机构宣誓。巴塞尔协议 II 体系的一个主要薄弱点是，将巴塞尔协议 II 的公司治理框架要求与地方监管要求之间协调起来并不容易，在实际中究竟应该如何执行，巴塞尔协议 II 并没有给出答案。

支柱 3 也关注公司治理的问题，主要侧重于利用透明度和市场约束机制来改善银行管理部门和投资者之间的信息流动问题。其目的是使监管目标与银行的股东利润最大化目标协调一致，并通过改进对银行资本充足率的报告要求来达到这一目标。这一要求涵盖了关于总体资本充足率和资本分配的定量和定性的披露要求，而这些要求是基于信贷风险、市场风险、操作风险和利率风险而提出的。

支柱 3 提出了一个重要的方案，即通过将监管资本的要求与信息披露的质量联系起来，以提高透明度。这意味着银行有动力改善其内部控制、系统运作和整体风险，而且提高关于银行的风险以及管理实践的信息披露质量。按照这一办法，股东将有更多和更好的信息，来确定哪些是运作良好的银行，哪些是很糟糕的银行。但是在审计不发达、公司治理架构不完善的国家，这种方法就暴露出了一定的问题，这些信息的披露会引起波动，而这种波动可能会导致银行的经营失败或者恐慌，从而损害金融稳定运行；但是如果这些信息能够以更谨慎的方式披露，上述的情况就不会发生。支柱 3 还没有提供一个有效的框架，使监管机构和银行管理层能够在信息披露的问题上协调一致行动，防止造成市场的波动。

支柱 3 也试图解决这些问题，它允许监管机构依靠国家法律原则对有些情况进行保密，这样国内监管者可以在一定情况下不向外国监管机构或其他方披露银行的专有信息或其他信息，因为如果如此披露可能会破坏金融体系的信心。

## 10.6 国际证券委员会组织对委托代理问题的回应

当激励银行或者证券公司管理层进行决策的因素与其所有者的利益不一致时，委托代理问题就会出现，并给金融系统带来威胁。这可能缘于管理层的风险偏好不同于公司的所有者，以及其他利益相关者，如债权人、员工以及大众。金融监管机构代表公众的利益，它们更愿意看到银行和证券公司得到有效监管以减少系统性风险。国际证券委员会组织认识到市场中介机构和一些投资公司会给金融体系的整体稳定带来威胁。在其题为《证券监管的目标和原则》[①] 的报告中，国际证监券委员会组织为投资公司提供了一套内部公司治理标准，以便使它们可以以一定的方式进行自我管理，进而保护它们的客户以及整个金融市场的统一和稳定。对于证券公司，国际证券委员会组织赋予高级管理层的主要责任是管理与运营。

对一家投资公司的全面治理职责在于管理层，他们有责任按照适当的行为准则、遵循适当的程序履行职责。这其中包括妥善控制与公司运行有关的所有风险。监管并不能消除市场风险，因为风险是企业体系所固有的；应该减少的是由于企业经营活动带来的，并具有系统性特征的风险。对风险进行适当的管理可能会影响到利益相关者，如大众和债权人，这和市场本身固有的风险没有关系。要做到这一点，就必须针对受监管的企业定期评估风险管理流程，而且这种评估必须有监管部门和外部审计的参与。

国际证券委员会组织承认经营风险问题，并将其定义为“由于系统失灵、员工故意或者疏忽而造成损失的风险”。[②] 当大型投资公司从事全球业务时发生了严重的经营风险，就可能会带来系统性影响。这一点在巴

---

① 详见网址：www. iosco. org/docs-public/1998-objectives – documents03. html。
② 同上，n. 51。

林银行和大和证券倒闭案件中表现得非常明显，其发生的原因在于高级管理层对员工未能实行足够的内部控制程序，也涉及大型金融集团的不同子公司没有充分遵循母国和东道国的监管标准。从巴林银行和大和证券的教训中可以很清楚地看到，母国和东道国的监管机构必须增进交流和协调，调查必须符合 Basel－IOSCO－IAIS 标准。它们必须在母国控制基础上遵守联合监管的一般标准。

此外，经营风险必须通过内部程序进行管理，该程序设计的基本原则是防止行为不当或疏忽。由于监管机构实际上没有资源来确保日常经营活动符合内部程序要求，所以这一责任必须由高级管理层来承担。高级管理人员必须清楚知道公司的业务状况，如内部控制程序以及对一些特殊经营活动进行风险分配的政策等。高级管理层必须确保有能力履行其职责。必须明确规定管理控制结构中的责任链，并为公司各级经营人员提供足够的信息渠道。必须让管理层能够及时获得公司风险的相关信息。如有要求，这些信息同时也要传达给监管部门。

公司内部组织的具体结构应该根据该公司的规模、业务性质、开展的活动及风险等决定。尽管不同公司在这些方面存在差异，但对市场中介机构和投资公司的管制都应当服从如下标准：（1）非常公平地对待客户，确保市场的完整性；（2）与客户的合同有明确的职责条款；（3）采集客户相关的全部背景资料；（4）向客户充分披露信息，使他们能够在充分知晓的情况下做出慎重的投资决策，而且必须强化员工在产品销售上的培训；（5）妥善保护客户的资产；（6）遵守适用于公司的所有相关的法律、法规或标准，以及所有的内部政策和程序；（7）对待客户和公众时一定要避免任何利益冲突。

此外，国际证券委员会组织强调指出，高级管理人员必须直接负责所有涉及自营交易的公司政策。该公司应向监管部门提供公司自营交易的信息，并确定公司的净资本足以应对风险。这些信息资料应该可以充分说明公司（包括其子公司和关联公司在内）的整体业务和风险状况。管理层也应该具有个人责任，监督公司的保证金交易与监管要求相一致，并能发现市场操纵行为以及利益冲突等。

# 10.7 结论

观察家们一致认为，银行和金融业是一个正在经历着重大结构性变化的行业。其部分原因在于日益全球化的压力。这些变化带来的结果不仅是日益加剧的竞争，还有利润空间缩小、价格下降以及新产品开发和投入市场的周期越来越短——所有这一切都发生在转眼间。此外，经营活动和定价的管制也正在减少，银行的竞争压力更大了。因此，国际化的金融市场就要求必须建立金融机构公司治理的全球通用标准。这些标准包括但不限于：（1）加强监督；（2）改进信息披露和会计实务准则；（3）更好地贯彻公司治理准则和公司治理框架；（4）通过市场约束加强机构建设。

本章承认在不同的国家，公司治理在结构上是不同的，并且鼓励对具体实践进行多方探索，以在不同的结构中能够强化公司治理工作。金融机构应该在这样的一个架构中运作，在该架构中它们必须努力开展卓有成效的工作。对于监督和监管部门来说，提高该架构的水平的一项重要任务就是确保激励的存在，从而鼓励银行高级管理层采取良好的、与金融机构存在的经济风险相匹配的监管方法。由于不同国家的市场需要防范不同类型的经济风险，所以没有一个能在每个市场中行之有效的统一的办法。法律也需要因国而异。金融市场的全球治理因此应该包括一个概念，那就是在不同的国家采取不同的公司治理形式，但是还不会给全球系统的稳定造成威胁，这种稳定来自于金融机构内部运行和管理战略。认识到这一点，银行监管机构可以根据经济和法律结构的不同，在特定管辖范围之内采取不同的形式制定健全的治理办法。但是，对任何银行或证券公司的组织结构都应包括四种形式的监督：（1）董事会或监事会的监督；（2）不参与日常业务管理的非执行人员的监督；（3）对不同业务领域的直接的直线监督；（4）独立的风险管理和审计职能。监管部门也应采用匹配标准，确保关键人员符合称职的标准。这些原则也应该适用于国有银行，但需要承认的是国有银行往往包含着不同的银行战略和目标。

# 第 11 章

# 总结与结论

**国际金融新架构—— 希望还是威胁?**

自从20世纪90年代中期以来，在各国财政部门、中央银行以及像国际货币基金组织和世界银行这样的国际金融机构中的专家及决策者中，对于如何建立“国际金融新架构”展开了热烈的讨论。这个“架构”是关于金融制度及其程序的框架，以界定国际金融市场的范围和运行模式。在本书中，我们认为过去30年来针对一系列金融危机而进行的金融架构改变是没有章法的，导致了整个金融领域的规则失效，不能有效管理全球金融市场的系统性风险。我们认为如果要在全球金融市场中对系统性风险进行有效的监管，就必须要求国际金融机构在制定标准以及进行决策时，做到有效、责任明确而且在受 IFI 规则管辖的国家和地区具有合法性。衡量所制定的规则及标准是否有效，可以看它是否有效地控制和管理好了系统性风险，而控制好了系统性风险就意味着金融风险的外部性显著降低。责任明确，就是要求制定规则的架构透明、权责清晰，各国在参与决策制定过程中的具体做法有章可循。合法性则意味着标准所适用的所有国家和地区，不论是以直接的还是间接的方式，都应该参与到这些标准的制定过程中，而这些标准也应该考虑这些国家和地区的经济利益。如果要形成一个针对金融市场的、有效的国际金融监管体系，这些原则应该是最主要部分。这些原则并不是互相排斥的，标准制定过程的有效性使得监管效率提高，也就意味着权责更加明确，如果各国参与制定标准的程序更加清晰，各个参与国对国际金融组织的责任心就会增强。同样，改进针对系统性风险的监管措施，就会增加所采用标准的合法性，这是因为这些监管措施将会对国家的经济增长和发展产生积极影响。从本质上看，控制和管理系统性风险——这高于一切的目标使得全球监管的各项原则紧密地联系了起来。

由于没能有效地监管全球金融体系中的系统性风险，我们认为国际金融监管的体制结构没能达到上述三项原则的要求。这些体制设计上的失败是导致发达国家和发展中国家呈现出长期经济增长低迷的原因，对那些发展中国家和新兴市场的经济体尤其如此。本章我们将讨论国际金融监管失效的原因。目前，投资者行为越来越具有同一性，系统性风险在宏观层面的显现也越来越明显，我们提出了一个分析方法来应对这些问题。这个方法提出，国际金融监管标准的设定没有充分考虑银行所承担风险的外部性以及其跨境的特征。我们还将讨论监管要考虑的其他方面问题，例如由大型的金融集团和多国银行集团引起的系统性风险日益增多，以及在国际金融市场中系统性风险监管的未来研究方向。

前几章我们已经阐述得非常清楚了，目前讨论中涉及的重要议题之一就是系统性风险的管理，这个系统性风险体现在，个人和企业的金融决策产生的风险会引起整个经济系统的动荡。从这个角度看，目前被推崇的那些用于改革监管措施的建议和体制改革方案，很遗憾，可能弊大于利，是威胁而非吉兆。

## 11.1 外部性

第1章讨论了金融风险是怎样导致外部性的，因此金融风险是一个公共政策问题。关于外部性，我们是指投资者在计算其承担的个人风险时，不考虑将会给社会带来的成本和收益，因此在市场交易中也没有体现。外部性等于社会损失与个人损失之差。由于借、贷双方以及投资者和发行方之间信息不对称，金融领域就会产生市场失灵，从而导致投资者不将外部性考虑在内①。

我们可以用环境外部性的例子进行对比。一个工厂主不会考虑工厂烟囱里排出的灰尘对整个社会所造成的成本。因此，当工厂主计划生产多少产品时不会去考虑社会为这些产品付出的成本，其结果就会是整个社会处于低福利的状态。同样的，在金融市场中，一个主要金融机构的倒闭会给整个社会带来损失，而社会成本会超过投资者本身的损失。可以用一个最经典的例子来解释这一理论，这就是银行破产。一个银行的破产会引起储户的恐慌，这种恐慌从一个银行传播至另一个银行，使得那些经营良好的银行也面临危局。在第一家银行计算投资的预期回报时，是不会将投资损失引发的潜在社会成本计算在内的。如果不能将风险投资行为引发的社会成本内化在其决策中，就会导致其所承担的风险过大：因为如果考虑了社会成本，那么这家银行承担的风险就超过了理性的范围。

在存在巨大外部性的情况下，激烈的市场竞争往往造成风险的错误定价，从而使社会效率低下。公共政策的目标是设计出一个监管框架，市场参与者在该框架内可以对风险进行有效的定价，从而提高社会效率。

前面用环境外部性的例子进行对比可能会造成误导，因为金融市场导致的外部性能够通过宏观经济扩散开来，因此比环境外部性的影响要广阔得多。

金融市场是各种金融资产交易的市场，金融资产的价值依赖于对其未

① 尽管由于个体储户和市场的专业人士之间也存在不对称，而这种不对称也可能导致金融行业的市场失灵，但这里提到的主要关注点是消费者和投资者的保护，而且没有考虑在系统性风险中显示出的市场失灵。

来价值的预期。当投资者对预期形成一致的看法后，那么任何导致未来预期价值变化的因素都会对金融资产的价值产生影响，并对主要的宏观金融变量，例如利率和汇率，产生立竿见影的影响。

所以，一个金融企业的倒闭，不仅影响具有相同产品或者影响同类别的金融企业，而且通过影响预期对整个金融市场造成影响，继而通过利率和汇率对国内外的实体经济造成影响。

但是，尽管讨论了外部性、风险传递以及恐慌等，但是市场预期的一个非常特别之处在于即便实际状况已经不利，这些预期也会在相当长的一段时间里保持非常稳定的状态。结果，金融市场就如同一个卡通人物，从悬崖上跳下，在没有任何支撑物的情况下，还能在空中暂停一段时间，然后才突然坠入深渊。稳定的市场预期和稳定的市场信心所维持的平静时期也许会维持一个假象，似乎金融市场表现的经济状况强健、有力是真实的。一旦假象幻灭，便可能是一场巨大的灾难。金融监管的任务之一就是保护市场远离危险的悬崖，并且当市场态势急转直下时，确保将整体经济所遭受到的破坏降到最低。

## 11.2 国际监管

正如在第 1 章讨论的那样，第二次世界大战以后，国际货币基金组织的协议条款允许各国家的监管机构对国内金融体系实施和维持严格的监管和控制。大多数十国集团成员国都通过严格控制借、贷数量和种类的方式将国内金融市场分割。例如，美国的监管机构将存款利率的水平固定（Q 条例）。其他国家则通过汇率控制严格限制跨境资本流动，支持固定汇率的国际金融体系。

国际货币基金组织的固定汇率体制的关键是美元，即可以按照 35 美元兑换一盎司黄金的比率将美元同黄金自由兑换，而且美元也可以按照预定平价同其他货币进行自由兑换。1971 年 8 月 15 日，尼克松总统命令他的财政部长约翰·康纳利关闭了黄金窗口，固定汇率体制被终结。到 1973 年，主要的储备货币都开始浮动。浮动汇率的新时代开始了。

在固定汇率体制下，由于政府通过调控使货币保持在平价水平，因此私人部门或多或少可以免受外汇风险的威胁。相反，后布雷顿森林体系却将私人部门推到了浮动汇率这一新世界的风口浪尖。因为外汇风险已经私有化了，因此迫切需要采取措施以抵消汇率浮动造成的成本；银行和金融企业需要有能力不断洞察汇率风险的变化，并通过改变不同货币和金融资产的组合结构将投资组合多样化；要求创建新的金融工具，如期货合约及衍生工具，反过来也必须摒弃很多限制金融风险管理的壁垒。

目前已经逐渐废除对外汇交易的限制，而且也取消了对金融机构跨市场准入的很多国内限制措施。同样，大多数发达国家终止了在提供贷款时要求满足的大量约束条件。货币和金融工具的全球市场由此而生。

当国内和跨境交易的银行业务以及资本流动的限制性规定被废除后，国家层面上的法定管辖范围已经变得越来越不重要，这对监管当局的有效监管提出了挑战。1974 年，德国银行赫斯塔特由于在外汇交易中的巨大敞口而倒闭，并使得美国的几家主要银行也由于结算风险而陷入危险境地，因此第一次出现了不稳定性在国际范围内的传播。当德国联邦银行插手担保赫斯塔特银行的债务后，一场国际金融危机才得以避免。[①] 在那个时候，不论是德国还是美国的监管机构都没有足够的手段和工具来处理外汇市场中银行违约而引起的跨境影响。因此，作为应对措施，由十国集团的各国中央银行在 1975 年 1 月成立了银行业务条例和监督委员会，即人们所熟知的巴塞尔委员会（其常设机构建立在国际结算银行）。这标志着国际金融监管的新时代产生了。巴塞尔委员会的工作就是在新的国际金融市场中协调各国监管机构的活动，正如在第 2 章中阐述的那样，巴塞尔委员会发展了最低银行资本标准，为银行监管机构制定了详细的各项原则和各种良好行为规范。[②]

巴塞尔委员会对 1988 年巴塞尔协议的内容进行了重大修订，并于 1999 年颁布了修订版，即称巴塞尔协议Ⅱ。该修订版又经过大量修改后于 2004 年获得最终批准。巴塞尔协议Ⅱ目前已经成为学者和从业人员津津乐道的研究焦点。巴塞尔协议Ⅱ重点强调了银行体系内的系统性风险问

① 美国市场的问题来自于外汇交易中的结算风险。德国马克已付，而美元却未付。

② 尽管委员会在建立银行监管的国际规范上有很强的影响力，但由于该委员会由十国集团主导，因此其决策制定框架在合法性和责任性上备受批评，见第 2 章和第 4 章。

题，建议在进行银行的资产和资本计算时应该多加考虑银行实际面临的风险。对巴塞尔协议Ⅱ最主要的批评是它只关注于银行自身创造的特定经济风险的做法是不恰当的，因为这样做就忽略了银行所引发的整个金融体系风险。

## 11.3 建议的分析框架

未来重建国际金融监管架构的工作应该按照一条主线来开展，而这条主线我们认为应该采用这样的一个分析框架，在该框架中必须认识到系统性风险的外部性主要是通过凯恩斯所谓的“选美竞赛”显现出来的。在凯恩斯的“选美竞赛”中，美丽并不是参赛者眼中看到的，相反，当一个人能够大致精确地估计出其他人认为在大众眼里什么是美丽的时候，才能是游戏的最终赢家。在金融市场，了解其他人所相信的事实才是掌握市场行情的关键。市场的驱动力来源于市场参与者所相信的大众所相信的大众的观点，如此下去直至无穷（凯恩斯，1936：第12章）。

对于一个具有流动性并且相对稳定的市场，并不需要规模有多大，其中最重要的是有各种类型的市场参与者，其目标不同而且具有充足的信心认为这个市场还将继续稳定地运转下去（Petersaud，2000，2001）。

当买家和卖家大体上平衡，那么流动性开始出现。当投资者的目标趋于一致时，金融市场中的流动性就会消失。例如，当每个人都相信其他人会卖出，流动性就荡然无存了。当大众观点认为大众已经失去了对金融资产的信心，那么金融市场也就跌落悬崖了。

那么促成差异性的因素有哪些呢?

第一，各个投资者和交易者必须有不同的金融目标。传统的经济学家将这一特点描述为以收入稳定为目标的投资者和与以财富稳定为目标的投资者之间的差别，他们有不同的风险规避方式，有不同的投资持有时期等等（Robinson，1951）。

第二，即便投资者的目标一致，但通过不同方式获得信息也可以导致行为差异。

第三，当投资大众认为投资大众相信市场是稳定的，那么稳定性就成为一种固有的信念。固有的信念（意味着对市场稳定性的信念）是金融市场的关键，因为固有的信念创造和维护了目标的差别性。例如，如果公认美元对英镑的汇率在1.40美元和1.45美元之间波动，那么一旦汇率超过1.45美元，买家就会入市支持美元。同样的，如果汇率降至1.40美元以下，那么投资者就会抛售美元。千万不可低估预期稳定的力量。通过界定资产价格的可预期浮动的范围，当前资产价格确切的浮动范围就可以确定下来。但是，当然了，一旦一种市场认可的传统惯例被打破，洪水就会接踵而来。①

第四，政府监管可以通过将投资者分别区隔在不同的市场来形成差异性。例如，英国就曾经通过法律将抵押品市场与其他投资市场隔离开来，抵押品很少按照价格而更多的是按照数量控制来分配。同样的，《格拉斯—斯蒂格尔法》将美国的金融市场分隔成了几个部分，而遵循国际货币基金组织的固定汇率方案的大多数国家也曾起到将各国金融市场分隔开来的作用。

的确，过去30年来金融市场越来越自由和开放，金融市场的差异性越来越小了。从字面上就能了解到，自由化减少了市场区隔，市场之间的联动性迅速增加。

而且，自由化的发展同时伴随着金融管理的专业化程度越来越高（国际清算银行，1998：第5章）以及金融机构之间的广泛合并（十国集团，2001）。因为目前绝大多数的投资都由共同基金、养老基金和保险公司管理，投资行为逐渐趋同于相同的投资管理实践，原来区隔在不同市场中的现金流通过证券化和再包装而形成了成熟的批发性货币市场，基金都固定在这一市场中从而形成了一致性的行为（Kurz，1987）。投资管理的专业化程度提高同时降低了市场中所表现出来的投资偏好的差异。追求短期回报最大化的压力使得专业的投资者将缺乏远见（短线）的投资作为其最佳投资策略。当专业化的投资逐渐趋同，专业化的信息服务也同样趋同（无论是在信息源头还是在信息提供过程中），再一次促进了步调一致的市场。而且，金融机构的合并也成为市场趋同的主要推动力量。

---

① 最具有影响力的固有信念是由政府强制执行的。当欧洲中央银行声明在1999年1月1日后欧元区的汇率固定下来之后，市场迅速地集聚在这些汇率水平上。

固有信念的力量能够保持市场稳定，但金融自由化已经弱化了这种力量。在第二次世界大战刚刚结束时，很多的市场固有信念是由政府监管而确定下来的，如固定汇率制度。然而事过境迁，拥有相同信念和相同信息的交易商逐渐趋于步调一致，这也许会加强固有信念在市场稳定中起到的作用，但造成的代价却是固有信念不再依赖于个人投资者的信念。对整个经济来说，这可能会形成灾难性后果。

## 11.4 国际监管在宏观经济和微观经济方面的体现

一旦人们形成对大众观点的判断时，这种观念就会通过宏观经济变量（例如，利率、汇率，或是股票价格的总体水平）产生外部性并形成影响。公共政策必须将其考虑在内。因此，有效监管的构想必须同宏观经济政策结合起来。这一点对国际金融市场尤为重要，因为在那里汇率是系统性风险的焦点。

作为降低系统性风险的工具，在宏观经济层面采取的政策行为也许比传统的微观经济监管政策有效得多。1997—1998 年亚洲金融危机之后的宏观调控政策提供了一个最有说服力的论据。显而易见，那次危机的一个重要组成部分是很多亚洲市场中的金融公司和其他机构的巨大外汇敞口。因此，国际货币基金组织敦促这些经济体中的政府部门强化对短期外汇敞口的监管，并且建议从微观经济的角度对单个企业的行为进行有效监管，以实现紧缩控制。这项任务非常复杂，需要投入大量资源——训练有素的监管人员。而且，许多量化措施很可能导致不均衡的效果：限制了金融机构的外汇敞口，但是却忽视了很多金融机构之外的外汇存量。

通过提高海外短期借款成本的宏观经济手段同样可以达到以上目标。像“智利式”控制短期资本的方法可以鼓励所有企业减少敞口（Agosin，1998）。短期外汇借贷的高成本将风险外部性的成本计算在内，从而提高了经济效率。这个宏观方法还有节约稀缺人才的优点。①

根据组织章程的第 4 条，国际货币基金组织表明其具有宏观经济监管的权利，并以此为理由开展金融监管活动。因此，人们充满期待，希望能够开始重视系统性风险的宏观经济维度，而且应该成为监管建议中的重要考虑因素，而不仅仅停留在分析上。

国际货币基金组织确实提议构建“宏观谨慎指标”（MPIs），来对“金融系统是否健康稳定地运转”进行评估。目前构建的 MIPs“既包括了各个金融机构健康水平的总体微观谨慎指标，也包括了与金融系统稳健性相关联的宏观经济变量指标”（Hilbers，Krueger，and Moretti，2000；Evans，Lane，Gill，and Hilbers，2000）。

将微观风险同宏观经济表现结合起来的尝试是值得称道的，而且这种尝试正是关于有效的国际监管应该如何发展的讨论重点。然而，就目前的观察，MIPs 有一个瑕疵：MIPs 没有尝试将微观经济承担的风险同由机构之间相互作用而产生的风险联系起来，换句话说，没有联系“选美竞赛”的风险。② 仅仅增加微观数据难得其效。整体不只是大于各部分之和，而且其行为方式也同各部分之和的行为方式大不相同。

国际货币基金组织现行的方法显然忽略了微观经济风险和宏观经济状况之间的关系，而这种关系就表现在风险管理、金融传染和经济循环之间产生的联系。对于风险敞口的严格监管要求将导致企业由于经济衰退而减少借款，由此使经济衰退状况进一步恶化。在经济好转时就会使风险表面看起来降低，这会使监管资本的供应量增加，从而增加银行的放贷能力，刺激经济繁荣（Jackson，1999；国际清算银行，2001b）。

风险管理技术还会起到诱导传染的作用，使得监管的顺周期特点被进一步放大。例如，在亚洲金融危机期间，金融机构按照它们风险管理模型的要求，在全球范围内降低了它们在全球新兴市场的业务。这种降低使危

① 尽管现今的资本控制措施不会再遭受亚洲金融危机之前的那样的责难，实现相同目标的宏观和微观的手段之间还是鲜有联系。假设微观监管以数量控制为主而且是有差别的，那么就不应该忽略宏观措施，而智利风格的宏观调控是以价格为基础的，而且是无差别的——这一特点可能是希望迎合正统的经济政策制定者。

② 即便是在最简单的层面上，这些相互作用也使 MPI 的计算不得要领。例如，利率的变化直接导致了资产价值重估，这不仅影响了资本以及资本充足率的数值，而且经营活动的减少很容易将审慎投资变成坏账。

机更广泛地传播开来，因为这减少了放贷规模，使信心消失殆尽，为金融滑坡推波助澜。问题的关键再一次浮出水面，那就是微观经济行为和宏观经济后果的关系。经济滑坡时，个别机构的理性风险管理方法而形成的宏观经济反应反而会将这些机构和其他机构陷入危险的境地，而完全不能抵御风险。

但是，由于监管和宏观经济政策之间的关系很难理解，所以还没有前后一致的政策来应对这些不良后果。面对压力，监管当局采取了一些实际做法。20世纪80年代，拉丁美洲债务危机伊始，很多大型美国银行就已经在技术上破产了，因为在它们的银行资产负债表上，拉丁美洲的资产价值大幅缩水。但是美国的监管当局允许这些资产在银行的资产负债表上以到期价值重新定价，由此提高了银行的名义资本，防止了贷款和流动性的突然消失。① 在1988年秋季，伦敦和纽约的金融机构的资产负债表上的很多资产如果按照市场定价，真是一文不值。监管当局再一次没有要求立即（灾难性地）减计价值。

即便为了抵消监管造成的顺周期特点而采取了一些宏观经济应对措施，但宏观经济政策基本上是以国家为单位实施的，而这个问题的根源和广度却是国际性的。对于所有国家来说，这无疑是更加困难的。

## 以国家为导向的方法

在国际货币基金组织的最新方案中，非常奇怪的现象是忽略了很明显的国际化环境。FSAPs（金融部门评估项目）是对一国金融系统的评价。但是，在一个连接紧密的国际金融体系中，某一个国家经济所面临的很多风险也许会从国境之外而来。在过去的20年里频发的金融危机中，正是监管当局将监管重点放在一国之内的做法被人们反复批评。例如，当哥伦比亚所面临的风险大多是外部引起时，对该国进行金融健康状况的评估就不会得出令人满意的结果。英国显然是欧盟甚至是世界金融体系的不可或缺的组成部分，那么对其进行FSAPs评价也同样不会得出令人满意的结

① 然而监管标准没有被完全抛弃：“……货币中心区的银行在20世纪80年代早期对严重负债的国家的贷款已经超过了其资本，但仍然允许这些银行用几年的时间进行调整——但是毫无疑问它们必须调整（Turner，2000）。”

果。至少国际货币基金组织应该对主要国家的联合体进行 FSAPs 评价，诸如像七国集团或者是东亚经济体等。

## 11.5 总结

总的来讲，有效的国际金融监管需要新方案。这个新的方案必须解决双重难题，即日益严重的投资者行为趋同问题以及系统性风险在宏观层面上的表现所产生的问题。很遗憾，在现行的改革提案中对上述任一难题都显得有些束手无策。

## 11.6 现行的政策及立法上的进展

1998 年的金融事件激发了人们对目前金融监管的研究兴趣。这些事件呈现出了第二次世界大战后第一场与众不同的经济危机，在这场危机中，新兴市场经济体严重威胁了西方国家的金融稳定，这场危机可以从金融市场自由化和私营机构部门的运行中寻根溯源。①

但是燎原之火的中心是长期资本管理公司的对冲基金濒临破产。与 1998 年秋天的其他问题相比，LTCM（长期资本管理公司）遇到的困境对国际市场稳定性的影响是最主要的，这个例证毋庸置疑地表明，国际金融体系已经步入了一个崭新的时代。② 这不是主权国家的债务问题，也不是宏观经济不平衡，甚至不是外汇危机。与以往不同，这是由私营机构以市场为导向所做出的决策引发了系统性风险的广泛传播的集中体现。

作为应对策略，七国集团建立了金融稳定论坛。各国的监管机构、中央银行、财政部门和国际金融机构齐聚一堂，在国际合作的基础上，共同解决国际金融风险问题。正如在第 4 章（译者注：应为第 3 章）讨论的那样，国际货币基金组织和世界银行设立了新的金融部门评估项目（FSAPs）。FSAPs 在对所选国家的金融市场和监管机构进行详细的微观经

① 1981 年的墨西哥危机确实威胁了美国银行系统的稳定，但是危机的根源主要是在公共部门（墨西哥公共部门债务），尽管墨西哥在进口领域采取的自由化策略也起到了很大的作用。
② 阿兰·格林斯潘评论认为他从未见过什么事可以同 1998 年 8—9 月的恐慌相提并论。

济评估时，将世界银行和国际货币基金组织包含进来。对私营机构部门所表现出的极大兴趣表明国际货币基金组织和世界银行对各国经济事务的监管发生了重大的改变，尤其表明了国际货币基金组织监管行为的转折点。①

国际货币基金组织的任务极具敏感性，因为它可能被置于需要将各国的金融系统“分成不同级别”的位置之上，任何被降低评级的国家都有可能引发严重的金融后果（国际货币基金组织，2000b）。尽管国际货币基金组织存在机制上的缺陷，但是按照条约的规定，它在行使其监管职能时的确具备某种法律效力。从这个意义上讲，国际货币基金组织鼓励而且在某种情况下可以要求各国遵守国际监管规范和标准，并提供相应的援助。换句话说，国际货币基金组织拥有在金融方面进行惩罚的能力（撤销或者提供援助）来强制各国遵守这些标准。但是如第 3 章谈到的，一定会有人质疑国际货币基金组织对那些强权国家施行监管规则的能力，因为这些国家根本不需要寻求金融援助。

### 11.6.1　原则：巴塞尔协议Ⅱ及其他

指导国际货币基金组织和世界银行开展这项创新活动的原则是什么？例如，FSAPs 监管的重点是各国是否遵从良好监管实践的国际标准及原则，这些原则是由巴塞尔委员会、国际证券委员会组织、国际保险监管官协会（IAIS）和金融行动特别工作组（FATF）共同开发的。② 但是巴塞尔协议Ⅱ所遵从的原则才为新的国际金融架构提供了最为重要的基础性

---

① 国际货币基金组织监管一个国家的私有部门的新功能在2001 年3 月1 日得到了清晰的阐述，那一天它建立了国际资本市场部门，并且将该部门的任务表述为“提高……监管，危机防范和危机管理活动”。新部门的工作职责也包括“同在全球范围内提供主要私人资本的机构进行系统联系”（国际货币基金组织，2001）。

② 例如，根据加拿大监管当局提供的信息，由国际货币基金组织人员在 FSAPs 的背景下提交的、为加拿大设计的“试验性”*对标准和条例的观察报告*（2000 a），进行了“对加拿大的评估，以观察和了解其在金融行业是否与相关的国际标准和核心原则相一致，这也是金融体系稳定性的更广泛评估的一部分”。这个评估涵盖：（ⅰ）银行有效监管的巴塞尔核心原则；（ⅱ）IOSCO 目标和证券监管原则；（ⅲ）IAIS 监管原则；（ⅳ）支付和结算系统委员会（CPSS）关于全局性的重点支付系统的核心原则；（ⅴ）FATF 的反洗钱标准；（ⅵ）国际货币基金组织关于货币和金融政策透明度的良好实践规范。“鉴于对银行业、保险和证券公司的活动逐渐融合，而且其交易市场的一体化程度逐渐加深，作为加拿大金融系统稳定性评估的一部分，就需要全面涉及各种标准（国际货币基金组织，2000a）。”

支持。[①]

如前几章所述，1988 年资本充足规定日益不合时宜，而且银行也能找到方法来绕过这些规定。为了应对这些现象，巴塞尔协议Ⅱ产生了。一个充满活力的金融市场的典型特征就是监管原则会逐渐不合时宜。巴塞尔协议Ⅱ对于资本规定更加灵活，并辅之以更加广泛的监管，这种监管既包括公共机构的官员所做的风险管理及定性评估，也包括市场力量的作用。这些就是所谓的巴塞尔协议Ⅱ的三大支柱。支柱 1 包含针对监管资本的要求，它更加倾向于使用银行内部风险加权模型，也要参考评级机构的观点。支柱 2 提供了监督检查的框架。支柱 3 是市场约束，这种约束通过对银行金融状况更大范围的信息披露来实现，同时也要求强化银行的内部风险管理程序。

巴塞尔协议Ⅱ一个特别重要的地方是它既强调企业自身风险管理程序，也强调市场纪律的作用。用这种方式解决系统性风险显得非常奇怪，因为系统性风险被界定为外部性风险，内部程序及市场均不包含外部性。但是比这更加需要关注的是，支柱 1 和支柱 3 促成了一个强有力的趋势，这种趋势强化了金融市场行为的同一性。

首先，重视使用企业内部风险管理系统也许造成了金融市场的同一性，因为根据定义，这些系统对市场是极为敏感的。尽管各个公司的模型也许在细节上有所区别，但它们都是建立在相同的分析准则基础上的，按照类似的历史数据进行估计，并且对同样的市场信息表现出敏感。

一般来说，良好的风险管理是指这样的一些机构风险管理方法，其持有的资产波动性不大，同时其资产价格不是高度相关的——也就是说在正常情况下不相关。如果某个资产的波动性突然大幅增加，大多数机构的模型都会发出卖出指令。当所有人都在卖出时，流动性就会枯竭。当流动性消失的时候，波动就会从一个资产转移到另一个资产。之前并不相关的资产在抛售的大环境中联系起来，而且深陷在传染泥潭的其他机构也会按照模型的结论进行操作，这就更加加剧了这种局面。在极端的情况下，这些模型会刺激企业像一群动物一样，一起向悬崖边奔跑（Persaud，2000）。

① Peraud（2001）和 Ward（2002b）对巴塞尔协议Ⅱ进行了批判性分析。

其次，各个主权国家和地区之间对信息披露的统一要求，会降低信息的多样化，而在过去，形式多样的信息是创造不同观点的源泉。如今，信息比以前更加充沛，而且很多国家和地区都在法律上要求公布会对价格造成影响的信息。通过占有内部信息而进行内幕交易是犯罪行为，也是市场操纵行为。但是信息的公开、公平也带来一定的成本——整齐划一性会逐渐加强，潜在的流动性会被削弱。

因为支柱1和3使同一性大大增强，所以支柱2（增加监管）在阻止产生系统性风险的行为上承担了主要任务。但是，支柱2的非常广泛的自主监管行为可能导致官僚机构和风险承担者之间人员上的相互影响以及主观判断，从而产生前后不一致的、无效的标准，变成潜在的监管陷阱。

这种向同一性的转变并不只存在于巴塞尔协议Ⅱ的银行条例中。当金融市场变得没有边界，跨境银行、证券公司、保险公司、养老基金等如雨后春笋般出现，监管者逐步开始忽略哪种类型的机构正在产生风险而采用以发挥的功能来进行管理的方法，从而对同样的金融风险采用相同的监管规则。例如，在谈到银行业和保险业的关系时，英国金融服务管理局主席霍华德·戴维斯（Howard Davies）爵士说道："我们的一般观点是，原则上，在风险相同的地方，对资本的要求也应该是一致的。"所以，竞争压力导致的全球金融市场中同一性的趋势，正在被监管者所强化。

## 11.6.2 并表监管和巴塞尔协议Ⅱ

第2章已经讨论了巴塞尔委员会的并表监管原则，以及其如何在不同国家和地区监管原则中进行挑选，并将这些监管权利应用到对银行和银行集团的跨国运行的监管中去。这些原则的逐渐完善得益于从主要的银行倒闭案中吸取教训（例如，BCCI），也得益于全球金融市场中合并联合的迅速发展。并表监管原则规定，银行和银行集团的总部所在的国家或地区的监管当局应该对该银行集团负有最大的监管责任，要求其必须服从全球的资本充足和其他审慎标准。母国监管者应该同东道国并肩合作，协调一致来行动，确保银行的分行、子公司和代理机构的运行符合母国及东道国的监管原则。这包含关于交换银行运行及风险管理实践的专门信息，协调国家执法行为以及银行遵守国际惯例的情况。母国的监管者应该在审慎监管原则（例如，资本充足率）方面起主要作用，而东道国的监管机构应该在监督其是否服从流动性要求和提供支付系统方面起主导作用。按照已修订协议的修改条款的规定，如果东道国的监管机构认为母国监管机构对其银行的全球运行监管不力或其监管标准不严格，那么东道国银行有权利拒绝这家外国银行在其境内设立分行或者子公司。

在巴塞尔协议Ⅱ的情况下，并表监管给母国和东道国的监管机构和银行管理提出了很多难题。例如，并表监管允许母国监管机构掌握和执行全面的监管权力以确保银行集团在全球范围内的运行符合资本充足标准，这些在标准法、基础指标法或者内部评级法中都详细进行了规定。但是，如果外国银行试图在巴塞尔协议Ⅱ的规则下在东道国内开展银行业务，而该东道国当局没有批准巴塞尔协议Ⅱ，那么东道国监管机构拥有拒绝外国银行或者银行集团的申请，或者吊销其许可证的最终权力。同样的，即使外国银行为其在东道国开展银行业务而遵守了东道国的资本要求，东道国监管机构仍然有权力按其国内的法律，拒绝给这家外国银行颁发经营许可证，原因可能是认为这家外国银行（或者银行集团）的全球资本不足，也可能是因为对东道国当地银行部门的安全和稳定构成了威胁。这也许会导致个别国家和地区之间直接的冲突，因为一家外国银行需要在其母国或者批准巴塞尔协议Ⅱ的其他国家或地区的辖区内执行巴塞尔协议Ⅱ，而另外的东道国也许会因为这家银行在全球业务中按照巴塞尔协议Ⅱ的规定来运行而被限制或者拒发许可证。

巴塞尔委员会认为，母国和东道国的监管机构应该形成一个执行巴塞尔协议Ⅱ的协调一致的方法来监管银行的跨国运行。为了达到这一目标，巴塞尔委员会通过了一份原则声明（2003），要求母国和东道国协调执行巴塞尔协议Ⅱ，以减少母国和东道国之间的争端，减少母国和东道国之间的双重监管要求。在巴塞尔协议Ⅱ执行方面，这些原则鼓励东道国监管机构服从母国监管机构对其国内银行在全球运行方面的监管要求。例如，鼓励监管机构采用单一的方法来决定银行集团在全球运行的资本要求。这包括采用单一资本测算方法的协议（标准法、基础指标法或者内部评级法），也就是说针对全球运行的银行，其资本应该采用前后一致的评估方法和技术。这些原则同样寻求建立关于跨境经营的前后一致的方法，来评价是否满足支柱2的监管检查要求和支柱3的市场约束要求。尽管委员会承认东道国监管机构并没有放弃其采用国内法律来监管外国银行的法律权力，却特别鼓励东道国监管机构协助那些应用巴塞尔协议Ⅱ来监管其国内银行境外运行的母国监管者。

由于大部分发达国家都或多或少采用巴塞尔协议Ⅱ，十国集团和国际金融机构很可能会给发展中国家和新兴经济体国家施加巨大压力，使其接受外国银行按照巴塞尔协议Ⅱ的要求在它们的市场运行。这种做法也许会增加这些国家或地区的系统性风险，因为巴塞尔协议Ⅱ下的大型外资银行的出现会对当地银行业的信用风险构成带来不利影响，并且有潜在破坏金融稳定性的可能。对于那些并未采用巴塞尔协议Ⅱ的国家或者采用修改版的巴塞尔协议Ⅱ的东道主国家来说，这带来了很多监管政策上的担忧。例如，外资银行和当地银行的竞争可能会是扭曲的，因为比起当地银行，遵守巴塞尔协议Ⅱ的外资银行也许会从不那么严格的资本规定中获取潜在收益。确实如此，通过应用巴塞尔协议Ⅱ的高级资本法，外资银行可以具备低水平的资本要求，并且由于它们在当地银行业市场的规模，会使当地银行部门出现资本严重不足，从而威胁银行系统稳定。对发展中国家来说，如果其银行系统相对于发达国家来讲规模很小，宏观经济体制非常脆弱而且波动性又很大，那么其潜在的系统风险将会是巨大的。事实也是如此，对巴塞尔协议Ⅱ主要的诟病就是它可能造成的顺周期特点，以及它是怎样对发展中国家经济发展造成负面影响的。

因此，国际标准的设定者必须弄清楚东道国监管机构在其法定辖区内的权力，也就是可以决定那些想要在东道国境内开展业务的外资银行的资本金要求。正如在第5章讨论的那样，如果认为国际标准破坏了国家经济目标和金融稳定，东道国监管机构必须拥有退出国际标准的自由决定权。建议成立的全球金融治理委员会将会支持各种国际委员会，通过紧张的协商和谈判使得各种争端达成一致，例如，巴塞尔协议Ⅱ和金融行动特别工作组反洗钱控制措施。不难设想，大部分的谈判最后都会达成一致的协议，这些协议将会照顾到发达国家和发展中国家的不同经济需求，而不是世界上最富有的国家设计国际标准并通过国际金融机构强加到发展中国家的现行体系。责任明确原则和合法性原则要求发展中国家和新兴市场国家广泛地参与到国际金融标准的制定中来。同样，有效性原则要求决策制定的框架无论是在规制上还是在程序上都要保持连贯性，允许尽可能多的国家参与到标准制定的专业委员会中来，所有成员国的高级部长们将最终批准这个委员会的决策。

*1. 关于银行破产和金融合并的案例*

巴塞尔委员会的并表监管原则并不适用于银行破产。尽管欧洲共同体已通过一项法规，规定了对破产银行的监管和破产法的法定管辖权的具体安排，但是没有任何条约或国际习惯法原则适用于这一领域。为了维护自己的权利，母国和东道国的监管机构已经建立了破产程序来对其管辖范围内经营业务的银行进行破产管理。许多国家的法律制度试图通过制定所谓的“普遍方法”，来对银行的全球资产进行监督和清算。这种“普遍方法”规定，母国监管机构可以声明对银行全球资产拥有管辖权。在与东道国监管机构协商后，根据本国的法律（或者母国和东道国监管机构协商一致的法律条款）确定债权人的优先顺序。① 对于单一银行的情况，相对比较简单，但是对于银行集团，当其拥有众多分支机构和子公司而它们又同时在不同国家和地区开展业务时，一系列棘手的问题就会出现，比如如何对这个金融集团所开展各项业务的监管权限进行分配，可以使用哪一个法律体系来决定优先权，如何确定在不同的法律管辖范围内不同债权人的合法有效性等。

尽管许多国家和地区都承认将普遍方法作为一般原则来执行，但是大多数国家的破产法允许监管机构背离这种做法，以保护当地债权人和维护金融稳定。例如，如果大量当地的重要银行和企业对处于东道国管辖范围内的资产具有索取权，那么东道国监管机构也许就不愿意让银行的母国监管机构来清算这些资产，以偿还那些在母国法律规定下具有优先索取权的债权人的债务，特别是在这么做可能会危及金融稳定的情况下，它们更不愿意执行。因此，当拥有众多分支机构和子公司而又处于不同监管权下的银行集团或金融集团提出破产申请的时候，就出现了国际金融监管中最复杂的问题之一。在这种情况下，管理该金融集团的当地资产的权力将主要

① In re Bank of Credit and Commerce International S. A. (No. 10) [1997] 2 W. L. R. 172, 178 –79.

来源于当地法律及其国内管辖权。

保护本国投资者和债权人，并使本国的银行业不受到系统性风险的影响，这是一国监管机构必须保护的国家利益。这就决定了一国监管机构的作用是单向的，它很少理会外国监管机构的利益。如果外国银行在其管辖范围内开设有分行、子公司或附属机构，那么该国监管机构很少兼顾到该外国银行破产所产生的流动性风险对其母国的银行业所产生的影响，也不会考虑其母国监管机构为保护该国银行部门所做出的努力。由于在解决跨国经营的金融集团破产的问题上缺乏合作与协调，同时缺乏在该领域国际认可的解决原则，因此在银行业破产的系统性风险的监管就十分低效了。在金融集团内，一家银行有很多跨国经营活动和风险暴露，同时还与集团内其他银行和金融公司之间存在很多业务关系，那么当这个银行破产时，它所引发的系统性风险是巨大的。在一个跨国集团的框架下，国际银行业务的操作都是通过集团内的银行进行的，一个银行的失败可以引发一系列连锁反应，跨越不同的国家和地区而冲击整个集团，同时也可能破坏该集团之外的金融公司的生存条件进而影响更大范围的实体经济。

在这部书中有一个重要问题并没有提及，却需要未来进一步研究，那就是如何设计一个有效的全球制度来监管跨国银行或金融集团的破产问题。这包括如何确定债权人优先权的法律，这些债权人既包括集团内各家银行的债权人，也包括涉及集团间几家银行的债权人。另外需要关注的问题还包括，存款保险制度是否应相互承认，在银行破产后不同监管权下的轧差结算和平仓安排是否应该得到承认。此外，在一种监管权下的单一银行的破产应该怎样影响在同一集团中不同监管权下的其他银行的运行。也许可以为那些破产银行的债权人制定一条可以在不同监管权下运行的国际优先权法规。政策制定者们已经提出了剥离金融集团的具有系统性影响的经营职能的可能性，即将这部分职能与经营失败的银行分离开，从而减少集团整体的系统性风险。“大到不能倒”这一综合征已经困扰了许多大型银行和金融集团（Hupkes，2004），这一现象导致了道德风险的产生，上面提到的剥离政策将在事前起到减少道德风险的作用。为了实现这一目标，必须通过制定国际协议（无论是有约束力的法规或是软法）来确定准确的行业标准，以决定集团内部哪些经营职能是系统性的，以及它们怎样与金融集团的其他职能相分离。

跨国银行控股公司和金融集团所带来的监管难题将继续引起很多重要的、与有效监管系统性风险有关的经济和法律问题。今后这方面的研究应该关注最基本的，存在于这些大型的、复杂的金融机构中的委托代理关系，以及这种关系是如何影响系统性风险的。

2. 其他法律途径

本书中的大部分法律分析都着眼于通过公法的手段来管理系统性风险。与此相对应，采用私法的手段来减少证券市场的信贷和法律风险的做法也已经出现。其中两个最重要的做法是关于衍生品合约的主协议，以及采用统一的法律条文来决定那些经由电子簿记形式由间接持有系统来进行交易的证券的所有者权益。国际掉期与衍生工具协会（ISDA）和其他金融品贸易协会公布标准主协议的内容，其涵盖了为有效履行衍生品合约而制定的各项规定，该规定明确表明，如果出现订约方的违约或者破产现象，则非违约方可以中止执行合同并进行轧差结算和平仓安排。同样，2003年的海牙国际私法会议批准了有关间接持有证券的海牙公约，该公约要求签约国在它本国的法律中制定一套统一的法律条文，以规定那些间接持有系统中的证券的财产权益问题。这些法律途径都试图减少在跨境证券交易过程中出现的法律不确定性以及信贷风险，从而降低交易成本和增加短期资本的供应。

3. 金融合同的主协定

衍生品合约中采用主协议的做法开始于20世纪80年代。当时掉期交易市场迅速增长，因此必须采取措施降低信用风险。具体的做法是允许未违约方中止履约义务，并通过与违约方或破产方轧差清算来平仓。这些主协议通过有效履行掉期或其他衍生合约来减少法律的不确定性，也就是允许衍生合约的最终使用者（例如，金融机构）来对冲他们的信贷风险以及降低跨境证券交易的交易成本。到了20世纪90年代，使用主协议对于金融机构和衍生品交易者来说变得异常重要，因为巴塞尔委员会于1994年同意降低对以信用敞口为估价基础的衍生品交易商的监管资本要求，他们可以通过平仓来抵消订约方的违约和破产所带来的损失。标准主协议在今天全球资本市场上使用十分普遍，应用于包括众多交易类型的许多金融产品，并适用于处于不同监管权下的交易各方。

最经常使用的衍生品和期货合约的金融协议可能就是ISDA主协议。目前使用的ISDA主协议有两项，它们是：1992年通过的主协议和2002年通过的修改版。1998年亚洲金融危机之后，人们认为1992年版主协议有重大缺陷，包括对通知签约方违约的规定模糊不清，以及由于签约后发生哪些事件和不可抗力可以导致合同无法履行的规定根本不存在。由于1998年亚洲金融市场的崩溃，在这些领域的法律不确定性使已经发生的重大损失雪上加霜。2002年版ISDA协议澄清了这些问题，它规定如果发生签约方违约，则允许未违约方使用电子通信的方式来通知违约方的违约事项。2002年版的主协议还对不可能履约的行为和不可抗力给出了更为清晰的定义，澄清了1992年版主协议很多模棱两可的地方，使其在法律上的确定性大大增加。它同时为那些衍生品的最终使用者提供了巨大的好处，减少了签约方信用的价差以及交易过程中协商和签约的交易成本。如今，市场参与者们继续采用1992年版和2002年版的ISDA主协议，其使用已经超出了衍生品合约的使用范围，囊括了许多不同类型的金融合约。

*4. 海牙协议和相关中介所在地区的方法*

在跨境证券市场中，另外一种法律上的不确定性是适用法律的选择，这来自于对于间接持有系统中的证券的产权权益问题。传统上，主要通过在公司的注册部门登记或持有的纸制证书来证明其所有权，并以此进行证券交易。现代证券交易已经从这种直接持有转化为间接持有，在间接持有系统中，产权权益是通过电子簿记的方式在各金融中介（如托管人或保管人）进行记录和转移，而这些金融中介与其他国家和地区的金融中介相互持有账户。结果，证券交易不再依赖于权证的实际交换，也不依靠同公司登记部进行产权权益的登记，而是依赖于在不同国家或地区的托管人和保管人所登记和维护的证券账户的借贷记账。事实上，大部分的证券在大型金融中介的库存中已经非物质化和非流动化了，正如欧洲结算系统。证券在间接持有系统中所具有的非物质化和非流动化的特点已经大大降低了证券借贷过程中的交易成本，因此增加了国际证券市场的流动性。然而，这也引发了法律风险，那就是证券的专有权益应该适用哪类法律。

由于贷款人（抵押品持有人）享有借款人（抵押品提供者）所拥有

证券的抵押利益，因此一旦贷款人不清楚哪类法律体系、哪些法律规则会决定该抵押利益的适用法律时，法律的不确定性就出现了。当抵押品持有人和抵押品提供者分属不同的国家和地区时，情况就更加复杂。一般来说，在大部分的法律体系中，证券的自然属地的法律，或者是在公司登记部门所标明的证券所属地的法律，可以决定使用哪些法律或法规来确定证券的财产权益。然而，在全球证券市场中，大多数的证券持有者权益是由托管人、保管人和其他金融中介以电子的形式记录下来的，作为借款人的一方很难确定应该采纳哪个国家和地区的法律来确保并行使他们作为借款人的权利。这种立法不确定性增加了信贷风险，继而增加了借贷成本，降低了金融市场的流动性。为了减少这一领域的立法不确定性，2003 年签署了关于间接持有证券的海牙协定，这一协定采用统一的法律来决定在间接持有系统中，应该使用哪个国家和地区的法律来保证证券交易中的抵押品权益。协议采用了所谓的相关中介所在地区的方法（PRIMA），即要求抵押品接受者采用相关中介所在国家和地区的法律体系来决定适用的法律条款，而该中介保有抵押品提供者所持有的证券。选择适用法律的这种方式降低了借方的风险，因为它可以通过确定相关中介所在国家和地区来确定是什么样的法律条款会对其权益进行保护。但海牙协议也受到了很多批评，因为绝大多数国家都没有非常翔实的、相互协调的关于证券的产权法，因此该协议所确定的做法很多时候效率很低（Paech，2002；Unidroit，2004）。

尽管这两项法律措施在降低跨境证券交易的借贷风险和立法不确定方面迈出了重要的一步，但是 ISDA 主协议和海牙协议对降低全球金融市场的系统性金融风险方面却没有发挥重大作用。不管怎样，这一领域的改革将引发法学家和市场参与者的巨大兴趣。

## 11.7 应该怎么做呢？

目前改革国际金融架构的方法使投资行为日趋一致，没有考虑到微观经济所承担的风险和宏观经济表现之间的关系，而且还是围绕着国家为主体而形成的改革视野。在这些情况中，很难平静地看待可能引发的后果。

面对越发不稳定的金融市场以及带来的经济上的损失，只有采用完全不同的道路才能取得满意的结果。应该增强差异性来提高流动性，应该强化市场固有信念的力量以稳定市场，应该充分考虑到可能的宏观经济手段以降低系统性风险，更应该从国际视角考虑问题。

所以，应该怎么做呢？

第一，我们必须着手解决增加差异性的要求。20世纪30年代面对流动性消失，采取的政策是对金融市场进行严格的区隔（例如《格拉斯—斯蒂格尔法案》），布雷顿森林体系协议进一步强化了这一市场结构。这种严格控制的金融市场对第二次世界大战后经济的发展起到了很好的作用。

但是，除了“回到20世纪50年代”的呼唤，难道就没有其他的方法吗？

方法是有的。如果人们广泛认识到个体投资者对社会造成了很多风险，而同时要求这些投资者按照相应比例承担这些风险的社会成本，那么我们可以从一个开放的国际金融系统中获得收益。这就意味着要建立一个更加强有力的金融架构，以便我们能够针对风险投资建立一整套的规定和要求。目前的做法是，对借款方实施救助措施的时候反而附加很多要求，而且国际货币基金组织的SDRM提案也被否决了，因为该提案提出了在金融危机时允许暂停偿还的要求，很多人认为这增加了基金组织的成本。其实目前经常都有可用资金，既然承担的风险远远低于它们实际真正的社会成本，就应该实行上面的做法。

过去很多规定的失败之处在于它们已经不合时宜了。因此，当务之急是应该形成一个有效的国际政策运作机制，建立一个更加灵活的制度框架，以及一个更加灵活的政策制定程序。当然，也必须建立一套对各个国家（而不仅是那些需要IMF资金的国家）行使监督和执行的适当权力。

第二，在金融市场中增强稳定的强有力的力量一直都是最后贷款人制度和存款保险。国际上目前还没有可以无条件提供流动性的国际最后贷款人。如果有的话，也许会增强稳定性，但这样做也会使那些应该承担责任的人将其成本转嫁给别人，从而导致严重的道德风险。因此，当由官方提供流动性时，一定要对承担的风险给予更加强有力的监管。

第三，新的金融架构应该包含宏观经济问题。这一点对发展中国家格外重要。国际货币基金组织目前施加给它们的方法是在公司层面上的监管，耗时耗力，而且这种方法对各个国家没有区别，是“一个方案适合所有国家”的做法。应该允许发展中国家采用一些宏观控制手段来代替上述的微观做法。

第四，在一些极端的、很少发生的事件中[①]，应该充分利用最新的研究进展来设计这些新的制度，而且应该同宏观经济视角紧密结合。

第五，必须承认，在要达到的所有目标中，监管者的管理范围要与市场运作的领域相一致，这是效率的基本要求。在目前的国际金融市场中，监管当局的各项标准工作还从来没有按照协调一致的方式发挥作用，这些标准工作包括授权、信息服务、监管、执行和政策改进等方面。

1998 年，Eatwell 和 Taylor 建议设立一个世界金融机构，或称为 WFA（Eatwell 和 Taylor，1998）。WFA 的作用是创建一个真正的全球监管的框架。尽管建立 WFA 的希望渺茫，但是提出创建 WFA 的主要目的就是检验当今自由化的金融市场的监管需求。无论 WFA 建成与否，如果国际金融市场想要高效运行的话，WFA 应该履行的任务必须由某一机构承担。

本书在 WFA 的理想模型的基础上构建了一个更加实用的框架来管理国际金融政策，这个框架包括法律和规制上的安排。本书主张有效的国际金融监管需要一个多边条约的机制，这个机制将具有法律约束力的有效监管的原则（例如，资本充足和并表监管）同一个不断发展的不具约束力的软法结合起来（资本充足率公式和执行中的相互协调）。而且，应该形成一个预先确定好的行动规则，这一规则可以用来协调各中央银行之间的行为，以便更好地履行最后贷款人功能。现存的国际金融机构的责任就是执行这些有约束力的和没有约束力的标准和规则，而发展中国家对这些标准和规则的影响应该越来越大。全球金融治理委员会将负责协调这些规制上的安排，绝大部分国家的部长级或者是副部长级官员将成为全球金融治理委员会的代表，以便设立规范以及监督执行。全球金融治理委员会将授权其他国际机构来设计国际软法的条文和方案，例如国际清算银行委员会

① 剑桥大学金融研究中心的 Michael Dempster 教授和他的研究团队在这一领域提供了卓越的研究成果（Dempster，2002）。

(成员不断增加)、国际证券委员会组织、国际保险监管官协会(IAIS)和金融行动特别工作组(FATF)。建立治理理事会的条约框架必须包括相应的程序，以确保决策制定和标准设立的过程是负责任的，而且对各相关国家来讲都是合法的。

当今，国际金融监管的规制框架已经逐渐显现出来，尽管不完美，但也包含了一些 WFA 的理想特征。

• 授权功能是国家监管当局的责任，通过协议规定的相互承认的条款确定市场准入。

• 信息功能由国家监管当局执行，由国际金融机构来补充，主要是国际清算银行和世界银行。

• 监管功能由国家监管当局执行，现在由国际货币基金组织和世界银行中各部门的各种项目小组来补充。

• 政策功能握在巴塞尔委员会、国际证券委员会组织、国际保险监管官协会(IAIS)、金融行动特别工作组(FATF)、国际货币基金组织和各个国家权力机构的手里。

国际监管活动清单有三个主要特点:

1. 如果在10年前编写出相同的清单，那么大部分的监管功能将缺乏国际维度。现在，除了授权以外，在其他方面国际组织承担了一些监管任务。

2. 清单涉及了国际监管的主要发展，但忽略了区域监管的增长，特别是在欧盟地区。

3. 同 WFA 模式相对照，国际金融监管结构是有限的、不完整的甚至是不连贯的。它描述了应对危机的方法，而不是进行内外一致的设计，防止系统风险的国际传播。

## 11.8 结论

以下原则应该在设计新的国际金融架构方面发挥引导作用:

• 应该充分认识到系统性风险外部性的社会成本，尤其是宏观经济影响。

• 当固有信念被打破，同一性的市场行为对流动性是一个威胁，特别在波动性非常高的时期。

• 应该采取措施来加强固有信念的稳定作用。

• 因为现今的金融市场是国际化的，所以政策形成和政策执行也应该具有国际化的视野。

• 最后，在国际范围内制定决策和设定标准应该在设计高效监管原则上具有效力，决策制定过程权责明确、透明从而真正具有问责性；各国对于所采用的标准都具有发言权，从而保证其合法性。

在这些原则的基础上，在全球金融市场中，就可能设计出一个全球治理架构来对系统性风险进行有效监管，从而使得整个国际社会都可以从开放的金融市场获得最大的社会收益。

# 参考文献

## Books and Journal Articles

Abbott, K. W., R. O. Keohane, A. Moravcsik, D. Snidal, and A. – M. Slaughter. 2000. "The Legalization of International Soft Law." *International Organization* 54, no. 3: 401 – 419.

Adam, K. T. Jappelli, A. Menichini, M. Padula, and M. Pagano. 2002. "Analyse, Compare, and Apply Alternative Indicators and Monitoring Methodologies to Measure the Evolution of Capital Market Integration in the European Union." Centre for Studies in Economics and Finance, Department of Economics and Statistics, University of Salerno.

Adams, G. 1999. "The Regulation of Financial Conglomerates." *Journal of Financial Compliance* 5, no. 3: 215 – 217.

Agosin, M. 1998. "Capital Inflows and Investment Performance: Chile in the

1990s." In R. Ffrench-Davis and H. Reisen (eds.), *Capital Flows and Investment Performance: Lessons from Latin America*. Paris: Organization for Economic Cooperation and Development.

Alexander, K. 2001. "The Need for Efficient International Financial Regulation and the Role of a Global Supervisor." In E. Ferran and C. A. E. Goodhart, *Regulating Financial Services and Markets in the 21st Century*. Oxford: Hart.

——. 2002. "Extraterritorial U. S. Banking Regulation and International Terrorism." *Journal of International Banking Regulation* 3, no. 4: 307–326.

Alexander, K. 2000. "The Role of Soft Law in the Legalization of International Banking Supervision," a paper distributed on the occasion of the Advisory Committee Meeting of 21–23 January 2000 at Queen's College, Cambridge University on the "World Financial Authority Project," p. 2.

Alexander, K., and J. Ward. 2004. "How Voluntary is the Basel Accord? —the Accord as Soft Law." CERF Discussion Paper, Cambridge: Cambridge Endowment for Research in Finance, University of Cambridge, www. cerf. cam. ac. uk

Allegret, J. P., and P. Dulbecco. 2002. "Global Governance versus Domestic Governance: *What Role for International Institutions?*" *European Journal of Development Research* 14, no. 2: 173–192.

——. 2003. "Why International Institutions Need Governance. The Case of the IMF." Paper submitted at the conference "Economics for the Future: Celebrating 100 Years of Cambridge Economics," Cambridge, England, September 17–19, 2003.

Allen, F., and D. Gale. 2000. *Comparing Financial Systems*. Boston: MIT Press.

American Law Institute. 1987. *Restatement of the Law (Third)*. Vol. 1, *The Foreign Relations Law of the United States*. St. Paul, MN: West.

Andenas, M., and C. Hadjiemanual (eds.). 1998. *European Banking Supervision*. London: Kluwer Law.

Arup, C. 1999. *The World Trade Organization Agreements.* Cambridge: Cambridge University Press.

Attanasio, J., and J. Norton. 2001. *A New International Financial Architecture: A Viable Approach.* London: British Institute of International and Comparative Law.

Aust, A. 2000. *Modern Treaty Law and Practice.* Cambridge: Cambridge University Press.

Avgerinos, Y. 2002. "Essential and Non-Essential Measures: Delegation of Powers in EU Securities Regulation." *European Law Journal* 8 (2): 269 –289.

Axelrod, R. 1984. *The Evolution of Cooperation.* New York: Basic Books.

Bank for International Settlements (BIS). 1988. "Report of the Committee on Banking Regulations and Supervisory Practices, International Convergence of Capital Measurement and Capital Standards." Basel: Basel Committee on Banking Supervision.

——. 1990. "Report of the Committee on Interbank Netting Schemes of the Central Banks of the Group of Ten Countries" (Lamfalussy Report). Basel: Basel Committee on Banking Supervision.

——. 1992. 62*nd Annual Report.* Basel: Basel Committee on Banking Supervision.

——. 1994. 65*th Annual Report.* Basel: Basel Committee on Banking Supervision.

——. 1995a. "The Supervision of Financial Conglomerates." Basel: Basel Committee on Banking Supervision.

——. 1995b. 66*th Annual Report.* Basel: Basel Committee on Banking Supervision.

——. 1996. 67*th Annual Report.* Basel: Basel Committee on Banking Supervision.

——. 1998. 69*th Annual Report.* Basel: Basel Committee on Banking Supervision.

——. 2001a. *72nd Annual Report*. Basel: Basel Committee on Banking Supervision.

——. 2001b. "Marrying the Macro-and Micro-Prudential Dimensions of Financial Stability." BIS Papers No. 1. Basel: Basel Committee on Banking supervision.

Bank of England. 1998. "The Development of a U. K. Real-Time Gross Settlement System." *Bank of England Quarterly Bulletin* 34: 163 – 168.

Bank of Thailand. 1997. *Supervision Report* 1996/97. Bangkok: Bank of Thailand.

Basel Committee on Banking Supervision (BCBS). 1975. "Report to the Governors on the Supervision of Banks' Foreign Establishments." Basel: Bank for International Settlements.

——. 1993. "Principles for the Supervision of Banks' Foreign Establishments" ("Revised Concordat"). Basel: Bank for International Settlements.

——. 1988. "International Convergence of Capital Measurements and Capital Standards" (amended in 1995). Basel: Bank for International Settlements.

——. 1992. "Minimum Standards for the Supervision of International Banking Groups and Their Cross-Border Establishments." Basel: Bank for International Settlements.

——. 1995. "An Internal Model-Based Approach to Market-Risk Capital Requirements." Basel: Bank for International Settlements.

——. 1999a. "Proposed Revisions to the Basel Capital Accord." Basel: Bank for International Settlements.

——. 1999b. "Enhancing Corporate Governance for Banking Organizations." Basel: Bank for International Settlements.

——. 2000a. "Principles for the Management of Credit Risk." Basel: Bank for International Settlements.

——. 2000b. "Supervisory Guidance for Managing Settlement Risk in Foreign Exchange Transactions." Basel: Bank for International Settlements.

——. 2001a. "The New Basel Capital Accord." Basel: Bank for International

Settlements.

——. 2001b. "Recommendations for Public Disclosure of Trading and Derivatives Activities of Banks and Securities Firms." Basel: Bank for International Settlements.

——. 2003. *The New Basel Capital Accord.* April.

Basel Committee on Banking Supervision and the IOSCO Technical Committee. 1995. "Joint Report: Framework for Supervisory Information about the Derivatives Activities of Banks and Securities Firms." Basel: Bank for International Settlements.

Basel Committee on Banking Supervision Joint Forum on Financial Conglomerates. 1999. "Capital Adequacy Principles." Basel: Bank for International Settlements.

Bingham, L. J. 1992. Bingham's Report on BCCI, Inquiry into the Supervision of the Bank of Credit and Commerce International. London: HMSO, Oct. 1992.

Blumberg, P. I. 1993. *The Multinational Challenge to Corporation Law.* Oxford: Oxford University Press.

Board of Governors of the Federal Reserve System. 1990. Letter SR 90 – 23 (FIS) from the Federal Reserve Associate Director of Supervision (July 3).

Bordo, M. D., and H. James. 1999. "The International Monetary Fund: Its Present Role in Historical Perspective." Report Prepared for the U. S. Congressional International Financial Institution Advisory Commission, Washington, DC.

Borio, C., J. C. Furfine, and P. Lowe. 2001. "Procyclicality of the Financial System and Financial Stability: Issues and Policy Option." Bank for International Settlements Papers no. 1 (March).

Bowett, D. 1982. *The Law of International Institutions.* 4th ed. London: Stevens.

Brown, G. 1999. Prepared speech before the Council on Foreign Relations, New York, September 16.

Buria, A. (ed.). 2003. *Challenges to the World Bank and IMF*. London: Anthem Press.

Buchheit, L., and G. M. Gulati. 2002. "Sovereign Bonds and the Collective Will." Paper No. 138, LSE Financial Markets Group, London School of Economics.

Bull, H. 1977. *The Anarchical Society*. Basingstoke: Macmillan.

Cabral, I., F. Dierick, and J. Vesala. 2002. "Banking Integration in the Euro Area." ECB Occasional Paper No. 6. Frankfurt: ECB.

Calem, P., and R. Rob. 1996. "The Impact of Capital-Based Regulation on Bank Risk Taking: A Dynamic Model." U. S. Board of Governors, Finance and Economics Discussion Series, No. 96 – 12, 1 – 44.

Calomiris, C. 1999. "Building an Incentive Compatible Safety Net." *Journal of Banking and Finance* 23: 1499 – 1519.

Calomiris, C., and C. Kahn. 1996. "The Efficiency of Self-Regulated Payments Systems: Learning from the Suffolk System." National Bureau for Economic Research Working Paper 5442.

Calvo, G., and C. Reinhart. 1994. "The Capital Inflows Problem: Concepts and Issues." *Contemporary Economic Policy* 12: 54 – 66.

Canals, J. 1997. *Universal Banking, International Comparisons and Theoretical Perspectives*. Oxford: Oxford University Press.

Capie, F. 1998. "Can There Be an International Lender of Last Resort?" *International Finance* 1, no. 2.

Caporaso, J. 1993. "International Relations Theory and Multilateralism: The Search for Foundations." In G. Ruggie, *Multilateralism Matters*. New York: Columbia University Press.

Caprio, G. 1998. "Banking Crises: Expensive Lessons from Recent Financial Crises." Paper prepared for the Development Research Group. Washington, DC: World Bank.

Caprio, G., and D. Klingenbiel. 1996. "Dealing with Bank Insolvencies: Cross-Country Experience." Working paper. Washington, DC: World

Bank.

Carey, M. 1995. "Partial Market Value Accounting, Bank Capital Volatility, and Bank Risk." *Journal of Banking and Finance* 19: 607 – 622.

Chakravorti, B. 1996. "Dynamic Public Goods Provision with Coalitional Manipulation." *Journal of Public Economics* 56: 143 – 161.

Chang, H. -J., H. -J. Park, and C. G. Yoo. 1998. "Interpreting the Korean Crisis: Financial Liberalization, Industrial Policy, and Corporate Governance." *Cambridge Journal of Economics* (November).

Chang, R., and A. Velasco. 1998. "Financial Crises in Emerging Markets: A Canonical Model." Working paper. Atlanta: Federal Reserve Bank of Atlanta.

Claessens, S., and T. Glaessner. 1998. *The Internationalization of Financial Services in Asia.* Policy Research Paper 1911. Washington, DC: World Bank.

Claessens, S., and M. Jansen (eds.). 2000. *The Internationalization of Financial Services: Issues and Lessons for Developing Countries.* Hague: Kluwer Law.

Committee of Wise Men. 2000. "Initial Report on Regulation of European Securities Markets." Brussels: European Union.

Crane, D. (ed.). 1995. *Global Financial System: A Functional Perspective.* Boston: Harvard Business School.

Cranston, R. 1996. *Principles of Banking Law.* Oxford: Oxford University Press.

Crockett, A. 2000. "Why Is Financial Stability a Goal of Public Policy?" Working paper. Basel: Bank for International Settlements.

Croome, J. 1995. *Reshaping the World Trading System: A History of the Uruguay Round.* The Hague: Kluwer Law International.

Cull, R. J. 1997. "Financial Sector Adjustment Loans: A Mid-Course Analysis." World Bank Working Paper No. 1804.

Dahlman, C. 1979. "The Problem of Externality." *Journal of Law and Economics*

22: 141 – 162.

Dale, R. 1984. *The Regulation of International Banking* Oxford: Blackstone.

——. 1992. *International Banking Regulation.* Oxford: Blackstone.

Dalhuisen, J. "Liberalisation and Re-Regulation of Cross-Border Financial Services," Parts 1 – 3. *European Business Law Review.* London: Kluwer Law International.

——. 2000. *International Commercial, Financial and Trade Law.* Oxford: Hart.

Davies, H. 2002. "A Toxic Financial Shock: General Insurance Companies May Be Taking on Risks That Are Hard to Quantify." *Financial Times*, January 30.

Demirguc-Kunt, A., and E. Detragiache. 1997. "Financial Liberalization and Financial Fragility." Paper presented to the Annual World Bank Conference on Development Economics, Washington, DC, April.

Demirgu A., C. Kunt, and R. Levine. 1996. "Stock Market Development and Financial Intermediaries: Stylized Facts." *World Bank Economic Review* 10.

Dempster, M. A. H. (ed.). 2002. *Risk Management: Value at Risk and Beyond.* Cambridge: Cambridge University Press.

Dhumale, R. 2000. "Capital Adequacy Standards: Are They Sufficient?" Center for Business Research Working Paper Series, No. 165.

Dine, J. 2000. *The Law of Corporate Groups.* Cambridge: Cambridge University Press.

Dobson, W., and P. Jacquet. 1998. *Financial Services Liberalization in the WTO.* Washington, DC: Institute for International Economics.

Dornbusch, R. 1976. "Expectations and Exchange Rate Dynamics." *Journal of Political Economy* 27: 192 – 234.

Dow, James. 2000. "What Is Systemic Risk? Moral Hazard, Initial Shocks, and Propagation." *Monetary and Economic Studies* 21: 1 – 24.

Drazen, A. 2002. "Conditionality and Ownership in IMF Lending: A Political

Economy Approach." *IMF Staff Papers* 49 (special issue): 36 - 67.

Duncan, G. 1994. "Clearing House Arrangements in the Foreign Exchange Markets." Speech at the International Symposium on Banking and Payment Services. Washington, DC: Board of Governors of the Federal Reserve System.

Eatwell, J., and L. Taylor. 1998. "International Capital Markets and the Future of Economic Policy." Paper prepared for the Ford Foundation project *International Capital Markets and the Future of Economic Policy*. New York: Center for Economic Policy Analysis; London: Institute for Public Policy Research.

——. 1999. *The Future of Financial Regulation: A World Financial Authority*. Unpublished working paper, Cambridge University.

——. 2000. *Global Finance at Risk*. New York: Free Press.

——. 2002 (eds.). *International Capital Markets: Systems in Transition*. New York: Oxford University Press.

Eatwell, J., and M. Milgate (eds.). 1983. *Keynes's Economics and the Theory of Value and Distribution*. London: Duckworth.

*Economist*. 1997. "Survey of Banking in Emerging Markets." April 12.

Edison, H. J., R. Levine, I. Ricci, and T. Slok. 2002 "International Financial Integration and Economic Growth." *Journal of International Finance* 21, no. 6: 749 - 776.

Edwards, F. 1996. *The New Finance: Regulation and Financial Stability*. Washington, DC: AEI Press.

Eichengreen, Barry. 1999. *Toward a New International Financial Architecture*. Washington, DC: Institute for International Economics.

Eisenbeis, R. 1995. "Private-Sector Solutions to Paymens Systems Fragility." *Journal of Financial Services Research* 9: 327 - 349.

English, W. 1996. "Inflation and Financial Sector Size." Finance and Economics Discussion Paper Series No. 16. Washington, DC: Federal Reserve Board.

European Central Bank. 2002. "European Integration: What Lessons for other Regions? The Case of Latin America." Working Paper Series. Frankfurt: ECB.

European Commission. 1999. "Financial Services: Implementing the Framework for Financial Markets: Action Plan." COM 232 (11/05/99).

——. 2001. "Decision Establishing the European Securities Committee." COM 2001. 1493 final, June 6.

——. 2003. "Tracking Financial Integration in Europe." Commission Staff Working Paper, May 26, 2003.

European Council. 1999. "Decision 1999/468//EC Laying Down the Procedures for the Exercise of Implementing Powers Conferred on the Commission." OJ L184/23, July 17.

European Monetary Institute. "Lamfalussy Report on Settlement and Payment Systems." 1992. Frankfurt: EMI.

European Parliament. 2002. "Report on the Implementation of Financial Services Legislation" ("von Wogau Report"). A5 – 0011/2002 final, January 23.

European Shadow Financial Regulatory Committee. 2001. "The Regulation of European Securities Markets: The Lamfalussy Report" (Statement No. 10). Madrid, March 26.

European Union Economic and Finance Ministers. 2000. "Initial Report of the Committee of Wise Men on the Regulation of European Securities Markets" (Lamfalussy Committee). Brussels: EU Economic and Finance Ministers.

——. 2001. "Final Report of the Committee of Wise Men on the Regulation of European Securities Markets" (Lamfalussy Committee). Brussels: EU Economic and Finance Ministers.

Evans, O., A. Leone, M. Gill, and P. Hilbers. 2000. "Macroprudential Indicators of Financial System Soundness." IMF Occasional Paper 00/192. Washington, DC: International Monetary Fund.

Faulhaber, Philips, and A. Santomero. 1990. "Payment Risk, Network Risk and the Role of the Fed." In D. Humphrey (ed.), *U. S. Payment Systems: Efficiency, Risk, and the Role of the Federal Reserve.* Boston: Kluwer.

Federation of European Securities Commissioners. 2000. "Market Abuse: FESCO's Response to the Call for Views from the Securities Regulators under the EU's Action Plan for Financial Services." COM 1999. 232, Fesco/00 – 961 (June 29).

Federation of European Securities Exchanges. 2001. "Second Report and Recommendations on European Regulatory Structures." January.

Ferran, E. 2004. *Building an EU Securities Market.* Cambridge: Cambridge University Press.

Financial Action Task Force. 1990. "Directorate for Financial, Fiscal and Enterprise Affairs, Organization for Economic Cooperation and Development, Financial Action Task Force on Money Laundering Report." Sections 2 (B), 3 (A) – (D). Paris: Organization for Economic Cooperation and Development (OECD). www. fatf_ gafi. org

——. 1995. "Directorate for Financial, Fiscal and Enterprise Affairs, Organization for Economic Cooperation and Development, Financial Action Task Force on Money Laundering, Annual Report 1994 – 1995."

——. 1996a. "International Anti-Money Laundering Recommendations." Paris: Organization for Economic Cooperation and Development.

——. 1996b. "Directorate for Financial, Fiscal, and Enterprise Affairs, Organization for Economic Cooperation and Development, Financial Action Task Force on Money Laundering, FATF VII Report on Money Laundering Typologies."

——. 1996c. "FATF Statement about the Lack of Anti-Money Laundering Law in Development." September 19, 1996.

——. 2002a. "Financial Action Task Force on Money Laundering 2000 – 2001, Twelfth Annual Report," p. 1. Available at www. oecd. org. fatf/.

——. 2000b. "Report on Non-Cooperative Countries and Territories." June 7, 4-7.

——. 2000c. "Report on Non-Cooperative Countries and Territories." February 14.

——. 2001a. "Report on Compliance with Forty Recommendations by Non-Cooperative Jurisdictions."

——. 2001b. "Special Recommendations, Terrorist Financing."

——. 2001c. FATF Annual Report 2001-2002.

——. 2002. "Guidance for Financial Institutions in Detecting Terrorist Financing."

——. 2003. "The Forty Recommendations." With explanatory note.

Financial Crimes Enforcement Network (FinCEN). 1992. "International Cooperation against Money Laundering Gains Momentum." Washington, DC: Financial Crimes Enforcement Network, U. S. Treasury Department.

——. 1993. "Guidance Notes for Mainstream Banking, Lending and Deposit Taking Activities." London: FinCEN.

——. 1996. "FinCEN Advisory: Enhanced Scrutiny for Transactions Involving the Seychelles." March.

Financial Services Authority. 2001. "Money Laundering Theme—Tackling Our New Responsibilities."

Financial Stability Forum. 2000. "Report of the Follow-Up Group on Incentives to Foster Implementation of Standards." www. fsforum. org

Fischer, S. 1997. "How to Avoid International Financial Crises and the Role of the International Monetary Fund." October 14. Available at www. imf. org/external/np/sec/mds/1997/mds101497. htm

Fitch Ratings, database resources, various years. www. fitchratings. com

Folkerts-Landau, D., and P. Garber. 1992. "The ECB: A Bank or Monetary Policy Rule?" In M. Canzoneri, V. Grilli, and P. Masson (eds.), *Establishing a Central Bank: Issues in Europe and Lessons from the U. S.* Cambridge: Cambridge University Press.

——. 1996. "Payment System Reform in Formerly Centrally Planned Economies." *Journal of Banking and Finance* 18: 33–48.

Folkerts-Landau, D., and M. Khan 1995. "Effect of Capital Flows on the Domestic Financial Sectors in APEC Developing Countries." In M. Khan and C. Reinhart (eds.), *Capital Flows in the APEC Region*. Occasional Paper No. 122. Washington, DC: International Monetary Fund.

Folkerts-Landau, D., and I. Takatoshi. 1995. "International Capital Markets Developments, Prospects, and Policy Issues." IMF Working Paper No. 135. Washington, DC.

Follak, K. P. 2000. "International Harmonisation of Regulatory and Supervisory Frameworks." In M. Giovanoli (ed.), *International Monetary Law: Issues for the New Millenium*. Oxford: Oxford University Press.

Fox, Merritt B. 1997. "Securities Disclosure in a Globalizing Market: Who Should Regulate Whom." *Michigan Law Review* 95.

Freeland, C. 1994. "The Work of the Basle Committee." In R. C. Effros (ed.), *Current Legal Issues Affecting Central Banks*, vol. 2. Washington, DC: International Monetary Fund.

Freis, J. 1996. "An Outsider's Look into the Regulation of Insider Trading in Germany: A Guide to Securities, Banking, and Market Reform in Finanzplatz Deutschland." *British Columbia International and Comparative Law Review* 19: 1, 11.

Freixas, X., C. Giannini, G. Hoggarth, and F. Soussa. 1999. "Lender of Last Resort: A Review of the Literature." *Financial Stability Review*. London: Bank of England.

Galbis, V. 1993. "High Real Interest Rates under Financial Liberalization: Is There a Problem?" IMF Working Paper No. 7. Washington, DC: International Monetary Fund.

Garber, P., and Weisbrod, R. 1992. *The Economics of Banking, Liquidity, and Money*, Lexington: D. C. Heath.

Garegnani, P. 1970. "Heterogeneous Capital, the Production Function and the Theory of Distribution." *Review of Economic Studies* 13: 28 – 39.

——. 1983. "Notes on Consumption, Investment and Effective Demand." In J. Eatwell and M. Milgate, *Keynes's Economics and the Theory of Value and Distribibution*. London: Duckworth.

General Accounting Office. 1994. "International Banking: Strengthening the Framework for Supervising International Banks." Washington, DC: GAO.

Gilmore, W. 2002. "International Initiatives." In T. Graham, *International Guide to Money Laundering Law and Practice*. London: Butterworths.

——. 2003. *Dirty Money*. Strasbourg: Council of Europe Publishing.

Giovanoli, M. 1994. "The Role of the BIS in Monetary Cooperation and Its Tasks Relating to the ECU." *Current Legal Issues Affecting Central Banks* 1: 39.

——. 2000. *International Monetary Law: Issues for the New Millennium*. Oxford: Oxford University Press.

——. 2002. "Reflections on International Financial Standards as 'Soft Law.'" In J. J. Worton and M. Andenas (eds.), *International and Monetary Law upon Entering the New Millennium—A Tribute to Sir Joseph and Ruth Gold*. London: British Institute of International and Comparative Law.

Godley, W. A. H., W. Nordhaus, and K. Coutts. 1978. "Industrial Pricing in the UK," Working Paper, Department of Applied Economics, Cambridge University, WP 26.

Gold, J. 1977. "International Capital Movements under the Law of the International Monetary Fund." Pamphlet Series No. 21. Washington, DC: International Monetary Fund.

——. 1979. *Legal and Institutional Aspects of the International Monetary System: Selected Essays*. Washington DC: International Monetary Fund.

——. 1981. "Transformation of the International Monetary Fund." *Columbia Journal of Transnational Law* 20: 227.

——. 1982. "Developments in the International Monetary System: The

International Monetary Fund and International Monetary Law Since 1971." *Recueil des Cours*.

——. 1996. *Interpretation and the Law of the International Monetary Fund*. Dordrecht: Kluwer.

Goldstein, M. 1997. *The Case for an International Banking Standard*. Washington, DC: Institute for International Economics.

Goodhart, C. A. E. 2001. *The Organisational Structure of Banking Supervision*. London: Financial Markets Group.

——. 2003. *A Framework for Assessing Financial Stability*. London: Financial Markets Group.

——. 1992. *EMU and ESCB After Maastricht*. London: Financial Markets Group.

Goodhart, C., P. Hartmann, D. Llewellyn, L. Rojas-Suarez, and S. Weisbrod. 1998. *Financial Regulation: Why, How, and Where Now?* London: Routledge.

Gorton, G. 1988. "Banking Panics and Business Cycles." *Oxford Economic Papers* 40: 221-255.

Graham, G. 1996. "Seychelles Condemned over 'Money Launders' Charter." *Financial Times*, February 2.

——. 1996. "Seychelles to Face Critics on New Law." *International Herald Tribune*, January 31.

——. 1996. "Seychelles Foreign Investment Law Draws More Fire." Reuters, February 1, available in LEXIS, News Library, Reufin file.

Graham, T. 2002. *International Guide to Money Laundering Law and Practice*. London: Butterworths.

Griffith-Jones, S., and A. Persaud. 2003. "The Political Economy of Basel II and Implications for Emerging Economies." Paper prepared for the Economic Commission of Latin America.

Group of Ten. 1996. "The Resolution of Sovereign Liquidity Crises." Washington, DC. www. bis. org

——. 2001. *Report on Consolidation in the Financial Sector.* Basel: Bank for International Settlements.

Group of 22. 1998. "Report of the Working Group on International Financial Crises." Washington, DC. www. bis. org.

Haas, E. B. 1980. " Why Collaborate? Issue-Linkage and International Regimes." *World Politics* 32: 357, 358.

Hawkins, J., and P. Turner. 2000. " International Financial Reform: Regulatory and Other Issues." Unpublished paper presented at conference in Washington, DC (3 -4 February, 2000).

Helleiner, E. 1994. *States and the Reemergence of Global Finance.* Ithaca, NY: Cornell University Press.

Herman, B. (ed.). 1999. *Global Financial Turmoil and Reform.* New York: United Nations University Press.

Hilbers, P., R. Krueger, and M. Moretti. 2000. "New Tools for Assessing Financial System Soundness." *Finance and Development* (September) 4: 13 -19.

Hoekman, B. M., and M. M. Kostecki. 2001. *The Political Economy of the World Trading System.* Oxford: Oxford University Press.

Holder, W. E. 1999. "Fund Jurisdiction over Capital Movements. Comments, Panel on Preventing Asian Type Crises: Who If Anyone Should Have Jurisdiction Over Capital Movement?" *ILSA Journal of International and Comparative Law* 5 (spring): 407 -415.

Honohan, P., and J. Stiglitz. 1999. " Robust Financial Restraint." Paper presented at a workshop titled "Financial Liberalization: How Far? How Fast?" presented by the Development Research Group, World Bank, Washington, DC (September).

House of Commons, 1994 - 95. Memorandum Submitted by Interpol and Reproduced in House of Commons, Home Affairs Committee, Organized Crime, H. C. Paper 18 -11.

Hudec, Robert. 1999. *Essays in International Trade Law.* Boston:

Cameron May.

Humphrey, D. 1989. "Market Responses to Pricing Fedwire Daylight Overdrafts." *Federal Reserve Bank of Richmond Economic Review* 75: 2 – 41.

Hupkes, E. H. G. 2004. "Insolvency—Why a Special Regime for Banks?" In *Current Developments in Monetary and Financial Law*, vol. 3. Washington, DC: International Monetary Fund.

Independent Task Force, Council on Foreign Relations. 1999. Safeguarding Prosperity in a Global Financial System. Washington, DC: Institute for International Economics.

International Association of Insurance Supervisors (IAIS). 1994. *Annual Report*. Basel: IAIS.

——. 1995. "Recommendation Concerning Mutual Assistance, Cooperation, and Sharing of Information." Basel: IAIS.

——. 1997a. *Annual Report*. Basel: IAIS.

——. 1997b. "A Model Memorandum of Understanding." Guidance paper 2. Basel: IAIS.

——. 1997c. "Report on Global Standards for Insurance Supervisors." Basel: IAIS.

——. 1999a. "Executive Committee Reports on 1999 Activities." IAIS Newletter. 4th Quarter, Issue 6, pp. 1 – 2.

——. 1999b. *Annual Report*. Basel: IAIS.

——. 1999c. IAIS Newsletter, Issue 3.

——. 1999d. IAIS Newsletter, Issue 5.

——. 2002a. "Principles on Capital Adequacy and Solvency." Basel: IAIS.

——. 2002b. "Supervisory Standard on the Evaluation of the Reinsurance Cover of Primary Issuers and the Securities of Their Reinsurers."

——. 2002 (October). "Principles on Minimum Requirements for Supervision of Reinsurers."

——. 2003a. *Annual Report* (covering October 2002 – September 2003).

——. 2003b. "Insurance Core Principles, Comparison of Previous and New ICPs."

——. 2003c. "IAIS Expands Core Principles for Insurance." Press release.

International Financial Institutions Advisory Committee to the United States Congress 2000. *Meltzer Report.*

——. 2004. "Guidance Paper on Investment Risk Management" (October 2004).

International Monetary Fund. 1997a. *International Financial Statistics.* Washington, DC: IMF.

——. 1997b. Communiqué of the Interim Committee of the Board of Governors of the International Monetary Fund, April 28. Washington, DC: IMF.

——. 1998. *International Capital Markets: Developments, Prospects, and Key Issues.* Washington, DC.: IMF.

——. 2000a. *Report on the Observance of Standards and Codes: Canada.* Washington, DC: IMF.

——. 2000b. *Experimental Reports on Observance of Standards and Codes (ROSCs).* Washington, DC: IMF.

——. 2000c. Memorandum of Economic Policies of the Government of Angola (April 3, 2000).

——. 2001a. IMF Information Notice 01/41 (April 29).

——. 2001b. "IMF Establishing International Capital Markets Department." News Brief No. 01/24 (March 1).

——. 2004a. "IMF Statement on New IMF Stand-by Arrangement for Turkey" (October 13, 2004).

——. 2004b. "IMF Completes First Review Under Gabon's Stand-by Arrangement and Approves US $20 Million Disbursement" (Sept. 20, 2004).

——. 2004c. "IMF Completes Fifth Review of Uruguay's Stand-by Arrangement" (August 27, 2004).

International Organization for Securities Commissioners (IOSCO).

1986. IOSCO Resolutions, Resolution Concerning Mutual Assistance ("Rio Declaration"). Available at www. iosco. org/resolutions/resolutions. html.

——. 1989a. *Annual Report.* Madrid: IOSCO.

——. 1989b. "Technical Committee Report on Capital Adequacy Standards for Securities Firms" (August). Madrid: IOSCO.

——. 1994. "Operational and Financial Risk Management Control Mechanisms for Over-the-Counter Derivatives of Regulated Securities Firms." Available at IO IOSCO website, www. iosco. org

——. 1996. "Report on International Standards for Regulation of Securities Markets." Madrid: IOSCO.

——. 1998a. "Methodologies for Determining Minimum Capital Standards for Internationally Active Securities Firms Which Permit the Use of Models under Prescribed Conditions." Report of IOSCO Technical Committee (May). Madrid: IOSCO.

——. 1998b. IOSCO Resolution 18; "Risk Management and Control Guidance for Securities Firms and Their Supervisors." IOSCO Consultation Paper 2 (March). Madrid: IOSCO.

——. 1998c. Technical Committee, "Principles for Memoranda of Understanding," released at the 16th Annual Conference. Available at www. iosco. org/publdocs/d... -1991-principles-of-memoranda. html.

——. 1999. *Annual Report.* Madrid: IOSCO.

——. 2000a. By-Laws of the International Organization of Securities Commissions, pt. 2, sec. 2. Madrid: IOSCO.

——. 2000b. *Annual Report.* Madrid: IOSCO.

——. 2000c. "Objectives and Principles of Securities Regulation." Madrid: IOSCO.

——. 2003. Annual Report. Madrid: IOSCO.

——. 2004. "IOSCO Moves to Strengthen International Capital Markets against Financial Fraud." Press release.

International Swaps and Derivatives Association. 2002. ISDA Master

Agreement. London.

Jackson, P. 1999. "Capital Requirements and Bank Behaviour: The Impact of the Basel Accord." Basel Committee on Banking Supervision Working Paper No. 1. www. bis. org.

——. 2000. "Amending the Basel Capital Accord." Unpublished paper, Cambridge Endowment for Research in Finance Seminar, January 22.

Jac-Kwon, O. 1998. "Managing the Crisis: The Case of Korea." Paper presented at the ADB seminar on International Finance, Tokyo, November.

Jennings, R., and Watts, A. (eds.). 1996. *Oppenheim's International Law*. Vol. 1, *Peace*. London: Longman.

Jorion, P. 2002. *Fallacies in the Effects of Market Risk Management Systems*. Mimeo. University of California at Irvine.

Kahane, Y. 1977. "Currency Options as Theoretical and Practical Instruments in Hedging the Exchange Rate in Excess of Loss Reinsurance." Working Paper, Institute for Economic Research, Tel Aviv University.

Kahler, M. 1995. *International Institutions and the Political Economy of Integration*. Washington, DC: Brookings Institute.

Kahler, M. (ed.). 1998. *Capital Flows and Financial Crises*. Ithaca, NY: Cornell University Press.

Kahn, C. 1996. "Payment System Settlement and Bank Incentives." Federal Reserve Bank of Atlanta Working Paper Series 96 – 10. Atlanta: Federal Reserve Bank of Atlanta.

Kalecki, M. 1939. *Essays in the Theory of Economic Fluctuations*. London: Allen and Unwin.

Kaminsky, G., and C. Reinhart. 1998. "The Twin Crises: The Causes of Banking and Balance of Payment Problems." Mimeo. Washington, DC: Board of Governors of the Federal Reserve System.

Kaplow, L. 1992. "Rules versus Standards: An Economic Analysis." *Duke Law Journal*.

Kapstein, E. 1989. "Resolving the Regulator's Dilemma: International Coordination of Banking Regulations." *International Organization* 43: 327 –328.

——. 1994. *Governing the Global Economy*, Cambridge, MA: Harvard University Press.

Karmel, R. S. 1991. "The Second Circuit Role in Expanding the SEC's Jurisdiction Abroad." *St. John's Law Review* 65: 743.

Kasman, B. 1992. "A Comparison of Monetary Policy Operating Procedures in Six Industrial Countries." Federal Reserve Bank of New York *Quarterly Review* 17.

Kenen, P. B.. 2001. *The International Financial Architecture: What's New? What's Missing*. Washington DC: Institute for International Economics.

Keohane, R. 1984. *After Hegemony: Cooperation and Discord in World Political Economy*. Princeton, NJ: Princeton University Press.

Keohane, R., and J. Nye. 2001. *Power and Independence* (2nd ed.). London: Longman.

Key, S. 1997. "Financial Services in the Uruguay Round and the WTO." G-30 Occasional Paper 54. Washington, DC: Group of Thirty.

Key, S., and H. Scott. 1991. *International Trade in Banking Service: A Conceptual Framework*. Washington, DC: Group of Thirty.

Keynes, J. M. 1936. *The General Theory of Employment, Interest and Money*. London: Macmillan.

——. 1973. *Collected Economic Writings*. London: Macmillan.

Kim, D., and A. Santomero. 1980. "Risk in Banking and Capital Regulation." *Journal of Finance* 32: 87 –113.

King, R., and R. Levine. 1993. *Finance and Growth: Schumpeter Might Be Right*. Policy Research Working Paper. Washington, DC: World Bank.

Koehn D., and A. Santomero. 1980. "Modelling the Banking Firm: A Survey." *Journal of Money, Credit and Banking* 16: 576 –616.

Kono, M., and L. Schuknecht. 1998. "Financial Services Trade, Capital Flows, and Financial Stability." Working paper. Geneva: World Trade Organization.

Kono, M., P. Low, M. Luanga, A. Mattoo, M. Oshikawa, and L. Schuknecht. 1997. "Opening Markets in Financial Services and the Role of the GATS." Working paper. Geneva: World Trade Organization.

Koskenniemi, M. 2004. "Global Governance and Public International Law." *Vierteljahresschrift fur Recht und Politik Jahrgang* 37 (3): 241 – 254.

Kurz, M. 1987. "Myopic Decision Rules." *The New Palgrave: A Dictionary of Economics*. London: Macmillan.

Lastra, R. M. 1996. *Central Banking and Banking Regulation*. London: Financial Markets Group.

Lastra, R. M., and H. Shams. 2001. "Public Accountability in the Financial Sector." In E. Ferran and C. A. E. Goodhart (eds.), *Regulating Financial Services and Markets in the 21 st Century*, pp. 165 – 188. Oxford: Hart.

Lastra, R. M., and H. Schiffman (eds.). 1999. *Bank Failures and Bank Insolvency Law in Economies in Transition*. The Hague: Kluwer Law.

Liechtenstein, C. C. 2000. "International Jurisdiction over International Capital Flows and the Role of the IMF." In M. Giovanoli (ed.), *International Monetary Law: Issues for the New Millennium*. Oxford: Oxford University Press.

——. 1991. "Bank for International Settlements: Committee on Banking Regulation and Supervisory Practices." Consultative Paper on International Convergence of Capital Measurement and Capital Standards, 30 I. L. M. 967, 969.

Lindgren, C., G. Garcia, and M. Saal. 1996. *Bank Soundness and Macroeconomic Policy*. Washington, DC: International Monetary Fund.

Litan, R., and J. Rauch. 1997. *American Finance for the 21 st Century*. Washington, DC: U. S. Treasury Department.

Lo, A. 1987. "Logit versus Discriminant Analysis: A Specification Test and Application to Corporate Bankruptcy." *Journal of Econometrics* 31: 151 – 178.

Lomnicka, E. 2000. "Knowingly Concerned? Participatory Liability for Breaches of Regulatory Duties." *Company Lawyer* 21 (4): 121 – 126.

Long, M., and D. Vittas. 1992. "Changing the Rules of the Game." In D. Vittas (ed.), *Financial Regulation: Changing the Rules of the Game*. Washington, DC: World Bank.

Lucatelli, A. 1997. *Financial and World Order, Financial Fragility, System Risk, and Transnational Regimes*. Westport, CT: Greenwood Press.

Mann, F. A. 1992. *The Legal Aspect of Money*. 5th ed. Oxford: Oxford University Press.

Marchetti, J. A. 2003. "What Should Financial Regulators Know about the GATS?" Unpublished paper prepared for the World Trade Organization.

Martin, L. 1993. "Credibility, Costs, and Institutions: Cooperation on Economic Sanctions." *World Politics* 45 no. 3: 418.

MAs-Colell, A., M. Whinston, and J. Green, 1995. *Microeconomic Theory*. Oxford: Oxford University Press.

Masciandaro, D. (ed.) 2004. *Financial Intermediation in the New Europe*. Cheltenham: Edward Elgar.

McFadden, D., S. Wu, and M. Balch. 1973. *Essays on Economic Behavior under Uncertainty*. Amsterdam: Oxford University Press.

McKinnon, R. 1973. *Money and Capital in Economic Development*. Washington, DC: Brookings Institution.

Mearsheimer, J. J. 1994 – 95. "The False Promise of International Institutions." *International Security* 19 (3): 5 – 49.

Medova, E. A., and M. N. Kyriacou. 2002. "Extremes in Operation Risk Management." In M. A. H. Dempster (ed.), *Risk Management: Value at Risk and Beyond*. Cambridge: Cambridge University Press.

Mendelson, M. 1996. "The Subjective Element in Customary International Law." *The British Yearbook of International Law*, pp. 177 – 208.

Miller, M., and P. Luangaram. 1998. *Financial Crisis in East Asia: Bank Runs, Asset Bubbles and Antidotes*. Working paper, Centre for the Study of

Globalization and Regionalization, University of Warwick, November.

Millspaugh, P. 1992. "Global Securities Trading: The Question of a Watchdog." *George Washington Journal of International Law and Economics* 26: 355 – 374.

Mishkin, F., 1996. "Understanding Financial Crises: A Developing Country Perspective." National Bureau for Economic Research Working Paper No. 5600, Cambridge, MA.

Moggridge, D. (ed.). 1973 – 1980. *Collected Writings of John Maynard Keynes*, vols. 14, 25, and 26. Cambridge: Cambridge University Press.

——. 1992. *Maynard Keynes: An Economist Biography*. London: Routledge.

Nasution, A. 1997. "The Meltdown of the Indonesian Economy in 1997 – 1998: Causes and Responses." *Seoul Journal of Economics* 11: 447 – 482.

Neild, R. R. 1963. *Pricing and Employment in the Trade Cycle*. Cambridge: Cambridge University Press.

Newburg, A. 2000. "The Changing Roles of the Bretton Woods Institutions: Evolving Concepts of Conditionality." In M. Giovanoli (ed.), *International Monetary Law: Issues for the New Millenium*. Oxford: Oxford University Press.

Norman, P. 1988. "Capital Ratio Is Set by Banks of 12 Nations." *Wall Street Journal*, July 12, p. 3.

North, D. C. 1990. *Institutions, Institutional Change and Economic Performance*. New York: Cambridge University Press.

Norton, J. 1995. *Devising International Bank Supervisory Standards*. Dordrecht: Kluwer.

——. 2000. *Financial Sector Law Reform in Emerging Economies*. London: British Institute of International and Comparative Law.

O'Brien, R., Goetz, A. M., Scholter, J., and Williams, M. 2000. *Contesting Global Governance*. Cambridge: Cambridge University Press.

Organization for Economic Cooperation and Development. 1996a. "Financial Action Task Force on Money Laundering Condemns New Investment Law in the Seychelles." OECD Press Release, February 1.

——. 1996b. "Financial Action on Task Force on Money Laundering Welcomes New Anti-Money Laundering Law in Turkey." OECD Press Release, December 12.

——. 1997. "Regulatory Reform in the Financial Services Industry: Where Have We Been? Where Are We Going?" *OECD Financial Market Trends* 67: 32, 41.

——. 1999. "Cross-Border Trade in Financial Services: Economics and Regulation." *Insurance and Private Pensions Compendium for Emerging Economies*, Book 1, Part 1: 6. www. oecd. org

——. 2000. "Financial Action Task Force on Money Laundering Welcomes Proposed Austrian Legislation to Eliminate Anonymous Passbooks." OECD press release, June 15.

Overseas Development Institute. 2000. "Conference Report on International Standards and Codes: The Developing Country Perspective." London: Department for International Development.

Passacantando, F. 1991. "Central Banks' Role in the Payment System and Its Relationship with Banking Supervision." *Giornale degli Economiste e Annali di Economia* 51: 453 – 491.

Pecchioli, R. M. 1983. *Internationalization of Banking: The Policy Issues.* Oxford: Oxford University Press.

Peek, J., and E. Rosengren. 1996. "The Use of Capital Ratios to Trigger Intervention in Problem Banks: Too Little Too Late." *New England Economic Review* (September-October) 13: 123 – 172.

Persaud, A. 2000. *Sending the Herd Off the Cliff Edge: The Disturbing Interaction between Herding and Market-Sensitive Risk Management Practices.* State Street Bank. Available at www. cerf. cam. ac. uk

——. 2001. *Liquidity Black Holes.* State Street Bank. Available at www.

cerf. cam. ac. uk

——. 2003. (ed.). "Liquidity Black Holes: Understanding, Quantifying and Managing Financial Liquidity Risk." In A. Persaud (ed.), *Liquidity Black Holes*. London: KPMG.

Peterson, W., and M. Wall. 1998. "Monetary Instability and Economic Growth." University of Minnesota Economic Development Center Bulletin No. 98/6.

Pill, H., and M. Pradhan. 1995. "Financial Indicators and Financial Change in Africa and Asia." IMF Working Paper No. 2. Washington, DC: International Monetary Fund.

Prowse, S. 1995. "Should Banks Own Shares?" World Bank Policy Paper 1481, Washington, DC.

Rahman, Z. 1998. "The Role of Accounting and Disclosure Standards in the East Asian Financial Crisis: Lessons Learned." Mimeo. Geneva: United Nations Conference on Trade and Development, Washington, DC.

Reisen, H. 1998. *Domestic Causes of Currency Crises: Policy Lessons for Crisis Avoidance*. Technical Paper No. 136. Paris: OECD Development Centre.

Richards, H., 1995. "Daylight Overdraft Fees and the Federal Reserve's Payment System Risk Policy." *Federal Reserve Bulletin* 81: 42 – 61.

Robinson, J. 1951. *The Rate of Interest and Other Essays*. London: Macmillan.

Rolnick, A., B. Smith, and W. Weber. 1998. "Lessons from a Laissez-Faire Payments System: The Suffolk Banking System (1825 – 58)." *Quarterly Review*. Minneapolis: Federal Reserve Bank of Minneapolis.

Rosenau, J. N. 1995. "Governance in the Twenty First Century." *Global Governance* 1 (1): 13 – 43.

——. 1997. *Along the Domestic-Foreign Frontier: Exploring Governance in a Turbulent World*. Cambridge: Cambridge University Press.

Ruder, D. 1991. "Effective International Supervision of Global Securities Markets." *Hastings International and Comparative Law Review* 14: 317 – 327.

Santos, J. 1998. "Commercial Banks in the Securities Business: A Review." Working Paper No. 56. Basel: Bank for International Settlements.

Schachter, Oscar. 1977. "The Twilight Existence of Non-Binding International Agreements." *American Journal of International Law* 71: 295 – 304.

Schnadt, N. 1994. "The Discount Rate of Bank Bills on the U. K. Money Market." Mimeo. London: London School of Economics.

Scholes, M., S. Wilson, and M. Wolfson. 1990. "Employee Stock Ownership Plans and Corporate Re-Structuring: Myths and Realities." *Financial Management* 19: 12 – 28.

Schotter, A. 1981. *The Economic Theory of Social Institutions.* Cambridge: Cambridge University Press.

Scott, H., and K. Wellons. 2002. *International Finance* (5th ed.). Boston, MA: Foundation Press.

Scott, H., and S. Iwahara. 1994. *In Search of a Level-Playing Field: The Implementation of the Basle Committee Accords in Japan and the United States.* Washington, DC: Group of 30.

Seidl-Hohenveldern, I. 1979. "International Economic 'Soft Law.'" *Hague Recuell*: 169 – 246.

Shaw, E. 1973. *Financial Deepening in Economic Development.* New York: Oxford University Press.

Shleifer, A., and R. Vishny. 1997. "A Survey of Corporate Governance." *Journal of Finance* 52: 737 – 783.

Siegel, D. E. 2002. "The Legal Aspects of the IMF/WTO Relationship: The Fund's Articles of Agreement and the WTO Agreements." *American Journal of International Law* 96: 561 – 609.

Singh, A. 1999. "Corporate Financial Patterns in Industrializing Economies: A Comparative International Study." Paper, Department of Applied Economics, University of Cambridge.

Skidelsky, R. 2000. *John Maynard Keynes: Fighting for Britain.* Basingstoke: MacMillan.

Smith, G. 1991. "Competition in the European Financial Services Industry: The Free Movement of Capital versus the Regulation of Money Laundering." *University of Pennsylvania Journal of International Business Law* 13: 101 –130.

Spencer, P. D. 2000. *The Structure and Regulation of Financial Markets*. Oxford: Oxford University Press.

Stiglitz, J. 1994. "The Role of the State in Financial Markets." In *Proceedings of the World Bank Conference on Development Economics* 1993. Washington, DC: World Bank.

——. 1999. "The World Bank at the Millennium." *Economic Journal* 109: F576 – F597.

——. 2002. *Globalization and Its Discontents*. London: Penguin/Allen and Lane.

Stultz, R. 1999. "Financial Structure, Corporate Finance, and Economic Growth." Revised mimeo. Available at www. osu. edu/finance/papers.

Summers, B. 1994. "The Payment System." IMF Working Paper 94/36. Washington, DC: IMF.

Temin, P. 1989. *Did Monetary Forces Cause the Great Depression*? New York: Norton.

Tirole, J. 2002. *Financial Crises, Liquidity, and the International Monetary System*. Princeton, NJ: Princeton University Press.

Trachtman, J. P. 1995. "Trade in Financial Services under GATS, NAFTA, and the EC: A Regulatory Jurisdiction Analysis." *Columbia Journal of Transnational Law* 34: 37 –105.

Truell, P., and L. Gurwin. 1992. *False Profits: The Inside Story of BCCI, The World's Most Corrupt Financial Empire*. Boston: Hougton Mifflin.

Tung, Ko-Yung. 2003. "The Rule of Law: From Rule Based to Value Based Paradigm." Unpublished paper, The London Forum, March 12.

Turner, P. 2002. "Procyclicality of Regulatory Ratios." In J. Eatwell and L. Taylor (eds.), *International Capital Markets: Systems in Transition.*

New York: Oxford University Press.

United Nations Convention against Illicit Traffic in Narcotic Drugs and Psychotropic Substances, opened for signature December 20, 1988, UN Doc. E/CONF. 82/15, 28 I. L. M. 497.

U. S. Congress. 1994. The Anti-Money Laundering Act of 1993: Hearings on S. 1664 before the Senate Committee on Banking, Housing and Urban Affairs. 103d Cong. 38 1994. Statement of R. K. Noble, Assistant Secretary for Enforcement, U. S. Treasury Department.

Van Zandt, D. E. 1991. "The Regulatory and Institutional Conditions for and International Securities Market." *Virginia Journal of International Law* 32: 47 – 78.

Vital, C. 1994. "An Appraisal of the Swiss Interbank Clearing System." Speech before the IBC International Payment Systems Conference, London (April).

Von Furstenberg G. M. (ed.). 1997. *Regulation and Supervision of Financial Institutions in the NAFTA Countries and Beyond.* Norwell, MA: Kluwer.

Walker, G. A. 2001. *International Banking Regulation: Law, Policy, and Practice.* New York: Kluwer International.

Wall, L., and G. Peterson. 1996. "Managerial Rents and Regulatory Intervention in Troubled Banks." *Journal of Banking and Finance* 20: 331 – 335.

Ward, J. 2002a. *The New Basel Accord and Developing Countries: Problems and Alternatives.* Working Paper No. 4. Cambridge Endowment for Research in Finance. Available at www. cerf. cam. ac. uk

——. 2002b. *The Supervisory Approach: A Critique.* Working paper 2, Cambridge Endowment for Research in Finance. Available at www. cerf. cam. ac. uk

Wellens, K. C., and G., M. Borchardt. 1989. "Soft Law in European Community Law." *European Law Review* 14: 267 – 321.

White, W. 2000a. "Recent Initiatives to Improve the Regulation and

Supervision of Private Capital Flows." Working paper no. 92. Basel: Basel Committee on Banking Supervision.

——. 2000b. "What Have We Learned from Recent Financial Crises and Policy Responses?" Working paper no. 84. Basel: Basel Committee on Banking Supervision.

Woods, N. 2001. "Making the IMF and the World Bank More Accountable." *International Affairs* 77: 83 – 100.

Woods, N., and A. Narlikar. 2001. "Governance and the Limits of Accountability: The WTO, the IMF, and the World Bank." Paper available at www. globaleconomicgovernance. org

World Bank. 1997. *Guidelines for Financial Sector Development.* Mimeo. Washington, DC: World Bank.

——. 1998. *Global Development Finance.* Washington, DC: World Bank.

World Trade Organization. 1994. *International Legal Materials.* GATS, Annex on Financial Services (April 15, 1994), WTO Agreement, Annex 1B, p. 33.

——. 1999. "An Introduction to the GATS." October. Geneva: WTO Secretariat.

——. 1999. *The WTO Legal Texts.* Cambridge: Cambridge University Press.

Young, O. 1990. *International Governance: Protecting the Environment in a Stateless Society.* Ithaca, NY: Cornell University Press.

## Legal Documents and Instruments

### *Treaties*

Articles of Agreement of the International Monetary Fund. 1993 (April). Washington, DC: IMF. 22 July, 1944. 60 stat. 1401, 2 UNTS 39 as amended through 28 June 1990. Reprinted March 2000.

North American Free Trade Agreement between the Government of the United States of America, The Government of Canada and the Government of the United Mexican States, December 17, 1992. Chapter 14, "Financial Services."

Treaty of Rome (1957) (EC Treaty).
Treaty on European Unioin (1993).
Treaty of Amsterdam (1997).
Treaty Establishing a Constitution for Europe.
United Nations Convention against Transnational Organized Crime. Vienna, 3 March 2000. *International Legal Materials* 40: 335.
World Trade Organization Agreements: Marrakesh Agreement Establishing the World Trade Organization and its substantive agreements (April 15, 1994); The Legal Texts (1999) (World Trade Organization). *International Legal Materials* 33: 1143.
World Trade Organization Charter (Marrakesh Agreement) (1994).
General Agreement on Tariffs and Trade, Annex 1A to the WTO charter. (1994).
General Agreement on Trade in Services, Annex 1B to the WTO charter. (1994).

### *Statutes*

Financial Services Modernization Act of 1999, Pub. L. 106 – 102, 113 Stat. 1338 (2000).
North American Free Trade Agreement Implementation Act (1993), Chapter 14, "Financial Services."
"The Uniting and Strengthening America by Providing Appropriate Tools Required to Intercept and Obstruct Terrorism" (USA Patriot Act), Title III, Pub. L. 107 –56, 115 Stat. 272 (2001).

### *Judicial Decisions*

*Caixa-Bank France v. Ministère de l'Economie, des Finances et de l'Industrie*, European Court of Justice, C –442/02 (2004).
*Hartford Fire Insurance v. California* 509 US 764 (1993).
*Pulp Wood case* [1988] E. C. R. 5193.
*In re Bank of Credit and Commerce International S. A.* (*No.* 10) [1997] 2 W. L. R. 172.

*Banco do Brasil*, *S. A. v. Israel Commodity Co.*, 190 N. E. 2d 235 (1963).

*Long Term Capital Holdings*, *et al.*, *v. United States of America*, 330 F. Supp. 2d 122 (U. S. D. ct. Conn., 2004).

*J. Zeevi and Sons Ltd. v. Grindlays Bank* (*Uganda*) *Limited*, 333 N. E. 2d 168 (1975).

*Peter Paul and Others v. Federal Republic of Germany*, European Court of Justice, C-222/02 (2004).

Regulation Y, 12 C. F. R. Part 225 (2000).

***Regulations and Supervisory Notices***

Federal Reserve Board Supervisory Letter SR 02-8 on implementation of Section 327 of the U. S. Patriot Act (March 20, 2002).

Supervisory Letter SR 00-13 on framework for supervision of financial holding companies (August 15, 2000).

*Lotus Case* (*France v. Turkey*) (1927) PCIJ Rep. Series A, No. 10, Permanent Court of International Justice.

*Case Concerning Military and Paramilitary Activities in and against Nicaragua* (*Merits*) (1986) (*Nicaragua v. United States*) ICJ Rep. p. 14.

*North Sea Continental Shelf Cases* (*Federal Republic of German v. Denmark*; *Federal Republic of Germany v. the Netherlands*) (1969) ICJ Rep. p. 3.

*Three Rivers District Council v. Governor and Company of the Bank of England* (*No.* 3) [2000] 2 WLR 1220 HL.

***WTO Cases***

Panel Report, Mexico. Measures Affecting Telecommunications Services (adopted April 2, 2004). WT/DS204R.

Panel Report, Argentina. Measures Affecting Imports of Footwear, Textiles, Apparel and other Items (adopted April 22, 1998). WT/DS56/R (November 25, 1997).

Appellate Body Report, Argentina. WT/DS56/AB/R and Corr. 1, DSR 1998: 111, 1033.

Panel Report, India. Quantitative Restrictions on Imports of Agricultural,

Textile and Industrial Products (adopted September 22, 1999). WT/DS90/R (April 6, 1999).

Appellate Body Report, India. WT/DS90/AB/R, AB-1999-3.

### *Conference Presentations*

Norgren, K. 2003. "The Financial Action Task Force: Complying with the Recommendations." Economic Crime Symposium, Jesus College, Cambridge (September 11), Cambridge, UK.

Footer, M. 2004. "The World Trade Organization and International Law." The Changing Face of International Law, University of Warwick School of Law (March 4), Coventry, UK.